MICHAEL
OSTERMANN

# DOMINIK NERZ
# GESTÜRZT

Eine Geschichte aus dem Radsport

MICHAEL
OSTERMANN

# DOMINIK NERZ
# GESTÜRZT

**Eine Geschichte aus dem Radsport**

covadonga

Michael Ostermann:

Dominik Nerz – Gestürzt. Eine Geschichte aus dem Radsport.



ISBN (Print) 978-3-95726-037-6

2. Auflage – 2019

Covadonga Verlag, Spindelstr. 58, 33604 Bielefeld

Coverfoto: Hennes Roth, Pulheim

Druck: Lensing Druck GmbH & Co. KG, Dortmund



Bibliografische Information der Deutschen Nationalbibliothek: Die Deutsche Nationalbibliothek verzeichnet diese Publikation in der Deutschen Nationalbibliografie; detaillierte bibliografische Daten sind im Internet über http://dnb.dnb.de abrufbar.

Covadonga ist der Verlag für Radsportliteratur.

Besuchen Sie uns im Internet: www.covadonga.de

# INHALT

# I

# DIE DIAGNOSE

Die Einsicht hat sich die Strada Provinciale 27 ausgesucht. Gesäumt von Olivenbäumen schlängelt sich die einspurige, mit rauem Asphalt belegte Straße durch die Hügel der Toskana von Monte Rocchina hinab nach Monsummano Terme nordwestlich von Florenz. Hin und wieder öffnet sich der Blick auf die von der tief stehenden Sonne beschienene, weite Ebene des Arno. Eine schöne Gegend. Dass sich die Einsicht ausgerechnet diesen Flecken Erde auserkoren hat, um sich im Gehirn festzusetzen, empfindet Dominik Nerz als passend. Hier in Italien hat seine Karriere als Radprofi vor fünf Jahren vermeintlich so richtig Fahrt aufgenommen. Hier begann auch der Weg in jene Sackgasse, in der er nun schon so lange feststeckt. Jetzt, am 20. September 2016, ist das Ende der Sackgasse erreicht, geht seine Karriere zu Ende. Noch nicht offiziell, aber in seinem Kopf. »Was würde denn passieren, wenn das wirklich dein letztes Rennen wäre?« Diese Frage taucht hier auf dieser Straße in der Toskana auf. Und die Antwort gleich mit: »Das Einzige, was passieren kann, ist, dass es dir endlich wieder besser geht, dass du tatsächlich wieder ein glücklicher Mensch werden kannst.«

Die Aussicht, wieder glücklich zu sein, ohne Schmerz, ohne den Frust, ohne das Gefühl, nicht er selbst zu sein, hat etwas

Befreiendes. Nerz ist gerade 27 Jahre alt geworden, eigentlich das beste Alter für einen Radprofi. Aber glücklich ist er mit seinem Leben schon lange nicht mehr. In den Jahren zuvor hat er seinen Körper fast zugrunde gerichtet. Mutwillig, bis an den Rand des Todes. Weil er bei der Tour de France unter die besten zehn im Gesamtklassement fahren sollte. Er hat trotzdem immer weitergemacht, seinen Körper geschunden, weit über die Grenze des Verträglichen hinaus. In der Saison 2015 ist er mehrmals schwer gestürzt. Seinem von einer Magersucht gezeichneten Körper gönnt er dennoch keine Pause. Er macht einfach weiter, weil sein Sport das so vorsieht und er das verinnerlicht hat in all den Jahren, in denen er seit seiner Kindheit Rennen gefahren ist. Die schweren Stürze zehren seinen abgemagerten, auf Höchstleistung getrimmten Körper noch weiter aus, bis er sich schließlich ganz verweigert. Seit Monaten schon blockiert er die Anforderungen, die an ihn gestellt werden. Nicht immer, aber immer wieder. Erst kurz bevor Dominik Nerz an diesem Nachmittag die Einsicht überkommt, dass dies sein letztes Rennen als Radprofi sein wird, hat sein Körper es wieder getan – einfach nicht mehr mitgemacht.

Der Giro della Toscana zählt nicht zu den bedeutenden Rennen im Kalender des internationalen Profiradsports. Der Radsport-Weltverband UCI hat die aus zwei Etappen bestehende Veranstaltung in die Kategorie 2.1 eingeordnet, die zweitniedrigste Stufe für Profirennen. Sie dient als Vorbereitung auf die Lombardei-Rundfahrt, den letzten großen Eintagesklassiker der europäischen Saison. Die erste Etappe führt über 174,7 Kilometer von Arezzo nach Montecatini Terme. Das Profil ist durchaus anspruchsvoll, aber nichts, was einem ausgewiesenen

Kletterspezialisten wie Dominik Nerz Angst einjagen müsste. Kurz vor der Zielrunde ist noch ein etwas steilerer Anstieg zu bewältigen. Das Feld nimmt Tempo auf, es wird um die beste Position gekämpft. Auch Nerz hat sich vorne eingereiht. »Ich hatte immer ein gutes Renngespür«, sagt er. »Ich habe hochgeschaut, abgeschätzt, welche Straße wir nehmen und nur gehofft: ›Bitte nicht die linke, weil es da einen Berg hochgeht, den ich nicht eingeplant habe. Und so, wie die da gerade reinfahren, überlebe ich das nicht.‹ Dann ging es in den Berg rein.« Es ist noch nicht der eigentliche Anstieg, in den das Feld da hineinjagt, sondern eine kürzere, steile Rampe kurz davor, die auf dem Streckenprofil nicht verzeichnet ist. Es braucht eine gewisse Explosivität, um dort vorne mit dabei zu sein. So etwas zählt nicht zu den großen Stärken von Dominik Nerz. Er mag eher die langen, gleichmäßigen Anstiege. Laktat schießt in die Beine. Nicht nur ihm ergeht das so, auch viele der anderen Fahrer sind am Anschlag. Aber bei Nerz setzt nun Panik ein, weil er ahnt, was passieren wird, wenn er durch die Belastung in den roten Bereich vordringt. Noch sind es fast 40 Kilometer bis ins Ziel. Nerz kämpft, um nicht abgehängt zu werden. Er versucht verzweifelt, seinen Rhythmus zu finden. Es gelingt ihm nicht. Er ist zu langsam, sein Körper streikt. Die Muskeln sind dicht, alles ist Schmerz. »Als ich gesehen habe, dass ich keine Chance habe, hat mir das noch mal unglaublich viel Energie gezogen. Dann kam der Kopf dazu: ›Okay, du hast es einfach nicht drauf. Du bist einfach nicht stark genug.‹ Und dann war Ende.«

Nerz verliert den Anschluss. Alleine quält er sich den darauffolgenden Anstieg hinauf. Auf der Abfahrt ins Tal überkommt ihn die Gewissheit, dass es Zeit ist aufzuhören. »Die Vorstellung, auf diesem Niveau immer weitermachen zu müssen, jedes Rennen abgehängt zu werden, egal, was du tust. Und im Gegensatz dazu sagen zu können: ›Ich lasse das mit dem Radfahren. Ich muss es nicht mehr machen.‹ Das gab mir ein gutes Gefühl.« Es ist, als habe jemand einen Grauschleier entfernt. Auf einmal nimmt Dominik Nerz die schöne Umgebung wahr, die Landschaft, das herbstliche Licht. »Es war eine herrliche Stimmung«, erinnert er sich. »Das erste Mal seit langem habe ich wieder so eine Art Glücksgefühl verspürt.« Wenig später landet Nerz im Gruppetto, wo sich die abgehängten Fahrer zusammentun. Sein Teamkollege Shane Archbold ist auch dort. Kurz darauf stößt auch Emanuel Buchmann dazu, ein weiteres Mitglied seiner Mannschaft Bora-Argon18. Mit ihnen bestreitet Nerz seine letzten Kilometer als Radprofi. Die drei unterhalten sich, scherzen. Nerz ist gelöst, weil er beschlossen hat, die Sache hier und jetzt zu beenden. Aber er will ein würdiges Ende mit einer letzten Zielankunft. Einfach während des Rennens vom Rad zu steigen, kommt für ihn nicht in Frage. Er hält durch und erreicht das Ziel als 104. von 120 Fahrern mit mehr als elf Minuten Rückstand auf den Sieger. Doch das ist jetzt nicht mehr wichtig.

Im Teamhotel bestürmt man ihn mit besorgten Fragen. Was denn los gewesen sei? Dabei wissen ja auch die Kollegen und die Teamleitung, dass er schon seit Monaten immer wieder diese Einbrüche erlebt. Diesmal bleibt Nerz gelassen, trotz all der Fragen, die ihn sonst immer unter Druck gesetzt haben. Einen kurzen Moment des Zweifels schiebt er beiseite. Dann teilt er dem Sportlichen Leiter seines Teams mit, dass er am nächsten Tag nicht wieder aufs Rad steigen wird. André Schulze fordert ihn auf, sich bei der zweiten Etappe wenigstens noch einmal an den Start zu stellen, nicht aufzugeben. Doch Dominik Nerz will nicht mehr. Sein Entschluss steht jetzt fest. Er packt seine Sachen und fährt nach Hause. Der Gedanke aufzuhören schreckt ihn nicht. Nicht mehr.

Wenige Wochen zuvor ist das noch ganz anders. Schon Ende Juni hat man ihm gesagt, dass seine Zeit als Leistungssportler vorbei ist. Nerz ist damals zur Untersuchung an der Berliner Charité, um herauszufinden, warum sein Körper immer wieder aussetzt. Tage zuvor hat er bei der Dauphiné-Rundfahrt, dem wichtigsten Vorbereitungsrennen für die Tour de France, wieder so einen Einbruch erlebt. Sein Team wird ihn deshalb nicht mitnehmen nach Frankreich zum bedeutendsten Radrennen der Welt. Stattdessen sitzt Nerz im sportmedizinischen Institut der Berliner Charité gemeinsam mit seinem langjährigen Trainer Hartmut Täumler, der den Termin vermittelt hat. Seit dem frühen Morgen hat Nerz eine Untersuchung nach der anderen über sich ergehen lassen, die nun endlich Aufschluss geben sollen darüber, was nicht stimmt mit ihm. Blutwerte, Ultraschall, Lungenfunktion, Hormonspiegel, Gelenke – alles wird überprüft. Dominik Nerz hofft, dass die Ärzte etwas finden. Damit er endlich weiß, warum sein Körper so häufig nicht mehr mitspielt. Gleichzeitig fürchtet er sich vor einer Diagnose und die damit möglicherweise verbundenen Konsequenzen. Die Ärzte stellen eine erhöhte Anzahl Anti-Körper fest, die auf eine rheumatische Erkrankung hinweisen. Das könnte ein Grund sein für die schwachen Leistungen. Doch das Problem liegt viel tiefer. Was Chefarzt Prof. Dr. Bernd Wolfahrt, der leitende Olympiaarzt des Deutschen Olympischen Sportbundes, ihm am Nachmittag mitteilt, ist für einen Leistungssportler verheerend: Nerz ist chronisch überbelastet und kann deshalb nicht mehr an die Leistungsgrenze gehen. Sein Körper sei gefangen in einem dauerhaften Regenerationsprozess, den er aber niemals abschließen könne, solange er sich im Leistungssport aufhalte, erklärt Wolfahrt. »Sie werden Ihren Körper, wenn Sie das so weiter betreiben, nachhaltig schädigen. Ich rate Ihnen aufzuhören.«

Es ist das erste Mal, dass Dominik Nerz ahnt, dass es tatsächlich vorbei ist für ihn mit dem Radsport. Aber noch kann er das nicht akzeptieren. Es ist sein bisheriges Leben, das da vor der Abwicklung steht. Eine Alternative gibt es nicht. Zumindest keine, die er sich vorstellen kann. »Nein, ich packe das. Ich komme da wieder raus«, sagt die innere Stimme. Trotzig. Wie benommen sitzt er nach dem Gespräch mit Professor Wolfahrt gemeinsam mit seinem Trainer in der Kantine der Charité. Sie schweigen lange, keiner weiß, was nun zu tun ist. Doch dann fassen sie einen Plan: erst einmal Regeneration und dann Vorbereitung auf die Spanien-Rundfahrt im September. Bis dahin soll Nerz wieder fit werden. Dafür wollen sie alles tun. Schließlich geht es auch um einen neuen Vertrag, denn der Kontrakt mit Bora-Argon18 läuft zum Ende des Jahres aus. Es ist, als hätten sie Wolfahrts Worte gar nicht gehört. »Ich brauchte ein Ziel«, erinnert sich Nerz. Erst als er am Berliner Hauptbahnhof auf seinen Zug nach Hause wartet, trifft ihn die Aussage des Arztes noch einmal mit voller Wucht, dringt ins Bewusstsein ein. Und noch ein Gefühl macht sich bemerkbar, mischt sich in die Trauer: Scham. Alleine hockt Dominik Nerz auf einer Bank auf dem Bahnsteig und stellt sich eine entscheidende Frage: »Wie konntest du es so weit kommen lassen?«

## II

# DAS ERSTE MAL

Neuravensburg, etwa zehn Kilometer südwestlich von Wangen im Allgäu. Unterhalb der Burgruine gruppieren sich eine Tankstelle, ein Supermarkt und ein Hotel um die örtliche Kirche. Doch geprägt ist Neuravensburg von einem großen Wohngebiet, entstanden in den 1990er Jahren. Die Nähe zum Bodensee und die ruhige Lage machen diesen Ort zu einer attraktiven Wohngegend. Vor stattlichen Einfamilienhäusern stehen Autos der gehobenen Mittelklasse. Sport dient hier nicht als Vehikel, um den Verhältnissen zu entfliehen. Er ist Teil des Lebensgefühls. Man hält sich fit in der schönen Landschaft. Im Sommer auf dem Rennrad oder dem Mountainbike, im Winter beim Skifahren in den nahe gelegenen Bergen oder beim Langlauf.

Dominik Nerz, geboren am 25. August 1989, ist acht Jahre alt, als seine Familie vom sechs Kilometer entfernten Niederwangen nach Neuravensburg zieht. Die Eltern haben sich dort ein großzügiges Haus bauen lassen. Die moderne Betonfassade ist teilweise mit Holz verkleidet, wie bei den Bauernhäusern der Gegend. Im Eingangsbereich steht neben der Garderobe ein riesiger Pokal, in der Nische unterhalb der Treppe in das obere Stockwerk ein Rennrad. Es sind die einzigen sichtbaren Hinweise auf die Radsportkarriere des Sohnes. Vater Michael ist

Finanzberater. Das ergrauende Haar hat er nach hinten gekämmt. Er spricht ruhig und überlegt. Die Mutter Ulrike ist eine lebhafte, quirlige Frau, Diplom-Betriebswirtin und leidenschaftliche Gastronomin. Ein »ganz leichtes, fröhliches, unglaublich glückliches Kind mit kleinen, dicken, krummen Beinen« sei ihr Sohn gewesen, sagt sie. »Er hat sich von Anfang an wahnsinnig gerne bewegt, konnte aber auch gut stillsitzen und basteln. Er war nicht so ein Hibbelkind.« Bei aller Neugier und Abenteuerlust sei Dominik die Dinge aber stets auch mit einer gewissen Besonnenheit angegangen. Er war kein Draufgänger. Auch Michael Nerz sagt, sein Sohn habe »schon immer einen Bewegungsdrang« gehabt. Sie seien viel mit befreundeten Familien in der Natur gewesen, hätten Lagerfeuer am Fluss gemacht, erzählt er. All das habe Dominik begeistert. Beide Eltern sind selbst sportlich. Die Mutter ist eine leidenschaftliche Skifahrerin, der Vater war in seiner Jugend ein begabter Skilangläufer. Zu seinen Gegnern gehörte damals auch der spätere Olympiateilnehmer und Langlauf-Bundestrainer Jochen Behle. Zwei Mal habe er Behle in der Jugend geschlagen, sagt Michael Nerz.

Um den Bewegungsdrang ihres Sohnes in Bahnen zu lenken, melden die Eltern Dominik in einer Kindersportgruppe an. Der Junge liebt dieses »Bubeturne«, aber mit zehn Jahren muss er aufhören, weil er zu alt ist. Sport will und soll er weiter treiben. Er probiert verschiedene Sachen aus: Leichtathletik, Fußball natürlich. Nichts packt ihn so richtig. Es ist das Rennrad seines Vaters, das ihn schließlich zum Radsport bringt. Michael Nerz ist zu dieser Zeit ein leidenschaftlicher, sehr ambitionierter Hobbyradfahrer. Gemeinsam mit ein paar Freunden nimmt er an Veranstaltungen wie dem Ötztaler-Radmarathon teil, dessen Strecke mehr als 200 Kilometer lang ist und bei dem über 5.000 Höhenmeter zu absolvieren sind. »Wir waren eine Clique, die beruflich vorankommen und sich trotzdem noch relativ intensiv sportlich betätigen wollte«, sagt Michael Nerz. »Aber ich bin nie Rennen gefahren. Wir haben es als Ausgleich zum Beruf gemacht und uns organisiert, so dass wir zwei, drei Mal im Jahr mal bei so einer Veranstaltung mitfahren konnten.« Das silberfarbene Rennrad seines Vaters hat es Dominik angetan: »Ich fand das so toll, dass ich gesagt habe: ›Ich möchte auch so ein Fahrrad haben.‹« Doch bevor er ein eigenes Rennrad bekommt, soll er erst einmal ausprobieren, ob der Radsport ihm überhaupt Spaß macht. So wird Dominik Nerz im Winter 2000 Mitglied der Rad-Union Wangen. Der Verein hat eine lange Tradition, er existiert seit 1913. Das Prunkstück ist die Jugendarbeit. Die Nachwuchsfahrer der Rad-Union dominieren die regionalen Rennen. Doch mit Radfahren hat das Training erst mal gar nichts zu tun. Es ist Winter und deshalb hält man sich in der Sporthalle fit: Zirkeltraining, Fußball, alles, was Spaß macht. Es ist wie beim »Bubeturne«, das Dominik so geliebt hat. Erst im Frühjahr geht es dann tatsächlich mit dem Radfahren los: erste Ausfahrten mit der Trainingsgruppe. Nerz fährt auf einem Leihrad des Vereins: roter Stahlrahmen, Rahmenschaltung und ein bisschen zu groß für den damals noch recht klein gewachsenen Jungen.

Was ihn schon bald noch mehr begeistert, ist das Gefühl der Freiheit. Das Rennrad eröffnet ihm neue Räume, erweitert seinen Horizont. Dominik Nerz beginnt auf eigene Faust, die Gegend zu erkunden. Die Eltern sorgen sich um die Sicherheit des Elfjährigen, weshalb sein Vater ihm eine knapp zwölf Kilometer lange Runde auf Nebenstraßen mit wenig Verkehr zeigt. Aber Dominik ignoriert diesen abgesteckten Rahmen. »Ich bin so gut wie nie auf dieser Runde gefahren, weil ich woanders fahren wollte. Ich musste alles erkunden«, erinnert er sich. »Aus diesem Grund habe ich eine wahnsinnige Leidenschaft für das Radfahren entwickelt.« Auch das erste Frühjahrstrainingslager in Cesenatico in Italien, dem Heimatort des Radsportidols Marco Pantani, verstärkt das Gefühl, mit dem Rad die Welt entdecken zu können. Zum ersten Mal ist er ohne seine Eltern fern von zu Hause. Neben dem Quartier liegt eine dieser typischen Spielhallen mit Spielautomaten für Jugendliche. »Da haben wir unser ganzes Taschengeld verbraten«, erzählt Nerz. Ein bisschen was bleibt aber auch übrig für Gelato, italienisches Eis. Mehr als daheim erlaubt wäre. »Das haben wir natürlich ausgenutzt.« Aber nach einer Woche merkt Nerz auch, dass er Heimweh hat nach Neuravensburg, nach seiner Familie. »Ich war froh, als ich wieder nach Hause fahren durfte«, sagt er.

Da ist noch etwas, was seine Begeisterung für den Radsport befeuert. Am Ende der 40 bis 50 Kilometer langen Trainingsrunden mit dem Verein ist er richtig kaputt. »Die Bewegung auf dem Rad hat mir gefallen. Das war genau meins. Nirgendwo konnte ich mich so auspowern. Und das brauchte ich irgendwie. Das Radfahren hat mir genau das gegeben.«

Dominik Nerz ist ehrgeizig. Bei den Trainingsausfahrten orientiert er sich an den Älteren, will mithalten. »Die Rad-Union war damals schon mit Nationalfahrern bestückt, die aber alle etwas älter waren. Und die hat er sich irgendwie zum Vorbild genommen«, sagt sein Vater. Abends kommt sein Sohn sehr müde, aber zufrieden nach Hause. Er hat seinen Sport gefunden.

Kurz nach dem Trainingslager in Cesenatico steht Dominik Nerz erstmals am Start eines Radrennens. Die Rad-Union veranstaltet in Niederwangen ein Rennen des Vier-Länder-Cups, ein Highlight des regionalen Rennkalenders. Hier soll Nerz in der Schülerklasse U13 seine ersten Wettkampfkilometer sammeln. Schon in den Tagen vorher kann er nicht schlafen vor Aufregung. Inzwischen hat er schon ein paar Radrennen im Fernsehen gesehen. Aufgefallen ist ihm, dass die Profis alle einen Kopfhörer im Ohr haben. Dass es sich dabei um ein Funkgerät handelt, mit dem die Radprofis Kontakt zu ihren Sportlichen Leitern halten, weiß er nicht. »Die hören Musik«, denkt er und stopft sich fortan bei seinen Trainingsfahrten seinen Discman in die Trikottasche. Den bringt er auch zum Rennen in Niederwangen mit. Sein Trainer Beppo Schmied macht ihm klar, dass das vielleicht doch keine so gute Idee ist. Ein anderes Problem lässt sich so leicht nicht beheben. In einem Feld mit 30 Schülern der U13 hat sich der angehende Radrennfahrer Nerz noch nicht bewegt. Im Training wird diszipliniert Zweierreihe gefahren. Im Rennen geht es wild durcheinander. Schon auf der ersten Runde wird ihm das zum Verhängnis: Die Straße wird eng. »Ich hatte zwei Optionen: Entweder fahre ich in den Stacheldraht oder ich falle auf die Straße. Ich habe mich dann für die Straße entschieden«, erinnert sich Nerz.

Die anderen Jungs springen nach dem Sturz schnell wieder aufs Rad. Dominik Nerz betrachtet sein blutendes Knie und den aufgeschürften Ellenbogen. Er ist konsterniert. Heulend fährt er die Runde zu Ende und steigt vom Rad. Seine Mutter kann ihre Tränen angesichts des blutenden und weinenden Jungen ebenfalls nicht zurückhalten. »Ich bin nie damit zurechtgekommen, dass mein Kind auf die Straße fällt. Schon bei seinem allerersten Radrennen war das so. Und dieses Bild geht mir bis heute nicht aus dem Kopf: Da saß der Sohn auf dem Boden und hat geheult. Und ich habe geheult, weil ich es nicht mit ansehen konnte. Die Haut war abgezogen. Gesund fand ich das alles überhaupt gar nicht. Das hat mich innerlich nie verlassen«, sagt sie. Aber wie ihr Sohn stellt auch sie an diesem ersten Tag fest, dass man im Radsport mit dieser Haltung alleine dasteht. Von den anderen, erfahrenen Radsport-Müttern wird sie belächelt. Auch der Trainer versteht das Getue nicht. Er ist eher von der rustikaleren Art: Mit der Hand wischt er Dominik über das blutig geschlagene Knie. »Der hat mich erst mal angeschnauzt: ›Willst du mich jetzt verarschen? Das sind doch nur ein paar Kratzer. Da musst du weiterfahren. Das Rennen ist noch nicht vorbei.‹« Es ist die erste Lektion: Im Radsport werden Schmerzen ignoriert. Zahlreiche weitere werden folgen. Irgendwann hat Nerz diese Grundbedingung des Radsports so verinnerlicht, dass er selbst dann weitermacht, als es beginnt, ihm gesundheitlich zu schaden. »Im Grunde«, sagt Dominik Nerz knapp 18 Jahre nach seinem ersten Rennen, »hat meine Karriere als Rennfahrer damit angefangen, wodurch sie dann auch aufgehört hat – mit einem Sturz.«

Der erste Sturz seiner Rennfahrer-Karriere hält ihn nicht davon ab weiterzumachen. Auch die skeptische Mutter kann nicht verhindern, dass ihr Sohn immer wieder mal auf dem Asphalt landet. Er ist dem Radsport verfallen. »Ich habe gemerkt, dass es ihm viel Spaß macht«, sagt Ulrike Nerz. »Er hat es ja gemacht, weil er es wollte. Es war seins.« Der Spaß an der Sache wächst mit den ersten Erfolgen. Daran können auch die gerade in den Schülerklassen noch häufigen Stürze nichts ändern. Nerz gewöhnt sich daran. Aber es gibt auch eine Strategie, dem »Chaoshaufen« zu entfliehen. Mit Patrick Nuber und Gerold Mohr hat die Rad-Union zwei begabte Nachwuchsfahrer in ihren Reihen. Beide sind ein Jahr älter und körperlich stärker als Nerz. Das Duo dominiert die Schülerrennen nach Belieben. Meist setzen sie sich schon in der ersten Runde ab und wenn sie das Feld überrunden, nehmen sie Nerz im Windschatten mit: »Und dann waren wir am Ende Erster, Zweiter, Dritter - Huber, Mohr, Nerz.« Es dauert nicht lange und Dominik Nerz feiert auch seine ersten eigenen Siege. Und mit jedem Erfolg wächst der Ehrgeiz, die nächste Stufe zu erreichen. Bald schon gehört er zum Landeskader Baden-Württemberg.

Noch deutet allerdings nichts darauf hin, dass Nerz es einmal zu den Profis schaffen wird. Es ist auch nicht sein erklärtes Ziel. Den Profiradsport verfolgt er nur sporadisch. Natürlich entgeht ihm nicht, dass Deutschland im Sommer mit Jan Ullrich bei der Tour de France mitfiebert. Aber er selbst sitzt im Juli nur selten vor dem Fernseher, er trainiert lieber. An den Wänden seines Zimmers finden sich auch keine Poster von Radfahrern. Sein Vorbild ist eher der US-Serienheld Angus MacGyver, eine Mischung aus Geheimagent, Abenteurer und Erfinder. »Ich wollte immer so sein wie MacGyver und habe zu der Zeit immer alles auseinandergebaut. Dann bin ich zum Opa gerannt, weil ich es nicht mehr zusammengebracht habe, und wir haben es dann gemeinsam wieder zusammengebaut«, erzählt Nerz. Er liebt das Tüfteln, genauso wie den Radsport. Wenn er mit seinen

Kumpels aus dem Verein zum Training verabredet ist und die anderen Jungs sich die Namen von Radprofis geben, denen sie nacheifern, heißt es immer: »Du bist der Klöden.« Dominik Nerz ist zwölf Jahre alt und hat keine Ahnung, wer Andreas Klöden ist. Er weiß nicht, dass der zu den besten deutschen Radprofis gehört und zu den wichtigsten Helfern des deutschen Tour-Helden Ullrich zählt. Aber wenn die anderen sagen, der Klöden ist gut am Berg, dann findet er: Das passt. Denn auch er ist gut, wenn es bergauf geht. Meist kann er seine Freunde abhängen, wenn es steil wird. Dieses Talent zeigt sich auch, als nach den Kriterien in den Schülerklassen in der U15 und U17 die ersten Rundstrecken-Rennen gefahren werden, bei denen auch schon mal etwas längere Anstiege zu bewältigen sind. »Da habe ich dann gemerkt: Das ist meins, das kann ich! Ich bin teilweise sehr offensiv gefahren, bin alleine weggefahren und habe das erfolgreich zu Ende gebracht. Aber ein taktisches Verständnis hatte ich nicht.«

Eine knappe halbe Stunde braucht die S-Bahn vom Alexanderplatz nach Berlin-Lichtenrade. Hartmut Täumler, das verbliebene graue Haar kurz gestutzt, genau wie der ebenso graue Bart, wohnt dort in einem Bungalow am Waldrand. Seitdem er sich 2016 in den Ruhestand verabschiedet hat, lebt er hier im Berliner Süden. Er ist ein angenehmer Gesprächspartner, nachdenklich, reflektiert. Wenn man ihm so gegenübersitzt und mit ihm redet, fällt es schwer, sich jenen Trainer vorzustellen, von dem Dominik Nerz sagt: »Der kannte keine Gnade. Da gab es keine Kompromisse. Ich hatte teilweise auch richtig Angst vor ihm.« Täumler ist 1989 mit seiner Familie über die grüne Grenze in Ungarn in den Westen geflohen. In der DDR war er als Radsport-Verbandstrainer der Junioren fest in das ostdeutsche Sportsystem eingebunden. Doch die Widersprüche zwischen Anspruch und Realität des sozialistischen Systems werden ihm schließlich zu viel. Hartmut Täumler nutzt nach der Flucht seine Kontakte zum westdeutschen Radsport-Funktionär Karl Link, der damals den Olympiastützpunkt in Stuttgart leitet und ihm die Stelle des Juniorentrainers beim Württembergischen Radsportverband verschafft. »Das war wie ein Sechser im Lotto, eine unkündbare, unbefristete Stelle. Ich bin bis heute dankbar dafür«, sagt Täumler.

2006 stößt Dominik Nerz zum baden-württembergischen Landeskader der Junioren und damit zu Hartmut Täumler. Der Trainer hat zu dieser Zeit schon dem ein oder anderen jungen Radsportler den Weg zu den Profis geebnet. Darunter Stefan Schumacher, der 2008 bei der Tour de France zunächst für einen Tag das Gelbe Trikot erobert, wenig später aber positiv auf das Blutdopingmittel CERA getestet wird. In Dominik Nerz erkennt Täumler nicht gleich den zukünftigen Radprofi. Dessen Leistungen sind im ersten Jahr bei den Junioren eher durchschnittlich. Was dem Trainer allerdings auffällt, ist der besondere Ehrgeiz, den der 16 Jahre alte Nerz mitbringt. »Das war 2006 schon zu sehen«, sagt Täumler. »Als Kleiner, der sich mehr Mühe geben musste als die, die biologisch schon einen Schritt weiter waren, musste er immer beißen. Das hat er ohne Ende gemacht.« Es ist dasselbe Muster, das Dominik Nerz schon in den Zeiten bei der Rad-Union angetrieben hat: mithalten mit den Älteren. Forscht man nach, woher dieser Ehrgeiz kommt, wird recht schnell klar, dass dies ein Teil dessen ist, was seine Eltern ihren Kindern mit auf den Weg gegeben haben. »Wir sind alle ehrgeizige Menschen. Wir sind auch strukturiert und ziemlich zielorientiert«, erklärt Ulrike Nerz.

Mit der Aufnahme in den württembergischen Landeskader sind die Weichen für ihren Sohn endgültig auf Leistungssport gestellt. Die Trainingsumfänge sind deutlich höher, die Renndistanzen werden länger. Damit Dominik seinen Sport mit der nötigen Ernsthaftigkeit betreiben kann, beginnen die Eltern, die familiären Rahmenbedingungen anzupassen. Sie organisieren einen Physiotherapeuten, bei dem er auch ohne Termin regelmäßig Massagen erhält. Seine Mutter holt ihn mit dem Auto von der Schule in Wangen ab, damit er die zehn Kilometer nach Hause nicht mit dem Schulbus fahren muss. Denn das kostet Zeit, die dann zum Trainieren fehlt. Sein Vater verbringt Stunden auf der Autobahn, um den Sohn irgendwo einzusammeln, wenn am Wochenende ein Rennen fern der Heimat stattfindet. Häufig reist die ganze Familie inklusive Dominiks fünf Jahre jüngerer Schwester Annika auch mit zu den Rennen, um ihn anzufeuern.

Den Eltern ist es aber mindestens ebenso wichtig, dass ihr Sohn einen Schulabschluss macht. Damit Dominik den wegen des Radsports am Wirtschaftsgymnasium in Wangen versäumten Stoff nachholen kann, knüpft Michael Nerz Kontakte zum Sportinternat im nahe gelegenen Isny, in dem vor allem Nachwuchs-Athleten aus dem Skisport lernen und trainieren. Dort kann sein Sohn den entsprechenden Unterricht nachholen. Es ist ein perfekt eingestelltes Familiensystem. Der Radsport wird zum prägenden Thema. »Das war schwierig, eine groß angelegte Logistik. Für alle war das ein Stück weit wirklich anstrengend, weil wir ja auch noch einen anderen Alltag hatten. Wir haben es trotzdem immer gut verstanden, einen Ausgleich hinzubekommen«, meint Ulrike Nerz. »Aber das macht was mit einem, das war omnipräsent.« Dominik Nerz sagt, seine Familie sei mit ihm in den Radsport reingewachsen. »Meine Eltern haben mich immer zu 110 Prozent unterstützt und mich nie zu was gezwungen. Es war nie so, dass ich Druck von zu Hause hatte«, betont er. »Aber als ich die Möglichkeit hatte, Profi zu werden, war das natürlich schon für alle irgendwie cool, weil man den Radsport im Kollektiv lieb gewonnen hatte.«

Dabei ist der Weg in den Profisport auch mit Beginn der Juniorenzeit noch nicht vorgezeichnet. Profi zu werden, kann Dominik Nerz sich zwar vorstellen. Den nötigen Ehrgeiz hat er auch. Aber es ist kein Traum, den er Tag und Nacht träumt. Nach wie vor sind es der Spaß an der Bewegung und die Möglichkeit, sich auszupowern, gepaart mit Ehrgeiz und Ehrfurcht vor dem neuen Trainer, die ihn antreiben. »Ich hatte nie diesen Antrieb, auf das Ziel hinzutrainieren, Profi zu werden. Ich habe trainiert, weil es mir Spaß gemacht hat, und weil ich Angst vor Täumler hatte. Ich habe trainiert, um besser zu werden. Und Täumler wusste genau, was er tut. Wenn du dich an seine Vorgaben gehalten hast, bist du automatisch ein guter Rennfahrer geworden. Und ich hatte das Glück, dass ich dazu noch Talent hatte«, sagt Nerz.

Hartmut Täumler behauptet dagegen, ihm sei immer klar gewesen, dass Nerz Profi werden will. »Wenn er rangegangen wäre nach dem Motto: ›Ich versuch's mal‹, wäre er nicht so weit gekommen.« Deshalb habe er dessen Ehrgeiz nur in die richtigen Bahnen lenken müssen. Er tut das mit Strenge. Süßigkeiten nennt er »Schlamm«, und der ist verboten. Wenn er jemanden damit erwischt, schickt Täumler ihn schon mal vom Trainingslager nach Hause. Ein Radfahrer müsse auch »aus der Pfütze saufen« können, lautet einer der Sprüche des Trainers, die Dominik Nerz in Erinnerung geblieben sind. Täumler habe sie auch im Schneetreiben auf der Straße trainieren lassen. Dann sei er im warmen Auto neben ihnen gefahren, habe den Kopf rausgestreckt und gesagt: »Was ist los, Männer? Lächeln und weitermachen!« Wenn Trainingsprotokolle gefehlt hätten, habe es auch schon mal einen bösen Anruf gegeben. »Druck und Strenge brauchen die Jungs, sonst wird's nichts«, findet Hartmut Täumler. Es ist die alte Schule. Er habe Leistungssport einfach so weitertrainiert, wie er das in der DDR gelernt habe, erklärt Täumler. »Ich habe aber eigentlich nicht das Empfinden gehabt, dass es zu streng war. Vielleicht mit dem einen oder anderen schon, das mag sein. Aber in dem Alter brauchen die Jungs das.« Heute sei ihm der Einfluss der Eltern zu groß und insgesamt alles zu verweichlicht.

Hartmut Täumler lässt seine Sportler im Winter große Umfänge trainieren, um die Basis für die Saison zu legen. Und er legt großen Wert darauf, dass sie auch auf der Bahn trainieren und Rennen bestreiten. Dort wird ohne Bremsen gefahren, man muss vorausschauend agieren, Lücken erkennen und in diese Lücken vorstoßen, sich durchsetzen mit den Ellenbogen. Alles Dinge, die man auch als Radprofi auf der Straße braucht. Mit der richtigen Trittfrequenz zu fahren, wird auf der Bahn ebenfalls geschult. »Auf der Straße fahren alle zu dicke Gänge. Wenn ich das nicht mit 13, 14, 15 lerne, dann ist es zu spät. Mit 20 schaffe ich das nicht mehr«, erklärt Täumler.

Dominik Nerz mag die Bahn nicht besonders. Zum einen hat er Respekt vor den steilen Kurven, zum anderen fehlt ihm die Freiheit der Straße. »Das war mir viel zu langweilig«, berichtet er. »Man ist den ganzen Tag nur im Kreis gefahren und hat nichts gesehen.« Aber sein Ehrgeiz treibt ihn auch hier an. »Er hat schon gesagt: ›Der Vierer, da will ich mit, da kann ich reifen, da kann ich Erfolg haben‹«, erinnert sich Täumler. »Aber ich musste ihn manchmal schon auch ein bisschen auf die Bahn schubsen, weil er das nicht wollte. Er war von vornherein der Straßenfahrer.« Seinen ersten großen Erfolg feiert Nerz dennoch auf der Bahn. Bei den Deutschen Meisterschaften in Cottbus gewinnt er 2006 mit dem Vierer des Landesverbandes den Titel in der Mannschaftsverfolgung bei den Junioren.

Es folgt die erste Berufung in den Nationalkader. Das Training, der Ehrgeiz, das Familiensystem – das alles beginnt sich auszuzahlen. Den endgültigen Durchbruch erlebt Dominik Nerz in seinem zweiten Jahr bei den Junioren. Zehn Siege gelingen ihm in der Saison 2007. Er ist jetzt 18 Jahre alt. Nerz gewinnt unter anderem die Gesamtwertung der schweren Toskana-Rundfahrt für Junioren und feiert dabei einen Etappensieg. Bei der Trofeo Karlsberg im Saarland gewinnt er ebenfalls eine Etappe und belegt in der Gesamtwertung Platz zwei. Zudem sichert er sich den Titel des Deutschen Bergmeisters und gewinnt die Gesamtwertung der »Ain'Ternational-Rhône Alpes-Valromey Tour«, eines anspruchsvollen Etappenrennens in Frankreich. Romain Bardet, heute die größte Hoffnung der Franzosen auf einen Gesamtsieg bei der Tour de France, wird dort damals Neunter. »Das war das absolute Überflieger-Jahr von mir«, sagt Nerz. Auch Hartmut Täumler erkennt in dieser

Saison den entscheidenden Schritt in Richtung Profi-Radsport. »2007 habe ich mir gedacht, das wird mal einer«, erinnert er sich.

Der Trainer übernimmt Nerz nach dem Ende der Juniorenzeit in sein U23-Team. Schon seit ein paar Jahren betreut Täumler neben den Junioren-Mannschaften des Württembergischen Radsportverbandes auch dieses Nachwuchs-Team unterhalb der Profis. Die Equipe »Ista« fungiert als Nachwuchsschmiede für das deutsche ProTour-Team Gerolsteiner von Hans-Michael Holczer, neben dem Team Telekom bzw. T-Mobile lange die zweite große deutsche Profi-Mannschaft. Nerz und Täumler schwärmen auch Jahre später noch von der gemeinsamen Saison bei Ista. »Wir hatten einen richtigen Flow im Team«, ist Nerz heute noch begeistert. Das Team ist erfolgreich und mit den Erfolgen kommen Einladungen zu internationalen Rennen. Ista hat ein anspruchsvolles Rennprogramm. Auch deshalb ist das Team beliebt bei den jungen Fahrern. Im April startet die Mannschaft bei der Türkei-Rundfahrt, an der auch Mannschaften aus der UCI ProTour, der ersten Liga des Radsports, teilnehmen. Dominik Nerz beendet das einwöchige Etappenrennen auf Rang 30 der Gesamtwertung. Er ist damit der beste Fahrer seines Teams. »Bei Ista habe ich den Radsport richtig lieben gelernt. Ich habe gemerkt, was es bedeutet, in einem funktionierenden Team zu fahren und rumzureisen.«

Hartmut Täumler nimmt Nerz dabei wie schon während der Juniorenzeit immer wieder in die Verantwortung, macht ihn bei bestimmten Rennen zum Teamkapitän. Doch Dominik Nerz tut sich schwer damit, diese Rolle auszufüllen. »Das hängt mit seinem Ehrgeiz zusammen«, glaubt Täumler. »Ein Mannschaftskapitän verteilt Aufgaben. So ein Ehrgeiziger wie Dominik fährt dann aber alles selber und vergisst, dass andere was für ihn tun müssen. Das hat er immer schwer verstanden, schwer umsetzen können. Mannschaftskapitän, das war nicht so unbedingt sein Ding. Er hat immer gute Rollen gespielt, wenn er den Rücken frei hatte oder besser, wenn er im Rücken anderer als Arbeiter aufgetreten ist.«

Das Team Ista ist von vornherein als Durchgangsstation geplant. Hartmut Täumler überlegt gemeinsam mit Gerolsteiner-Teamchef Hans-Michael Holczer, wann es sinnvoll sein könnte, den vielversprechenden Nachwuchsfahrer Nerz aus dem Farmteam in die Profimannschaft zu holen. Doch zuerst braucht Holczer einen neuen Hauptsponsor, um sein Team zu retten. Der deutsche Radsport steckt mittendrin in einer schweren Dopingkrise. Der Radsport ist komplett in Verruf geraten. Die Deutsche Telekom und deren Mobilfunktochter T-Mobile haben sich bereits Ende 2007 als Sponsoren verabschiedet. Radsportler stehen unter Generalverdacht. Wenn Dominik Nerz auf der Straße trainiert, wird auch er von Autofahrern als Doper beschimpft. Holczers Suche nach einem neuen Geldgeber scheitert. Dennoch ist Hartmut Täumler sicher, dass sein U23-Team weiter bestehen wird. Doch als die Gerolsteiner-Profis Bernhard Kohl und Stefan Schumacher ebenfalls des Dopings überführt werden, ziehen auch seine Sponsoren den Stecker. Im Oktober ist klar, es geht 2009 nicht weiter mit Ista.

Im Herbst wird Dominik Nerz vom Bund Deutscher Radfahrer noch für die Straßenrad-WM in Varese nominiert. John Degenkolb gewinnt im Straßenrennen der U23 die Bronzemedaille. »Das war eine Super-Taktik – alles hat gepasst«, schwärmt

Degenkolb nach dem Rennen. Das BDR-Team fährt an diesem Tag tatsächlich ein starkes Rennen. In jeder Fluchtgruppe ist ein Fahrer im deutschen Nationaltrikot dabei. Schließlich gehören Degenkolb, Nerz und Martin Reimer zur entscheidenden Spitzengruppe. »Da haben wir uns abgesprochen, wer die besten Beine hat. Nerz sagte, er nicht. Bei Martin sahen wir, dass er in den Anstiegen nicht ganz mitkam. Da war es klar, dass ich das Zepter in die Hand nehmen muss«, schildert John Degenkolb damals die Vergabe der Kapitänsrolle während des Rennens. »Ich bin überwältigt und ziehe meinen Hut vor Dominik Nerz, der sich aufgeopfert hat.«

Degenkolb fährt damals für das Thüringer Energie Team, die stärkste deutsche U23-Mannschaft. Auch Marcel Kittel gehört zu der Equipe aus Erfurt. Tony Martin hat von dort ebenfalls seinen Weg in den Profiradsport gefunden. Alle drei sind heute international gefeierte Top-Profis. John Degenkolb gewann 2015 Mailand–Sanremo und Paris–Roubaix, zwei der wichtigsten Eintagesklassiker. Kittel ist zum Weltklasse-Sprinter gereift und deutscher Rekordetappensieger bei der Tour de France. Tony Martin gewann vier Mal den Weltmeister-Titel im Einzelzeitfahren. Ende 2008 erhält auch Dominik Nerz ein Angebot aus Thüringen. Der Manager des Thüringer Energie Teams, Jörg Werner, und der Sportliche Leiter der Equipe, Jens Lang, wollen den begabten Kletterer gerne in ihre Mannschaft holen. Einer wie Nerz fehlt ihnen noch im Portfolio ihres gut alimentierten, professionell strukturierten Teams. »Ich war immer ein großer Fan von Dominik Nerz. Er war eines der größten Talente, das wir in Deutschland hatten«, sagt Jörg Werner, wenn man ihn heute danach fragt.

Es gehört zur Philosophie der Thüringer, dass alle Fahrer in Erfurt leben und dort am besten auch noch eine Ausbildung absolvieren, um nicht alleine auf den Radsport angewiesen zu sein. Doch Dominik Nerz ist nicht bereit, sein gewohntes Umfeld in Neuravensburg zu verlassen. »Das wollte ich auf gar keinen Fall, keine Chance. Und damit hatte sich das für mich erledigt«, erklärt er. Statt zum damals besten deutschen U23-Team wechselt Nerz deshalb zum Continental-Team von Milram. Das gibt ihm die Chance, weiter daheim wohnen zu bleiben, während er für das offizielle Farmteam der letzten in der ProTour verbliebenen deutschen Mannschaft fährt. Das verbindende Glied ist jedoch lediglich der gemeinsame Sponsor Milram. Das Nachwuchsteam ist eher undurchsichtig und chaotisch geführt, aber der Vertrag ist gut dotiert. »Da habe ich zum ersten Mal richtig Geld verdient«, sagt Nerz.

Die meiste Zeit ist er in der Saison 2009 allerdings für die Nationalmannschaft im Einsatz. Seinen größten Erfolg in dieser Saison feiert er im Mai bei den Deutschen Meisterschaften der U23 in Auenstein. John Degenkolb ist diesmal sein Rivale und der klare Favorit auf den Titel. Sein Thüringer Energie Team ist mit Abstand das stärkste. »Alle anderen haben gewusst, wir streiten uns um Platz zwei«, beschreibt Dominik Nerz die Ausgangslage. In John Degenkolb hat er zu dieser Zeit jenen Konkurrenten gefunden, der seinen Ehrgeiz weiter anstachelt. »Die haben sich gegenseitig hochgeschaukelt«, sagt Hartmut Täumler. »Auch wenn Dominik das nicht zugegeben hat, es hat ihn ganz schön gewurmt, dass ›Dege‹ so erfolgreich war. Das hat ihn angefressen.«

Dabei ist Degenkolb ein ganz anderer Fahrertyp: ein Sprinter mit Qualitäten in mittelschwerem Terrain. Nerz ist ihm überlegen, wenn es über eine längere Strecke richtig bergauf geht. Der 162 Kilometer lange Kurs durch die Weinberge von Auenstein im Landkreis Heilbronn ist jedoch eher etwas für Degenkolb. Die Strecke hat es in sich: 2.700 Höhenmeter sind auf den 18 Runden zu überwinden. Von den 150 Startern erreichen nur 39 das Ziel. Im Finale setzen sich vier Fahrer aus der 15 Mann starken Spitzengruppe ab. Neben Degenkolb und Nerz gehören noch Julian Kern und David Rösch zu dem Quartett. Rösch attackiert am Berg. Degenkolb muss reagieren. Dominik Nerz weiß das, er lässt den Konkurrenten die meiste Arbeit bei der Verfolgung machen. »Degenkolb hat gesagt: ›Du musst schon auch ordentlich mitfahren‹«, erinnert sich Nerz. »Aber ich habe gesagt: ›Mir egal, du willst Meister werden.‹« Da auch Kern wieder aufschließt, wird Rösch noch vor dem Ziel wieder gestellt. Die Entscheidung fällt im Sprint, bei dem John Degenkolb als der Stärkste gilt. Die Zielgerade ist leicht ansteigend, das liegt ihm. »Aber er war da schon angeknockt«, sagt Nerz. Er beweist an diesem Tag, dass auch er bei einer solchen Ankunft stark fahren kann. »Dominik hat dann praktisch den Sprint lanciert und da war mir eigentlich schon fast klar, dass er das packt an dem Tag«, erinnert sich Täumler. »Das war taktisch richtig gut, er hat lange genug gewartet, was ja oftmals ein bisschen schiefgeht bei solchen Sprints, wenn man alleine fährt. Das war schon besonders.«

Dominik Nerz gewinnt den Sprint und kann es hinterher selbst kaum fassen: »Das ist mein größter Erfolg, damit hätte ich nicht im Traum gerechnet. Und dass ich auch noch John im

Sprint schlagen konnte, ist Wahnsinn.« Selbst im Rückblick fast zehn Jahre danach, nach vielen Jahren im Profisport, klingt noch der Stolz auf diesen Tag durch. »Ich glaube, Degenkolb war perplex, dass ich ihn im Sprint angreife. Das Rennen hätte auch keinen Meter länger sein dürfen, sonst hätte er mich überrollt. Aber es hat halt genau gepasst«, schwärmt Nerz. »Und da war ich auf einmal Deutscher Meister.«

Der Titelgewinn in Auenstein ist sein vorletzter Sieg als Radsportler. Im September fährt er im Trikot der Nationalmannschaft noch einen Etappensieg beim Giro della Valle d'Aosta in Italien ein. Diesen Erfolg nennt Nerz den wichtigsten Sieg während seiner Zeit in der U23. Die Rundfahrt ist neben der Tour de l'Avenir in Frankreich das wichtigste Etappenrennen für den Nachwuchs. »Da waren wirklich die Besten der Besten zu der Zeit am Start. Da eine Etappe abzuschießen, war natürlich schon Bombe«, sagt Dominik Nerz. Es ist das letzte Mal, dass er in den Genuss eines Sieges kommt. Als Profi wird er kein Rennen mehr gewinnen.

# III

# LEKTIONEN IN SCHMERZ

Bei der Tour de France 1985 kommt es im Finale der 14. Etappe in St. Etienne zu einem folgenschweren Sturz in der Verfolgergruppe. Auch der Mann im Gelben Trikot geht zu Boden. Es dauert mehrere Minuten, bis Bernard Hinault wieder auf seinem Rad sitzt und die letzten knapp 300 Meter bis ins Ziel rollt. Sein Gesicht ist zerschlagen, das Blut strömt aus der Nase, tropft auf das Maillot Jaune und den Asphalt. Im Ziel muss sich Hinault vehement Platz verschaffen gegen die Fotografen und Journalisten, die einen Blick erhaschen wollen auf den blutenden Patron des Pelotons. Hinault, genannt »der Dachs«, strebt seinen fünften Toursieg an, aber in diesem Moment steht dieses Vorhaben auf der Kippe. Im Film »Slaying the Badger« (»Den Dachs erlegen«) von 2012 beschreibt der englische TV-Kommentator Phil Liggett, was sich anschließend abspielt: »Er nahm seinen heulenden Sohn auf den Arm und sagte zu ihm: ›Berühr meine Nase.‹ Und das Kind berührt seine Nase. ›Siehst du, es ist nichts.‹« »Nichts« ist in diesem Fall ein doppelter Nasenbeinbruch. Doch das kann den Franzosen nicht abhalten. Hinault leidet, aber er gibt nicht auf. Acht Tage später fährt er im Gelben Trikot und mit immer noch geschwollenem Gesicht in Paris ein. Er hat seine Gegner besiegt – und den Schmerz. Vor allem den Schmerz.

Diese Episode ist nicht nur ein Teil der Legende Hinault. Sie ist eine typische Erzählung des Radsports. Denn Radsport und Schmerzen bilden eine unzertrennliche Einheit. Das eine ist ohne das andere nicht zu haben. Radsportler lernen das früh. Nicht nur, wenn sie – wie Dominik Nerz – im allerersten Rennen stürzen. Wenn schon ein doppelter Nasenbeinbruch »nichts« ist, sind ein paar Schürfwunden erst recht nichts. Ein bisschen Tapete ist ab, heißt es dann lapidar. »Stürzen gehört zum Radsport wie das Weinen zur Liebe«, hat der ehemalige belgische Radprofi Johan Museeuw es geradezu poetisch zusammengefasst.

Nach einem Sturz aufzustehen, sich wieder aufs Rad zu setzen, ist für Radprofis ganz selbstverständlich. Als sich der Belgier Philippe Gilbert bei der Tour de France 2018 auf der Abfahrt vom Col de Portet d'Aspet in den Pyrenäen versteuert, sein Rad nicht mehr kontrollieren kann und über die Begrenzungsmauer ein paar Meter in die Tiefe stürzt, klettert er anschließend nicht nur wieder hinauf auf die Straße, sondern auch zurück in den Sattel und fährt die verbleibenden 60 Kilometer bis ins Ziel. Gilbert bewältigt dabei noch zwei Anstiege der ersten Kategorie, den Col de Menté und den Col du Portillon. Und das alles mit gebrochener Kniescheibe, wie sich später herausstellt. Der Italiener Vincenzo Nibali hatte sich ein paar Tage zuvor mit gebrochenem Wirbelkörper noch die letzten vier Kilometer nach L'Alpe d'Huez hinaufgequält. Der deutsche Radprofi Tony Martin war auf der achten Etappe mit der gleichen Verletzung nach einem Sturz bei Tempo 60 ebenfalls noch weitergefahren. Es ist auch für ihn keine neue Erfahrung. »Als Radsportler bist du Stürze gewohnt, hast das Stürzen gewissermaßen gelernt. Man hat sich gewisse Schutzmechanismen angeeignet, die der Körper dann anknipst«, sagt Martin anschließend in einem Interview mit der *Frankfurter Allgemeinen Sonntagszeitung*.

Als Radprofi sei man eine Art Trapezkünstler, meint der ehemalige niederländische Radprofi Hennie Kuiper, 1975 Straßenrad-Weltmeister und zwei Mal Gesamtzweiter bei der Tour de France. Oft genug gebe es dabei kein Fangnetz. Und wie im Zirkus stockt dem Publikum der Atem, wenn die Nummer schiefgeht, die Fahrer auf den Asphalt knallen oder wie Philippe Gilbert in einen Abgrund stürzen. Die Stürze sind im Zeitalter von Social Media, in dem jeder Crash zigtausendfach in kurze Clips geschnitten und geteilt wird, längst zu einer Art Entertainment geworden. Zumal all die für die Sinne verstörenden Elemente eines Sturzes – das Quietschen der Bremsen, die Schreie, das Knirschen des Carbons und das Scheppern von Metall auf dem Asphalt – meist nur undeutlich wahrzunehmen sind in der medialen Vermittlung. Wenn man direkt daneben steht, ist die Tonspur sehr viel lauter. Für den Zuschauer bleibt es jedoch so oder so ganz unbegreiflich, wie es Radprofis schaffen, nach solchen Stürzen aufzustehen und einfach weiterzufahren. Schon das Zusehen schmerzt. Dominik Nerz sagt, seine Freunde und seine Familie hätten vermutet, er habe gar keine Schmerzwahrnehmung mehr gehabt. Das stimmt natürlich nicht. Auch Radprofis empfinden Schmerz. Aber es gibt eine rationale Erklärung dafür, warum sie nur dann nicht weiterfahren, wenn es wirklich gar nicht mehr geht.

»Das kann man biologisch und psychologisch erklären«, sagt der Sportpsychologe Professor Jens Kleinert in seinem Büro im neunten Stock des Institutsgebäudes der Deutschen Sporthochschule in Köln. Eine halbe Stunde hat er sich freigeboxt in seinem engen Terminplan, um den verblüffenden Umgang der Radsportler mit dem Schmerz zu erläutern.

Die biologische Erklärung hat mit dem Hormon Endorphin zu tun, das bei extrem hohen körperlichen Belastungen ausgeschüttet wird. Endorphine wurden lange für jene Euphorie verantwortlich gemacht, die beim so genannten »Runner's High« auftritt. Neuere Studien zeigen jedoch, dass diese Glücksgefühle wohl durch die Ausschüttung körpereigener Cannabinoide ausgelöst werden, während Endorphine eine andere Voraussetzung dafür schaffen: Sie lassen den Schmerz verschwinden.

»Endorphin ist ein Derivat des Morphins, also eines starken Schmerzmittels, das der Körper selbst produziert«, erklärt Jens Kleinert. Schon das Wort Endorphin drückt das aus: Es steht für endogenes, also körpereigenes Morphin. Dieses vom Körper selbst produzierte Schmerzmittel, so Kleinert, werde bei hohen Ausdauerbelastungen in wirksamen Dosen freigesetzt. »Ein lockerer Ausdauerlauf reicht da nicht aus, da passiert nichts.« Radprofis kommen in Leistungsbereiche, in denen auch sie jenes Phänomen des schmerzgedämpften »Runner's High« erleben können. »Wenn die da den Berg hochfahren, wird tatsächlich Endorphin in relevanten Mengen freigesetzt«, sagt Professor Kleinert. Endorphin wird im Körper auch noch durch andere Einflüsse frei – bei psychischen Extremsituationen. »Wenn ich mich über längere Zeit psychisch stark anstrenge, mich erschrecke oder so etwas, dann wird auch Endorphin freigesetzt«, erläutert Kleinert. Hohe körperliche Belastung, psychische Anstrengung über eine längere Zeit, die Schrecksekunde des Sturzes. Faktoren, die bei Radsportlern den Endorphinspiegel in die Höhe schießen lassen, wodurch sie den körperlichen Schmerz nach dem Aufprall auf der Straße im ersten Moment nicht so stark wahrnehmen. Eine Erfahrung, die auch Dominik Nerz gemacht hat. »Die wirklichen Schmerzen kommen ja erst viel, viel später«, bestätigt er dieses eingeschränkte Schmerzempfinden unmittelbar nach einem Sturz. »Sie kommen noch nicht mal sofort nach der Etappe. Mein Motto war immer: direkt die Wunden sauber machen, egal, was ist. Wenn man das am Abend gemacht hätte – vergiss es.«

Endorphin ist die biologische Komponente. Doch der Reflex, sofort wieder aufs Rad zu steigen und weiterzufahren, wird auch von der Psyche geleitet, und er ist von klein auf antrainiert. Auch Dominik Nerz ist nicht nur nach dem Sturz bei seinem ersten Rennen immer wieder von seinen Trainern aufgefordert worden weiterzumachen. Sein langjähriger Coach Hartmut Täumler glaubt, dass die direkte Rückkehr aufs Rad eine wichtige Rolle spielt bei der Bewältigung eines Sturzes. »Wenn ich das nicht mache, setzt sich das Erlebnis fest und man verarbeitet es nicht mehr richtig«, meint Täumler. Als Profis haben die Radsportler dieses Verhalten längst verinnerlicht. Für sie spielt dann vor allem die Fokussierung auf das Ziel eine entscheidende Rolle.

»Bei Stürzen bei niedrigen Geschwindigkeiten hast du nur den Gedanken: Aufstehen, wo ist mein Rad, draufsetzen, den Anschluss nicht verpassen«, sagt Radprofi Tony Martin im Interview mit der *FAZ am Sonntag*. Aufmerksamkeitsfokus nennen die Psychologen das. »Der ist in diesem Moment so stark auf die Gruppe gerichtet, die da gerade wegfährt, dass mein Fokus gar nicht intern beim Schmerz ist«, erläutert Sportpsychologe Jens Kleinert. Verschiedene Signale stehen für den gestürzten Radprofi in diesem Moment im Wettbewerb miteinander: der interne Schmerz und das externe Renngeschehen. Diese »Competition of Cues«, dieser Wettstreit zwischen unterschiedlichen Reizen, geht zurück auf eine Theorie des Psychologen James Pennebaker. Auf die Situation des Sturzes übertragen bedeutet sie: Stürzt ein Radprofi, ist das externe Signal, das Rennen, stärker als die körperliche Pein. »Ich nehme den Schmerz gar nicht wahr, sondern nur noch das, was gerade vor meinen Augen, was im Rennen abläuft«, erklärt Professor Kleinert. »Die kriegen schon mit: Das tut weh. Aber durch diese Mechanismen nicht in dem Maße, wie wenn es diese externe Situation nicht gibt.« Diese psychologische Komponente im Zusammenspiel mit der Produktion eines Schmerzmittels im Körper erklärt, warum jemand wie Philippe Gilbert sich mit gebrochener Kniescheibe noch über zwei Pyrenäengipfel quälen, nach dem Rennen aber nicht ohne Hilfe gehen kann. Die Wirkung der Endorphine lässt nach und keine Gruppe muss mehr eingeholt, keine Etappe beendet werden. Das ist der Moment, in dem der Schmerz seine volle Wucht entfaltet.

Den Tag nach einem Sturz beschreiben Radprofis oft als besonders schlimm, weil der Schmerz dann nicht mehr natürlich gedämpft wird, sondern nur noch mit Hilfe von Schmerzmitteln unterdrückt oder mit Willenskraft ignoriert werden kann. Radprofis sind auch darauf trainiert. »Jeder, der nicht so mit Schmerzen umgehen kann, wird sagen: Ich bin verletzt, krank, es geht nicht. Aber als Radfahrer lernt man, mit dem Schmerz umzugehen«, sagt Dominik Nerz, der eigentlich ein sensibler Typ ist und einen eher weichen Eindruck macht. Aber die Härte seines Metiers hat auch er verinnerlicht. »Wenn ich mich mal ein bisschen auf dem Asphalt gerollt habe und genäht wurde oder so was, saß ich am nächsten Tag wieder auf dem Rad. Muss ja.«

Dieses »Muss ja« macht die Essenz des Radsports aus. Die Qualen nach einem Sturz sind dabei nur das Extrem. Aber Radrennen fahren tut auch weh, wenn man nicht auf dem Asphalt aufschlägt. Jedes Training bereitet Schmerzen. Die Muskeln brennen, und wenn die Leistungsgrenze erreicht oder gar überschritten wird, breitet sich im Mund manchmal der Geschmack von Blut aus. In den roten Bereich zu gehen und dennoch weiterzumachen, obwohl der Körper schreit: »Aufhören!« Das ist Alltag für Radsportler. »Radsport ist Leiden«, hat der legendäre Fausto Coppi es treffend zusammengefasst. Das gilt im Training wie im Rennen. Dominik Nerz' Trainer Hartmut Täumler hat seinen Schützlingen in der U23 stets die Prämisse mitgegeben: »Wenn nichts mehr wehtut, bin ich im Ziel.«

Das Leiden macht seit den Anfängen des Radsports dessen Faszination für das Publikum aus. In den ersten Jahrzehnten überhöhten die Zeitungsreportagen die leidenden Athleten zu Helden von mythischer Gestalt. Heute sind es die Nahaufnahmen der von Anstrengung gezeichneten Gesichter der Fahrer, die sich einen Berg hochquälen, oder die dreckverschmierten Grimassen der Radprofis bei den Frühjahrsklassikern wie Paris-Roubaix, die das Leid auf dem Rad anschaulich machen. Der technische Fortschritt hat die Räder leichter und schneller gemacht, bessere Trainingsmethoden und Doping haben die Leistungsgrenzen verschoben. Aber weh tut es immer noch.

Radsportler leiden und dieses Leiden macht die Sache für das Publikum interessant. Mit Sadismus oder mangelnder Empathie hat dieser Reiz allerdings nichts zu tun.

Von einem »Theater des Leidens« spricht der Sportphilosoph Gunter Gebauer in einem Berliner Café, das er als Treffpunkt vorgeschlagen hat. Gebauer ist Mitte 70 und hat bis 2012 an der Freien Universität in Berlin gelehrt. Sein Alter sieht man ihm nicht an. Er ist ein hoch gewachsener ehemaliger Leichtathlet, der Faszination und Elend des Sports philosophisch zu durchdringen versucht. »Dieses Leiden passiert zwar wirklich, aber es ist gleichzeitig in einem Spiel zugefügt – und zwar selbst zugefügt. Das hat also mit dem Leiden eines Kranken oder eines Sterbenden nichts zu tun, geht aber in die Nähe, weil es fast existenziell werden kann«, beschreibt er die besondere Form des Martyriums im Radsport. »Durch diese Spannung zwischen Ernst und Spiel bekommt der Radsport etwas Theatralisches. Wir haben hier das Grundmodell Theater, aber es wird noch eine Endung weitergedreht, weil etwas Realismus reinkommt.«

Die Qualen der Radprofis sind real. Und die für den Zuschauer interessante Frage ist: Wie schaffen die das? Wie können sie das Stoppsignal des Körpers so lange ignorieren? Die Antwort darauf steckt zum Teil im Wesen des Schmerzes. Die Welt-Schmerzorganisation ISAP (International Association for the Study of Pain) definiert Schmerz als »ein unangenehmes Sinnes- und Gefühlserlebnis, das mit aktueller oder potenzieller Gewebeschädigung verknüpft ist oder mit Begriffen einer solchen Schädigung beschrieben wird«.

Der Hinweis auf ein Gefühlserlebnis macht deutlich, dass es auch eine starke emotionale Ebene des Schmerzes gibt. Professor Jeffrey Mogil, Psychologe und Schmerzforscher an der McGill University in Montreal, erklärt in einem Beitrag auf der Website des britischen Radsportmagazins *Cycling Weekly*: »Schmerz ist mehr als nur eine Sache. Es ist eine Sinneswahrnehmung wie Sehen oder Tasten, er ist eine Emotion wie Wut oder Traurigkeit und er ist ein Zustand, der eine Handlung erfordert, wie Hunger.« Sehen oder Tasten können die meisten Menschen, Wut und Trauer empfinden die allermeisten von uns auch. Emotionen lassen sich leiten, ein Hungergefühl kann man unterdrücken. Den Umgang mit Schmerzen kann man daher ebenfalls trainieren.

Einer der ersten Wissenschaftler, der sich mit der Frage des Schmerzempfindens und der Schmerztoleranz bei Spitzenathleten beschäftigt hat, war der Psychologe Karel Gijsbers von der Universität Stirling in Schottland. Bereits 1981 veröffentlichte er im *British Journal of Medicine* die Ergebnisse einer Studie, bei der er Schwimmer des schottischen Nationalteams sowie Mitglieder eines Schwimmklubs und Nichtathleten einem Schmerztest unterzogen hatte. Das Ergebnis: Alle drei Gruppen spürten den Schmerz etwa zur gleichen Zeit, die Schwimmer aus dem Nationalkader konnten die Schmerzen allerdings deutlich länger aushalten als die Klubschwimmer und diese wiederum länger als die Nichtathleten. Diese Resultate seien darauf zurückzuführen, dass Spitzenathleten sich systematisch Schmerzerfahrungen aussetzten. Auch der Einfluss von Endorphinen und psychische Mechanismen, den Schmerz zu handhaben, spielten eine Rolle, schreibt Gijsbers. Er fügt hinzu: »Es wird berichtet, dass hoch motivierte Athleten im Schmerz sogar eine gewisse Befriedigung spüren.« Radprofis haben demnach also kein grundsätzlich anderes Schmerzempfinden als andere Menschen, sie haben lediglich trainiert, besser damit umzugehen. Von klein auf spulen Radfahrer Kilometer um Kilometer ab, Schmerzen sind dabei ein ständiger Begleiter. Sie werden Teil des Alltags, schlichtweg normal. »Es ist ja nicht so, dass du auf einmal Schmerzen aushalten musst, die du nicht packen würdest, sondern das geht Schritt für Schritt«, berichtet Dominik Nerz. »Du gewöhnst deinen Körper in einer gewissen Weise daran. Es kann ja auch niemand aus dem Nichts 260 Kilometer Rad fahren. Das würde auch nicht funktionieren. Genauso verhält es sich mit den Schmerzen.«

Der Sportpsychologe Jens Kleinert schmunzelt verschmitzt, wenn man ihn fragt, warum Leitungssportler insbesondere in den Ausdauersportarten wie Radsport so viel besser Schmerzen ertragen können als »normale« Menschen. »Das können sie ja gar nicht«, beteuert er. »Es gibt keine biologischen Unterschiede. Das Schmerzsystem funktioniert genauso, nur dass die psychischen Möglichkeiten, mit Beschwerden umzugehen, sie zu ignorieren oder sich abzulenken, besser sind.« Durch den ständigen Umgang mit Schmerz verändert sich zudem die Wahrnehmung, wie weit der Weg an den Rand des Erträglichen ist. »Die Tatsache, dass man ständig solche Erlebnisse hat, im Training oder im Wettkampf, und damit irgendwie zurechtkommen muss, führt zu einem ganz normalen Lern- und Sozialisationsprozess«, erläutert Professor Kleinert.

In seiner Autobiografie »Shut Up Legs« beschreibt der ehemalige Radprofi Jens Voigt, wie dieser Prozess bei ihm schon in der Sportschule begann. »Und nachdem ich nun knapp 20 Jahre im Profisport unterwegs gewesen bin, glaube ich, dass ich zehn bis

20 Prozent mehr Schmerzen ertragen kann als die meisten anderen.« Tatsächlich variiert die Schmerztoleranz auch bei Spitzenathleten, je nachdem in welcher Phase der Saison sie sich befinden. Je näher ein Sportler dem Saisonhöhepunkt ist, desto ausgeprägter ist seine Fähigkeit, Schmerzen zu ertragen. Dabei ist die Art des Trainings und nicht etwa der Fitnesszuwachs für die Ausprägung der Toleranz gegenüber Schmerzen maßgebend, wie eine Studie an der Oxford Brookes University in Großbritannien aus dem Jahr 2017 festgestellt hat. Je höher die Trainingsintensität, desto besser die Schmerztoleranz. Man muss also schon im Training leiden. Und – auch das stellt jene Studie fest – wer in der Lage ist, Schmerz besser zu ertragen, der kann auch schneller Rad fahren. Daraus ergibt sich eine einfache Formel, die Radrennfahrer intuitiv verinnerlicht haben: Mehr Leiden im Training gleich höhere Schmerztoleranz, höhere Schmerztoleranz gleich bessere Leistungsfähigkeit im Rennen.

Der Sozialisations- und Trainingsprozess ist aber lediglich ein Aspekt. Das subjektive Verschieben der Schmerzgrenze, wie Jens Voigt es beschreibt, hat zu einem Großteil auch eine psychologische Komponente. Voigt selbst verfolgte während seiner Karriere einen autoritären Ansatz im Umgang mit dem Schmerz. Er erteilte seinen Beinen den klaren Befehl: »Shut up legs!« Voigt wurde mit diesem Ausspruch weltweit bekannt und hat ihn nach seiner Karriere zu einer Marke gemacht, unter deren Dach er T-Shirts, Kapuzenpullis und Radtrikots verkauft. In seiner aktiven Zeit war Jens Voigt ein »Baroudeur«, ein Fahrer, der sein Heil in der Attacke suchte, mal in der Gruppe, häufig als Solist. Und dann war er allein mit sich und dem

Schmerz in den Beinen, denen er befahl, still zu sein. Wie in den Situationen unmittelbar nach einem Sturz greift auch hier wieder James Pennebakers Theorie der »Competition of Cues«, wonach sich unterschiedliche Reize in einem Wettstreit befinden. Entscheidend ist, auf welchen davon sich die Aufmerksamkeit fokussiert. Nur dass in diesem Fall jener Reiz, der den Fokus vom Schmerz ablenken soll, vom Athleten selbst geschaffen wird. »Normalerweise setzt sich ein Schmerzsignal durch. Das heißt, der innere Reiz, der Schmerzreiz, wird sehr aufdringlich. Aber man kann durch Training tatsächlich den Aufmerksamkeitsfokus von diesem inneren Reiz weglenken«, erläutert Sportpsychologe Jens Kleinert. »Diese Umlenkung des Aufmerksamkeitsfokus wird unterstützt durch imaginäre und verbale Techniken.«

Radprofis berichten häufig davon, dass sie ihre Qualen gerne auf die anderen Fahrer um sie herum projizieren, getreu dem Motto: »Wenn es mir wehtut, tut es den anderen erst recht weh.« Auch Dominik Nerz hat sich gerne mit diesem Gedanken beholfen, wenn am Berg das Brennen in den Beinen unerträglich zu werden schien. Die Vorstellung, den Gegner im nächsten Moment zu überholen, aus dem Sattel zu gehen, um den Druck auf die Konkurrenten zu erhöhen, oder sich im Training vorzustellen, was hinter der nächsten Kurve kommt – alle diese Bilder lenken den Fokus weg vom Schmerz. Das Gleiche gilt für Selbstgespräche, die das Handeln begleiten. Beispielsweise auszusprechen, dass man jetzt weiter rund treten wird. »Dieses Verbalisieren hilft mir, den Fokus auf bestimmte Dinge zu legen. Das kennen alle Menschen, die etwa in den Keller gehen und sagen: ›Mensch, was hatte ich jetzt noch mal gesucht hier?‹

Das sagt man dann wirklich laut vor sich her«, erklärt der Sportpsychologe Jens Kleinert. »Im psychologischen Training wird diese Strategie gelernt und geübt, zum Beispiel welche Sprüche oder welche Selbstgespräche man wann führen sollte. Solche Selbstgespräche können auch gegen den Schmerz gehen. Das heißt: ›Das ist jetzt egal, trotzdem weiter.‹ Das sind selbstmotivierende Schmerzgespräche, die versuchen, vom Schmerz abzulenken und das sportliche Ziel zu fokussieren, das man vor Augen hat.« Oder um es mit Jens Voigt zu sagen: »Shut up legs!«

Mit den Selbstgesprächen oder den Imaginationstechniken wird der Schmerz rationalisiert. Das heißt, die starke emotionale Seite des Schmerzes wird beiseite gedrängt. Schmerz kann mit emotionalen Begriffen wie schrecklich, furchtbar, dramatisch beschrieben werden. Oder aber eher nüchtern definiert werden als dumpf, stechend oder brennend. »Im Gespräch mit dem Schmerz kann ich herausfinden, was sagt er mir gerade, was bedeutet er? Bedeutet er, dass ich ein bisschen runder oder langsamer fahren soll, oder was will der Schmerz mir sagen?«, erläutert Professor Kleinert. »Das ist auch eine Art und Weise, den Schmerz als etwas Rationales zu sehen. Wenn ein Athlet den Schmerz rational beschreibt, versucht er, sich emotional davon zu lösen. Das kann eine wunderbare Strategie sein, da negative Emotionen den Schmerz meist sogar verstärken.«

Radprofis brauchen diese Fähigkeit, den Schmerz in seine Schranken zu weisen, ihn nicht gewinnen zu lassen. Nur diese Fähigkeit ermöglicht es ihnen, erfolgreich zu sein. Doch nicht immer ist es richtig, den Schmerz zu ignorieren, ihn auszuhalten, mit ihm zu verhandeln. Spätestens dann, wenn der

Schmerz in Wahrheit kein Bruder des inneren Schweinehunds ist, den es zu überwinden gilt, sondern ein Warnzeichen des Körpers. Gerade weil Radsportler darauf konditioniert sind, Schmerz auszuhalten, laufen sie deshalb Gefahr, entsprechende Warnzeichen zu ignorieren und trotzdem weiterzumachen. »Das ist dann für den Fahrer ein Dilemma und für das Team sogar ein ethisches Problem«, sagt Jens Kleinert. »Eigentlich sollte man nicht weiterfahren, weil es dadurch nur schlimmer wird und dann muss man irgendwann drei, vier Wochen aussetzen, anstatt drei, vier Tage.«

Oft sind es äußere Einflüsse oder die Angst, als Versager dazustehen, die Radprofis dennoch weitermachen lassen. »Ich hätte viel häufiger auf meine inneren Signale hören müssen«, meint Dominik Nerz rückblickend. »Wenn es wirklich an die Gesundheit geht, sollte man vielleicht früher reagieren. Aber es ist halt immer extrem schwierig. Auf der einen Seite hat man selbst den Anspruch und ist gewohnt, zu funktionieren und nicht einfach aufzugeben. Auf der anderen Seite gibt es den Druck von außen. Du willst dein Team, deine Teamkollegen, deinen Sportlichen Leiter, deinen Teamchef und die Sponsoren nicht enttäuschen. Und dann sagt man sich: ›Okay, dann musst du halt jetzt noch ein bisschen mehr auf die Zähne beißen.‹«

# IV

# NEUE WELT

»Deutschlands verlorener Traum«, titelt das Magazin *Cycle Sport* in seiner Januar-Ausgabe 2011. Es folgt ein Abgesang auf das Team Milram, das sich nach der Saison 2010 aufgelöst hat und am Ende nur noch eine »Tragikomödie auf zwei Rädern« gewesen sei, wie das britische Magazin festhält: »Alles, woran sie Hand anlegten, endete in Mittelmäßigkeit.« Ein vernichtendes Urteil zum Ende einer Ära.

Mit Milram tritt das letzte deutsche Team von der großen Radsportbühne ab, die damals noch den Titel ProTour trägt. Drei Jahre zuvor hat sich bereits das T-Mobile-Team aus dem Radsport zurückgezogen, das aus dem Team Telekom hervorgegangen war. Einer Equipe, die lange Zeit einen ähnlichen Stellenwert hatte wie die Fußball-Nationalmannschaft. Im magentafarbenen Trikot des Teams war Jan Ullrich 1997 zum Toursieg gefahren. Er löste damit einen Radsportboom aus, der dazu führte, dass die Nation jahrelang den Juli in abgedunkelten Wohnzimmern verbrachte. Dort verfolgte man auf dem Bildschirm, wie Ullrich sich vergeblich daran abarbeitete, seinen Erfolg in Frankreich zu wiederholen, und wie Erik Zabel Jahr um Jahr das Grüne Trikot des besten Sprinters der Tour gewann.

Auf die große Euphorie folgt das große Entsetzen, als 2006 Jan Ullrichs Verwicklung in die Fuentes-Affäre bekannt wird. Ullrich darf deswegen nicht an der Tour de France teilnehmen und beendet Anfang 2007 seine Karriere. Im Mai desselben Jahres folgen die Doping-Geständnisse von Zabel und dessen Kumpel Rolf Aldag. Auch Bjarne Riis räumt kurz darauf ein, gedopt gewesen zu sein bei seinem Toursieg, der ihm 1996 in den Telekomfarben gelang. Als im Sommer 2007 T-Mobile-Profi Patrik Sinkewitz einen positiven Test auf Testosteron abliefert, steigen die öffentlich-rechtlichen TV-Sender ARD und ZDF mit sofortiger Wirkung aus der Tour-de-France-Berichterstattung aus. In der Bonner Zentrale des Telekom-Konzerns hat man endgültig genug. Nach 17 Jahren als Sponsor im Profiradsport zieht man sich am Ende des Jahres zurück.

Der Radsport in Deutschland liegt am Boden, nicht nur an der Spitze. Auch an der Basis, in den Amateurklassen und bei den Junioren, wenden sich die Geldgeber ab. Der Rennkalender schrumpft zusammen: 2005 gibt es sieben Etappenrennen für Profis in Deutschland, 2010 ist lediglich noch die Bayern-Rundfahrt übrig, die nach der Ausgabe 2015 auch eingestellt wird. Das Publikum kehrt dem Sport ebenfalls den Rücken. Radsport wird in der deutschen Öffentlichkeit zum Synonym für Doping. Wie ein betrogener Ehepartner habe sich Deutschland enttäuscht vom Radsport abgewendet, kommentiert der Direktor der Tour de France Christian Prudhomme den Niedergang.

»Sinkewitz war der Worst Case«, sagt Jochen Hahn elf Jahre später in einem Café unweit seines Radgeschäfts in Berlin. »Eine Chance hat der Radsport noch gehabt, und die hat Sinkewitz zerstört. Das war das letzte Leben, das wir hatten, danach war es vorbei.« Hahn ist von 2008 bis zum Ende des Teams 2010 als Sportlicher Leiter bei Milram tätig gewesen. Nachdem sich 2008 auch das Team Gerolsteiner aufgelöst hat, ist Milram die letzte der ursprünglich drei deutschen Mannschaften in der ProTour. Die Nordmilch AG, eine Molkereigenossenschaft, deren Produktmarke Milram ist, erwägt ebenfalls einen vorzeitigen Rückzug aus dem Radsport. Als Dominik Nerz Ende September 2009 am Rande der Straßenrad-WM in Mendrisio in der Schweiz seinen ersten Profivertrag unterzeichnet, weiß Teamchef Gerry van Gerwen erst seit knapp zwei Monaten, dass sein Geldgeber den bis Ende 2010 geltenden Vertrag erfüllen wird. Nerz unterschreibt für zwei Jahre, weil der Radsport-Weltverband UCI das bei Neo-Profis so verlangt. Aber so lange wird es das Team nicht mehr geben.

Ein kleines zweistöckiges Gebäude in einem Gewerbegebiet in Sint-Oedenrode, nördlich von Eindhoven. Gerry van Gerwen empfängt einen im Büro der Firma seiner Tochter. Er ist schon Anfang April braun gebrannt, ein gut gelaunter Ruheständler mit Mitte 60. Immer noch strahlt van Gerwen jenen unerschütterlichen Optimismus aus, den er während seiner Zeit als Chef des Teams Milram immer an den Tag legte, egal wie schwierig die Lage auch sein mochte. Und schwierig war sie oft. Schon ein Jahr bevor Dominik Nerz seine Unterschrift unter den Vertrag setzt, der ihm den von der UCI vorgeschriebenen Mindestlohn von 25.000 Euro im Jahr garantiert, muss van Gerwen kämpfen, um Nordmilch bei der Stange zu halten. »Die wollten eigentlich unmittelbar nach 2008 aufhören«, erinnert sich van Gerwen.

Es ist nicht alleine die Dopingkrise, die Nordmilch das Engagement im Radsport infrage stellen lässt. Auch sinkende Milchpreise spielen bei den Überlegungen in der Konzernzentrale eine Rolle. »Die Konsequenz war, dass Nordmilch finanzielle Probleme gekriegt hat«, sagt van Gerwen. »Der Vorstand war weiter für die Mannschaft, kein Thema. Aber die Leute, die die Finanzen verwaltet haben, waren dagegen. Die Landwirte waren auch gegen die Mannschaft, weil die Milchpreise so niedrig waren und der Radsport in Deutschland einen schlechten Namen hatte.« Anfang Dezember 2008 reist Gerry van Gerwen deshalb gemeinsam mit seiner Tochter Marlies, mit der er die Geschäfte des Teams führt, in die Konzernzentrale der Nordmilch AG in Bremen. Er will seine Equipe retten. »Der Riese Nordmilch gegen die Micky Maus«, beschreibt van Gerwen die Konstellation. Eine Dreiviertelstunde redet er auf die Mitglieder des Vorstands ein. Einen Monolog habe er gehalten, erinnert er sich. »Ich war gut vorbereitet und habe auf Emotion gesetzt.« Die Strategie ist erfolgreich. »Nach konstruktiven Gesprächen mit unserem Partner Velo-City GmbH bestätigen wir, dass die Mannschaft am 1. Januar 2009 als Team Milram startet«, gibt die Nordmilch AG anschließend per Pressemitteilung bekannt. Im Juli erklärt das Unternehmen dann, man bleibe wie geplant auch 2010 noch dabei. Noch einmal wird man den Vertrag danach jedoch nicht verlängern. Für 2011 steht Gerry van Gerwen damit endgültig ohne Geldgeber da.

Die unsichere Zukunft des Teams wird Dominik Nerz' gesamtes erstes Jahr als Profi überschatten. Doch zunächst einmal ist er schlicht überwältigt von der neuen Welt, die sich da vor ihm auftut. Schon der Mannschaftsbus, in dem er in Mendrisio seinen Vertrag unterschreibt, beeindruckt ihn, obwohl das Gefährt im Vergleich zu dem, was bei anderen Teams Standard ist, eher zurückbleibt. »Das war das erste Mal, dass ich in so einem Bus drinnen war … geil«, sagt Nerz.

Den Deal mit Milram hat Christian Baumer eingefädelt. Baumer ist damals der führende Fahrermanager in Deutschland. Nerz ist auf Vermittlung seines Trainers Hartmut Täumler zu Baumers Klient geworden. Täumler glaubt, dass ein junger Profi jemanden an seiner Seite haben muss, der die finanziellen Dinge regelt und über die entsprechenden Kontakte in der Branche verfügt. »Das hilft so jungen Leuten, sich zurechtzufinden«, erklärt Täumler. »Christian Baumer habe ich als sehr seriösen, sehr soliden Mensch kennengelernt. Der war der Richtige und ich habe auch allen meinen anderen Rennfahrern geraten, sich mit ihm zu verbünden.« Baumer soll für Nerz jedoch lediglich die vertraglichen Dinge mit den Teams regeln. Die Finanzen des jungen Radprofis verwaltet dessen Vater Michael. »Dadurch gab es manche Spannungen, die an Dominik nicht spurlos vorbeigegangen sind«, meint Hartmut Täumler. Auch Michael Nerz räumt ein, dass er mit dem Manager manchmal Knatsch gehabt habe, aber im Wesentlichen sei man gut miteinander ausgekommen. Viele der Fahrer, die Baumer vertritt, sind ebenfalls bei Milram unter Vertrag. Deshalb erscheint es logisch, dass auch Nerz dort unterkommt. Trotz der unsicheren Zukunft des Teams. Zumal Nerz im Jahr zuvor schon für das Milram-Nachwuchsteam gefahren ist.

Im Nachhinein sei Milram nicht die richtige Wahl gewesen, glaubt Täumler heute. »Um den Schritt weiter nach oben zu gehen, war es erst mal okay«, sagt er. »Er konnte nicht viel falsch machen. Aber im Gesamtaufbau gab es bessere Teams zu dem Zeitpunkt.« Für einen Vertrag bei einer anderen Mannschaft hätten aber entweder Baumers Kontakte oder aber Nerz' Ergebnisse in der U23 nicht ausgereicht. Dominik Nerz behauptet dagegen, es hätte damals durchaus zwei, drei andere Optionen gegeben. Auch die Überlegung, ob er mit gerade einmal 20 Jahren schon den Sprung zu den Profis wagen oder lieber noch ein oder zwei Jahre in der U23 bleiben soll, habe eine Rolle gespielt. Was letztlich den Ausschlag dafür gibt, dass Christian Baumer den jungen Mann bei Milram unterbringt, ist nicht endgültig zu klären. Denn der Freiburger Fahrermanager will sich weder dazu noch zu anderen Fragen, die Nerz' Profikarriere betreffen, äußern. »Gemäß unserer gängigen Praxis machen wir grundsätzlich keine Angaben über Kenntnisse, Einblicke usw., welche wir aus der Zusammenarbeit mit unseren Athleten gewinnen«, teilt er auf Anfrage per E-Mail mit.

Dass Hartmut Täumler rückblickend der Meinung ist, Dominik Nerz sei in einem anderen Team vielleicht besser aufgehoben gewesen, hat nicht in erster Linie mit dem drohenden Rückzug des Sponsors zu tun. Die Mannschaft befindet sich damals auch sportlich in einem permanenten Umbruch. Zum Start der Saison 2008 hat Gerry van Gerwen die Leitung des Teams übernommen, das zwei Jahre zuvor aus einer Fusion des deutschen Teams Wiesenhof und der italienischen Mannschaft Domina Vacanze entstanden ist. Van Gerwen ist dort zunächst der Marketingchef, Teammanager ist der Italiener Gianluigi Stanga. Mit Alessandro Petacchi und Erik Zabel hat Milram damals zwei der weltbesten Sprinter unter Vertrag. Doch die Zusammenarbeit zwischen dem deutschen Sponsor und der italienischen Teamführung gestaltet sich problematisch. Es kommt zum Zusammenprall zweier Kulturen, die van Gerwen mehr als zehn Jahre später in einer Anekdote anschaulich macht: Milram habe das Team damals nicht nur finanziell, sondern auch materiell unterstützt, indem es die hauseigenen Milchprodukte zur Verfügung stellte. Irgendwann habe man sich bei Nordmilch in Bremen dann jedoch über die große Menge an Käse gewundert, die Stanga orderte. Van Gerwen behauptet, es habe sich um mehrere hundert Kilo im Monat gehandelt, weshalb sich der Konzern an ihn gewandt habe mit der Bitte um Aufklärung. »Ich hab dann Stanga angerufen. Und er sagt: ›Hör mal Gerry, ich habe einen Freund und der hat ein Geschäft: Käse und Schinken. Ich tausche bei ihm Käse gegen Schinken, dann habe ich Käse und Schinken.‹« Van Gerwen sagt, er habe Stanga erklären müssen, dass er es mit einer großen deutschen Firma zu tun habe, mit der man seriös Geschäfte machen müsse. »Wenn du 10.000, 50.000 oder 100.000 Brötchen zu wenig hast, dann musst du das sagen. Aber so geht das nicht. Sicher nicht in Deutschland.«

Solche kulturellen Differenzen habe es häufiger gegeben, erzählt Gerry van Gerwen. Am Ende sind es allerdings weniger Stangas Deals mit Käse und Schinken, die eine weitere Zusammenarbeit unmöglich machen. Ausschlaggebend ist eine andere Seite der Radsportkultur, die den Italiener nicht mehr tragbar macht. Der ehemalige Profi Jörg Jaksche enthüllt in seiner »Dopingbeichte« im Nachrichtenmagazin *Der Spiegel* Ende Juni 2007, wie Stanga in seiner Zeit als Chef des Teams Polti jahrelang junge Radfahrer systematisch an Doping herangeführt hat. Daraufhin beendet Milram die Zusammenarbeit mit Stanga und überträgt van Gerwen die Leitung des Teams.

Als Teamchef übernimmt Gerry van Gerwen damals eine Menge Probleme. Zwischenzeitlich sei sein Anwalt mit 23 verschiedenen Dingen gleichzeitig beschäftigt gewesen, erklärt er. Unter anderem gibt es Ärger mit dem Radhersteller, der das Team ausstattet und den der Niederländer gerne wechseln möchte. »Es ging von einem Problem zum nächsten. Es war furchtbar«, sagt van Gerwen. Auch das Dopingproblem erbt der Niederländer von seinem Vorgänger. Petacchi ist beim Giro d'Italia 2007 mit einem überhöhten Wert auf das Asthmamittel Salbutamol auffällig geworden, das gleiche Medikament, das zehn Jahre später auch dem mehrmaligen Toursieger Christopher Froome nach einem positiven Test bei der Spanien-Rundfahrt Probleme machen wird. Im Mai 2008 sperrt der Internationale Sportgerichtshof CAS Petacchi für zehn Monate. Der Vertrag des Sprinters mit Milram wird in beiderseitigem Einvernehmen aufgelöst. Kurz darauf wird auch der Spanier Igor Astarloa, der Weltmeister von 2003, erst suspendiert und schließlich Ende Mai entlassen. Bei einer teaminternen Blutkontrolle ist ein überhöhter Hämatokritwert gemessen worden, was als ein möglicher Hinweis auf Blutdoping gilt.

Die anhaltende Dopingdiskussion und der gerade in Deutschland ausgeprägte Generalverdacht gegen den Radsport haben Gerry van Gerwen ein internes Kontrollsystem installieren lassen. So will er Vertrauen schaffen. Der dänische Anti-Doping-Experte Rasmus Damsgaard soll in Verdachtsfällen Fahrer des Teams testen. »Jeder Fahrer hat unterschrieben, dass ich in einem solchen Fall unseren Backup-Spezialisten Rasmus Damsgaard anrufen kann, um die Blutprofile zu testen. Sein Urteil wird dann bindend sein«, erklärt van Gerwen damals. Auch von seinem zu diesem Zeitpunkt noch überwiegend italienischen Personal verlangt der neue Teamchef eidesstattliche Erklärungen, dass sie mit Doping nichts zu tun haben. Nicht alle sind bereit, die Vereinbarungen zu unterschreiben. Weitere arbeitsrechtliche Verfahren sind die Folge. Der Sponsor beobachtet die Querelen mit zunehmender Ungeduld. »Ich habe in den Gesprächen mit Nordmilch gemerkt, dass sie die Nase voll hatten von Italien«, sagt van Gerwen. »Ich hatte nur eine Chance: Mache es deutsch, deutsch, deutsch. Ich musste einen Cut machen, mit einer deutschen Mentalität, einer deutschen Kultur.«

Der große Umbruch erfolgt zur Saison 2009. Die Teamzentrale wird von Italien nach Dortmund verlegt. Doch vor allem bekommt die Mannschaft sportlich ein komplett neues Gesicht. Von den 25 Fahrern des Teams sind nur noch elf aus dem Kader der Vorsaison dabei. Acht Fahrer übernimmt Gerry van Gerwen vom aufgelösten Team Gerolsteiner, darunter ist der Deutsche Meister von 2008, Fabian Wegmann. Auch der Sportliche Leiter Christian Henn, Mannschaftsarzt Mark Schmidt und weiteres Personal kommen von Gerolsteiner zu Milram. Doch die beiden wichtigsten Neuverpflichtungen sind Linus Gerdemann und Gerald Ciolek. Beide kommen vom Team Columbia, das aus dem T-Mobile-Team hervorgegangen ist. Gerdemann hat im Sommer zuvor die Deutschland-Tour gewonnen, die danach für zehn Jahre in der Versenkung verschwindet. 2007 hat Gerdemann zudem bei der Tour de France einen Etappensieg in den Alpen gefeiert und für einen Tag das Gelbe Trikot übernommen. Auf der anschließenden Pressekonferenz sprach er ausführlich, offen und eloquent über das

Dopingproblem des Radsports. Seitdem gilt er als das Gesicht einer neuen deutschen Radsport-Generation. Gerald Ciolek hat seit seinem überraschenden Sieg bei den Deutschen Meisterschaften 2005 und seinem U23-Weltmeistertitel in Salzburg 2006 den Ruf, der deutsche Sprinter der Zukunft zu sein. Die beiden Kapitäne sollen zu den Aushängeschildern des neuen Milram-Teams und des deutschen Radsports werden. Doch Gerdemann und Ciolek sind mit der Rolle überfordert, in die sie von ihrem Teamchef gedrängt werden. »Das ist natürlich eine Menge Marketing gewesen. Wir mussten versuchen, uns gut zu verkaufen, der Radsport stand ja in einem schlechten Licht«, sagt der ehemalige Sportliche Leiter des Teams Jochen Hahn. »Es ging Gerry im Prinzip darum, das Augenmerk wieder aufs Sportliche zu lenken, weg von der ganzen Dopingsituation. Und das ging eigentlich nur über den Weg, junge deutsche Fahrer als Hoffnungsträger aufzubauen. Letztlich haben sie sich nicht darüber beklagt, aber für die sportliche Entwicklung war das sicherlich für beide nicht besonders förderlich.« Zumal beide auch nicht in Topform aus dem Winter kommen.

Van Gerwen legt die Messlatte für das gesamte Team sehr hoch: 25 Siege lautet seine Vorgabe für die Saison 2009. »Das war ein Alleingang, das muss man ganz klar sagen«, stellt Jochen Hahn klar. »Ich war rundheraus dagegen, solche Vorgaben zu machen. Da einen Druck aufzubauen und anzufangen, Siege zu zählen, ist schwierig. Erst recht, wenn man eh eine neue Mannschaft hat und man davon ausgehen muss, dass das erst mal nicht so laufen kann.« Mit der Übernahme eines Großteils der Gerolsteiner-Mannschaft muss damals quasi ein Team ins Team integriert werden. Das führt zu Reibereien und Debatten über die sportliche Ausrichtung der Mannschaft. Hahn meint, solche Prozesse seien normal, wenn sich eine Mannschaft neu zusammenfindet. Zumal neben dem personellen Wechsel ja auch ein örtlicher Wechsel zu bewältigen gewesen sei. »Das war ein Riesenumbruch«, sagt er. »So etwas dauert und das hat nichts mit Radsport zu tun.«

Gerry van Gerwen erklärt, genau deshalb habe er bewusst Druck aufgebaut, um die internen Diskussionen zu beenden und ein einheitliches Ziel vorzugeben. Der Umbruch geht ihm nicht schnell genug. Ihm bleibt nicht viel Zeit, ein erfolgreiches Team aufzubauen, weil er ständig fürchten muss, dass ihm der Sponsor abspringt. Im Nachhinein hält van Gerwen es deshalb für einen Fehler, so viel Personal von Gerolsteiner übernommen zu haben. »Das würde ich nie mehr so machen«, betont er. »Dadurch ist die Gerolsteiner-Mentalität ins Team gekommen, aber eine Mannschaft muss eine eigene Identität, eine eigene Kultur entwickeln.« Auch die Fahrer spüren die Differenzen zwischen dem Teamchef und der von Christian Henn angeführten Sportlichen Leitung. »Van Gerwen und Henn hatten unterschiedliche Auffassungen darüber, wie die Rennen gefahren werden sollen«, erinnert sich Fabian Wegmann. Die ständigen Querelen blockieren den sportlichen Erfolg. Van Gerwens Vorgaben werden jedenfalls weit verfehlt. Statt der eingeforderten 25 Siege schafft Milram 2009 nur neun Erfolge. Linus Gerdemann gewinnt die Bayern-Rundfahrt, Gerald Ciolek eine Etappe der Vuelta und Fabian Wegmann das deutsche Eintagesrennen Eschborn-Frankfurt City Loop. »Das ist eindeutig zu wenig. Mit dieser Mannschaft, mit dieser Qualität müssen auch 25 Siege drin sein«, klagt van Gerwen damals.

Als Konsequenz leitet er den nächsten Umbruch ein. Er degradiert den erfahrenen Ex-Profi Henn und setzt Ralf Grabsch als neuen Sportchef ein, der bis Ende 2008 noch selbst für Milram im Sattel saß. »Eins ist klar: So machen wir nicht weiter. Vielleicht waren wir zu demokratisch, zu menschlich. Die Zügel werden angezogen. Wir fahren nicht mehr Rennen, nur um Rennen zu fahren, sondern um Leistung zu bringen«, begründet der Niederländer die Entscheidung. Auch fast neun Jahre später ist Gerry van Gerwen überzeugt, dass dieser Schritt richtig war. Henn sei kein schlechter Kerl gewesen, offen für Argumente, aber er habe immer den Vergleich zu Gerolsteiner gezogen. »Und ich wollte das Team gerne zu einer modernen Mannschaft transformieren«, sagt van Gerwen. »Am Ende des Tages muss einfach gearbeitet und Rad gefahren und auch ziemlich gut Rad gefahren werden. Nur reden und dann keine Ergebnisse, das war natürlich nicht so gut.«

Henns Degradierung kommt für alle überraschend. Es ist die einsame Entscheidung des Chefs und die sorgt für neue Unruhe. Jochen Hahn glaubt, van Gerwen sei angesichts der unsicheren Zukunft der Mannschaft sehr nervös gewesen. Deshalb habe er starken Einfluss genommen auf die sportliche Ausrichtung, selbst auf taktische Belange bei einzelnen Rennen, egal, wer auf dem Papier als Sportlicher Leiter gestanden habe. »Das war eines der Probleme des Teams Milram 2009 und 2010, dass die Sportliche Leitung an der kurzen Leine gehalten wurde«, meint Hahn.

Normalerweise bestimmen die Sportlichen Leiter die Strategie und Taktik für die Rennen. Der Teammanager ist für das große Ganze zuständig, die Verträge mit den Sponsoren und den Fahrern, die Organisation des Unternehmens. Doch bei Milram, so schildert es Jochen Hahn, habe sich der Chef auch um die sportliche Ausrichtung bei den Rennen gekümmert: »De facto war er der erste Sportliche Leiter. Er hat es gut gemeint, aber ich glaube nicht, dass das hilfreich war.«

Gerry van Gerwen findet dagegen, er habe sich nicht genug einbringen können, weil er ständig mit anderen Problemen beschäftigt gewesen sei. Unter dem Strich sind die Kompetenzen nicht klar abgesteckt. Zwar lässt van Gerwen durchaus Kritik zu, aber er behält sich als Teamchef immer das letzte Wort vor. Das gilt auch bei der Verpflichtung von neuen Fahrern. Wobei sich die Beteiligten auch Jahre später nicht einig sind, wessen Idee es gewesen ist, Dominik Nerz für die Saison 2010 ins Team zu holen. Während Jochen Hahn der Meinung ist, die Verpflichtung sei definitiv auf van Gerwens Initiative erfolgt, glaubt der Niederländer, dass es eher Hahns Vorschlag gewesen sei, Nerz unter Vertrag zu nehmen. Fest steht nur, dass sich die Probleme des Teams Milram in dessen Debütsaison als Profi zuspitzen. »Das Team war noch nicht gewachsen und im zweiten Jahr war dann nicht klar, ob es weitergeht«, sagt Fabian Wegmann.

Es ist ein Spiel. Immer wieder schiebt der Nebenmann bei der gemeinsamen Trainingsausfahrt des Teams seinen Lenker ein Stück nach vorne. Es geht immer noch ein bisschen schneller, soll das heißen. »Stecken« nennen die Radprofis das und es soll dem Neuling schon gleich im ersten Trainingslager auf Mallorca signalisieren, wo er steht: am unteren Ende der Hackordnung. »Dieses Spielchen haben sie hin und wieder mit mir getrieben«, erzählt Nerz. »Es war damals normal, dass man einen Neo-Profi halt mal ›tot‹ gefahren hat, damit der wusste, wo er hingehört.« Dominik Nerz fügt sich. Er ist ein aufmerksamer Beobachter, er will nicht anecken, zeigt Respekt vor den erfahrenen Kollegen. Er ist überhaupt ein freundlicher junger Mann, der gerne mit allen auskommen möchte. Und weil er die Hierarchie akzeptiert, wird er gut aufgenommen von den erfahrenen Fahrern im Team. Ältere Profis wie Fabian Wegmann oder der ebenfalls von Gerolsteiner gekommene Johannes Fröhlinger nehmen sich seiner an. Das Hotelzimmer im Trainingslager teilt Nerz mit Servais Knaven. Der Niederländer, 2001 Sieger beim Klassiker Paris–Roubaix, ist ein alter Haudegen, der dem jungen Deutschen mit Rat und Tat beiseite steht, damit er sich in die Abläufe einfindet.

Sein neues Leben als Radprofi zieht Dominik Nerz in den Bann. Es werden ihm nun Dinge abgenommen, die er vorher selbst hat organisieren müssen. Angefangen beim Transfer vom Flughafen ins Hotel, das zudem einen höheren Standard hat als die, in denen er bisher untergebracht war. Das gefällt ihm. Im Speisesaal des Hotels steht eine »Foodbox«, die neben den Produkten des Teamsponsors verschiedene Müslis und andere Nahrungsmittel enthält. Doch vor allem sportlich ist der Sprung von der U23 in die ProTour gewaltig. Er ist erst 20 Jahre alt und nur zwei Jahre in der U23 gefahren, das macht sich bemerkbar. Schon im ersten Trainingslager auf Mallorca bekommt er das zu spüren. Das Grundtempo ist deutlich höher. »Ich musste teilweise früher abdrehen, weil ich einfach dieses konstant hohe Tempo nicht gewohnt war«, erinnert sich Nerz. Doch der Neo-Profi lernt schnell. »Das Gefühl, boah, das pack ich nicht, gab es bei Milram nie«, sagt er. »Bei Milram war ich immer motiviert für die neue Herausforderung. Natürlich habe ich gemerkt: Du musst jetzt was tun. Du musst erst mal auf das Niveau kommen, musst erst mal schauen, dass du beim Training gut mitkommst, und dann, wie es bei den Rennen geht.«

Auf Mallorca wird auch das Rennprogramm für die Saison besprochen. Die meisten Rennen, die die Sportliche Leitung für ihn ausgesucht hat, sagen ihm nichts. »Ich wusste null komma null, auf was ich mich da einlasse. Die haben gesagt, das ist ein super Rennprogramm für dich, das passt. Mir ist nur aufgefallen, dass das ungefähr drei Mal so viele Rennen waren wie im Jahr davor. Aber ich war ja jetzt auch Profi.«

Seinen ersten Einsatz hat Dominik Nerz im Februar bei der Trofeo Palma de Mallorca, einem Kriterium der fünftägigen Rennserie Mallorca Challenge. Es ist ein harmloser Auftakt. Viele seiner alten Kollegen aus dem U23-Bereich sind dort auch am Start. Aber Nerz steht dort jetzt im Trikot eines Profi-Teams und denkt: »Geil, jetzt geht meine Karriere los.« Weil er an einem Mageninfekt erkrankt, kann er die weiteren Rennen auf der Ferieninsel nicht bestreiten. Danach wird Nerz von Milram zur Murcia-Rundfahrt, zur Katalonien-Rundfahrt und zur Baskenland-Rundfahrt geschickt. Zwischendurch bestreitet er noch das spanische Eintagesrennen Grand Prix Induráin. 19 Renntage und fast 2.800 Rennkilometer in einem Monat. »Das waren schon sehr heftige Wochen«, sagt Nerz damals der Branchenpostille *Radsport*, die vom Bund Deutscher Radfahrer herausgegeben wird. Das Team stellt ihm für die Rennen jedoch Aufgaben, die ihn nicht überfordern. Mal muss er Flaschen holen, mal ein bisschen vorne im Wind Tempo machen, mal in einer Ausreißergruppe dabei sein. Nerz deutet in diesen Wochen an, dass er durchaus mithalten kann bei den Profis. Für einen 20-Jährigen zeigt er erstaunliche Leistungen. Schon bei der Murcia-Rundfahrt zählt er auf der dritten Etappe beim Tagessieg seines Teamkollegen Luke Roberts zu dessen wichtigsten Helfern. »Dominik fährt hier eine starke Woche und hat sich sehr gut in das Team integriert«, lobt ihn der neue Sportchef Ralf Grabsch. »Erst kurz vor dem Gipfel musste er abreißen lassen. Das war eine ganz stolze Leistung auf dieser Königsetappe.« Auch bei der Katalonien-Rundfahrt sorgt er mit einem vierten Platz im Prolog für Aufsehen. Vor ihm liegen nur sein Mannschaftskollege und Tagessieger Paul Voss sowie der Amerikaner Levi Leipheimer und Andreas Klöden, der Gesamtzweite der Tour de France von 2004 und 2006, den Dominik Nerz als Kind bei den Spielen mit seinen Radkumpels aus Wangen darstellen musste. »Ab da dachte ich: ›Jetzt ist es geschafft, jetzt ist der Nerzi angekommen bei den Profis, jetzt gewinnt er Radrennen.‹«

Ganz so einfach ist die Sache dann doch nicht. Denn während die meisten Topfahrer bei Regen kein Risiko im Zeitfahren eingegangen sind, ist Nerz unbekümmert drauflosgefahren. In den Bergen hat er dagegen Mühe mitzuhalten. Doch eine Woche später bei der Baskenland-Rundfahrt, einem durchaus anspruchsvollen Etappenrennen über sechs Tage, ist Nerz dann als 26. der Gesamtwertung bestplatzierter Milram-Fahrer. Er gewinnt zudem das Trikot des besten Nachwuchsfahrers. Die guten Leistungen werden durchaus registriert. Dominik Nerz merkt, dass die erfahrenen Kollegen auf ihn aufmerksam werden, wissen wollen, wer dieser junge Deutsche ist. Selbst Spitzenfahrer wie der damals noch nicht gesperrte Lance Armstrong oder Andreas Klöden, die er voller Respekt betrachtet, interessieren sich auf einmal für ihn, beglückwünschen ihn zu seinen Leistungen.

Nur Dominik Nerz selbst ist nicht zufrieden. Sein Ehrgeiz ist größer. Wie schon in seiner Zeit als Schüler, als ihn seine Trainer immer wieder bremsen mussten. Nerz erwartet von sich Top-Platzierungen unter den ersten fünf oder zehn. Das ist vermessen für einen noch sehr jungen Neuling im Profigeschäft. Heute weiß er das, damals nicht. »Ich konnte das gar nicht einschätzen. Ein 26. Platz war für mich nichts, was man an die große Glocke hängen muss«, sagt er. Damals klagt er seinem Manager Christian Baumer am Telefon sein Leid. Baumer versichert ihm, so schildert es Nerz, dass er sich auf einem sehr guten Weg befindet. Sein Manager habe ihm gesagt, mit einem 26. Platz bei der Baskenland-Rundfahrt müsse er sich um seine Zukunft keine Sorgen machen.

Die Mischung aus Ehrgeiz gepaart mit Selbstzweifeln ist nicht ungewöhnlich, aber bei Nerz sind die Zweifel besonders stark ausgeprägt. Das fällt auch seinem Sportlichen Leiter beim Team Milram auf. »Er hat die Sache sehr ernst genommen, was einerseits sehr schön, andererseits immer so ein bisschen eine Gefahr ist, wenn man sich zu sehr reinsteigert«, erklärt Jochen Hahn. »Das war schon im Trainingslager an zwei, drei Stellen zu spüren. Wenn es mal nicht so lief, hat er mächtig angefangen zu zweifeln. Da habe ich schon gesehen, er zieht sich selbst runter, wenn es nicht läuft. Das ist keine gute Eigenschaft. Mir war klar, diese Gefahr wird ihn die ganze Karriere begleiten.« Hahn behauptet, er hätte es aus diesem Grund schon damals für besser gehalten, wenn Nerz noch ein, zwei Jahre in der U23 geblieben wäre, »um erst einmal erwachsen zu werden, bevor man Erwachsenensport betreibt«. Doch beim Milram Continental Team, für das Nerz vor seinem Wechsel zu den Profis fuhr, existierte ebenfalls nicht die Struktur, um ihm die notwendige Unterstützung zu geben. »Ich glaube, da hat er fast nie Hilfe gehabt«, sagt Hahn. »Im Profisport ist es dann normal, dass einem keiner mehr hilft. Entweder man kann's oder man kann's nicht.«

Nerz ist in seinem ersten Profijahr tatsächlich komplett auf sich alleine gestellt. Offiziell ist Jochen Hahn bei Milram für die Betreuung der Nachwuchsfahrer zuständig. Doch die Zusammenarbeit bleibt oberflächlich, eine gezielte Trainingsplanung findet nicht statt. »Milram hat mir keine fixen Ziele gegeben. Sie haben gesagt, da und da wollen wir dich topfit haben«, erzählt Nerz. Zwar habe sich Hahn zu Beginn des Jahres noch um sein Training gekümmert, das sei im Laufe der Saison allerdings immer weniger geworden. Zum ersten Mal benutzt Dominik Nerz während dieser Zeit ein SRM-System, das Leistungsdaten, Tritt- und Herzfrequenz aufzeichnet. Damit kann man das Training gezielt steuern. Das System ist damals schon Standard im Radsport, aber Nerz kann mit den Daten nichts anfangen, geschweige denn sie auswerten. Auch beim Team interessiert sich niemand dafür. Jochen Hahn sagt, für die Trainingspläne sei ja eigentlich noch Hartmut Täumler zuständig gewesen. Täumler dagegen erzählt, dass die Saison bei Milram das Jahr gewesen sei, in dem er den geringsten Kontakt zu Nerz gehabt hätte. Hahn habe sich auch nicht bei ihm nach seinem Schützling erkundigt. »Für Jochen Hahn gab es eigentlich nur zwei Rennfahrer, für die er gearbeitet hat. Das waren Ciolek und Gerdemann. Auf die hat er sich fokussiert. Alles andere war ihm egal«, glaubt Täumler.

Dominik Nerz stört es nicht, dass er quasi ohne System trainiert. Im Gegenteil, er genießt die Freiheit. Er hat es bis in die ProTour geschafft, weil er seinen Instinkten vertraut hat. Er hat intuitiv gewusst, was notwendig ist, und ist bis hierhin gut damit gefahren. Auch weil er das entsprechende Talent und den nötigen Ehrgeiz mitbringt. Sein Training gestaltet er selbst. Er weiß aus seiner Jugend, dass man im Winter lange, ruhige Einheiten trainiert, dass man später Intervalle einbauen muss. Aber eine gezielte Struktur, bei der die Trainingseinheiten aufeinander aufbauen, kennt er nicht. Sie wird auch nicht verlangt. Wenn er das Gefühl hat, er muss intensiv trainieren, radelt er zu seinem Heimatberg im Allgäu und fährt dort bis oben hin am Anschlag. »Danach war ich komplett erledigt und bin heim«, sagt er. Professionell und zielgerichtet ist das alles nicht. Im Grunde habe er machen können, was er will, sagt Nerz. »Bei Milram hatte ich, sportlich gesehen, die allerbeste Zeit, weil ich mich komplett frei entwickeln durfte. Da war keiner, der mir auf die Finger geklopft hat und gesagt hat: ›Mach komplett alles anders, weil du jetzt Profi bist.‹«

Es ist verständlich, wenn Dominik Nerz rückblickend glaubt, dass seine Karriere anders verlaufen wäre, wenn er noch ein Jahr länger bei Milram hätte fahren können. »Für mich hätte es damals nicht besser laufen können. Ich hatte Spaß an dem, was ich tue. Und ich bin mir sicher, die hätten mich genauso weitermachen lassen, weil ich mich schnell entwickelt habe. Körperlich wie auch geistig«, meint Nerz. »Das hätte mir wahrscheinlich sehr, sehr gut getan.« Man kann aber auch der Ansicht sein, dass der Mangel an professioneller Begleitung beim Team Milram letztlich bedeutet, dass er später, als er sich in einem fremden Umfeld bewegen muss, nichts hat, auf dem er aufbauen kann. Sein langjähriger Trainer sieht das so. »Natürlich konnte er sich bei Milram frei entwickeln, weil sich niemand um ihn gekümmert hat«, sagt Hartmut Täumler. »Das kann man positiv sehen. Schön, wenn er das so sieht. Aber am Ende hat es ihm nicht viel gebracht. Denn so weit war er wirklich noch nicht, dass man hätte sagen können: ›Er kann sich da frei entwickeln.‹ Auf welchen Erfahrungswerten denn? Er kommt aus einem Continental-Team und ist das erste Mal in einem Profiteam. Da hat er doch gar keine Ahnung, wie er sich wohin entwickeln muss. Das kreide ich dem Team an, dass da keine richtige Nachwuchsarbeit gemacht wurde, weil die Fixierung auf bestimmte Leute bestanden hat.«

Nicht einmal Dominik Nerz bestreitet in der Rückschau, dass die Strukturen bei Milram alles andere als professionell waren. »Im Nachhinein sage ich, so kannst du kein WorldTour-Team leiten«, stellt er fest. Dass sich niemand mehr wirklich darum schert, was im und um das Team herum passiert, hängt damit zusammen, dass allen Beteiligten sehr schnell klar wird, dass die Mannschaft keine Zukunft mehr hat. Jochen Hahn sagt, er habe eigentlich schon nach der Teampräsentation im Januar keine Hoffnung mehr gehabt, dass die Mannschaft 2011 noch bestehen werde.

Nicht alle bewerten die Lage schon zu Beginn des Jahres so pessimistisch. Doch es dauert nicht lange, da beginnen die meisten Mitarbeiter des Teams daran zu zweifeln, dass es ihrem Chef Gerry van Gerwen gelingen wird, einen neuen Geldgeber aufzutreiben. »Anfang der Saison waren alle noch optimistisch, aber spätestens Mitte des Jahres war klar, dass es nicht weitergeht«, erinnert sich der ehemalige Milram-Profi Fabian Wegmann, der mit seinem verschmitzten Gesicht und der blonden Lausbubenfrisur auch heute noch einen jungenhaften Charme ausstrahlt, der so schnell nicht zu erschüttern ist. Zu dem Gespräch in einem Café in Münster ist er auf einem Hollandrad gekommen. »Die Fahrer haben dann versucht, ihre eigene Zukunft zu sichern und an sich selbst zu denken«, erzählt Wegmann. Gleiches gilt auch für die Sportlichen Leiter, die sich ebenfalls mehr mit ihrer beruflichen Zukunft beschäftigen als mit den Fragen des Hier und Jetzt bei Milram.

Die Auflösungserscheinungen spiegeln sich auch in den sportlichen Ergebnissen wider. Offiziell sind es diesmal elf Saisonsiege, wobei dazu auch die beiden nationalen Meistertitel von Christian Knees in Deutschland und Niki Terpstra in den Niederlanden zählen. Die beiden Hoffnungsträger Linus Gerdemann und Gerald Ciolek bleiben dagegen erneut hinter den Erwartungen zurück. Ciolek siegt bei einer Etappe der Bayern-Rundfahrt. Gerdemann gewinnt zum Saisonauftakt ein Rennen der Mallorca Challenge, später gelingt ihm noch ein prestigeträchtiger Etappensieg bei der italienischen Rundfahrt Tirreno–Adriatico. Meistens jedoch fahren die Fahrer in den Trikots mit den blau-weißen Kuhflecken hinterher. Ein »liebenswerter Verlierer« sei das Team gewesen, schreibt *Cycle Sport* in seinem Abgesang am Saisonende. Die Vorgabe von Teamchef Gerry van Gerwen hatte zu Beginn des Jahres wieder 25 Siege gelautet. Aber diesmal ahnt auch er, dass seine Mannschaft keine Chance hat, diesem Ziel auch nur nahe zu kommen. »Wenn die Rennfahrer wissen, die Mannschaft hört auf, läuft das immer mehr auseinander«, muss van Gerwen rückblickend eingestehen.

Anders als sein Personal strahlt der Teamchef gerade in der ersten Jahreshälfte noch den gewohnt großen Optimismus aus. Und es ist nicht nur Zweckoptimismus. »Ich hatte immer Kontakte rechts und links, und kurz vor der Tour de France 2010 hat es tatsächlich so ausgesehen, als hätten wir einen neuen Sponsor. Es gab sogar schon den Prototyp des neuen Trikots«, erzählt van Gerwen. Es ist eine deutsche Firma, die bereit ist, in seine Mannschaft zu investieren. Doch am Ende fehlen knapp drei Millionen Euro, weil die Weltwirtschaftskrise zu diesem Zeitpunkt auch in Deutschland angekommen ist. Der Versuch, Milram noch als Co-Sponsor für diese Summe zu gewinnen, scheitert ebenfalls.

Damit ist das Team Geschichte. Am zweiten Ruhetag der Tour de France 2010 verkündet Gerry van Gerwen offiziell das Aus seiner Mannschaft zum Saisonende. Der Rest ist Mangelverwaltung. »Am Ende musst du froh sein, wenn noch acht Fahrer kommen, wenn du sagst, wir haben noch ein Rennen. Das ist furchtbar«, klagt van Gerwen. Es bleibt nicht die einzige Enttäuschung.

# V

# GRAUZONE

Am 16. August 2010 klingeln die Dopingfahnder bei Roy Sentjens. Eine Trainingskontrolle. Der 29 Jahre alte Belgier steht seit Beginn der Saison beim Team Milram unter Vertrag. Er gilt als Spezialist für die schweren Frühjahrsklassiker. In der Saison 2003 hat er den Halbklassiker Kuurne-Brüssel-Kuurne gewonnen, danach aber die Erwartungen auf weitere Erfolge nicht erfüllen können. Auch bei Milram bleibt Sentjens unauffällig. Seine beste Platzierung ist ein achter Rang bei den Dutch Food Valley Classics, einem unbedeutenden Eintagesrennen in den Niederlanden. »Meine Saison war ein Desaster«, wird Sentjens später auf seiner Homepage erklären. »Ich habe alles getan, konnte die Erwartungen aber nicht erfüllen. Ich konnte nicht mehr schlafen, weil ich ständig überlegt habe, wie ich mich verbessern kann. Ich habe alles getan. Aber auch das hat nicht geholfen, und ich bin depressiv geworden.« Auch für ihn geht es, da sich das Team Milram auflöst, um einen neuen Vertrag für die kommende Saison. Deshalb habe er beschlossen zu dopen. In einer Apotheke in Barcelona, so schildert es Sentjens später, kauft er Erythropoetin, kurz EPO. Das Mittel erhöht den Anteil der roten Blutkörperchen und verbessert damit die Sauerstoffzufuhr in die Muskulatur. Darum ist es vor allem in Ausdauersportarten ein beliebtes Dopingpräparat. Bei Dopingkontrollen nachweisbar ist es seit dem Jahr 2000.

Als die Kontrolleure kommen, ahnt Roy Sentjens schon, dass die Sache nicht gut ausgehen wird für ihn. Die A-Probe ist positiv. Doch Sentjens folgt zunächst jenem Reflex, der fast alle dopenden Athleten erfasst, wenn sie von einem positiven Test erfahren. Als sein Teamchef Gerry van Gerwen ihn anruft, streitet er ab, leugnet, kann sich den Test nicht erklären. Van Gerwen schlägt vor, den von ihm für solche Fälle verpflichteten Anti-Doping-Experten Rasmus Damsgaard mit einer teaminternen Analyse zu beauftragen. Sollte der Däne feststellen, dass der Belgier nicht positiv ist, werde das Team alles tun, um Sentjens zu verteidigen. Sollte Damsgaards Test jedoch das Ergebnis der Dopingkontrolle bestätigen, müsse der Radprofi die Kosten selber tragen. »Später hat er mich dann zurückgerufen und gesagt: ›Ich habe es getan‹«, erzählt van Gerwen. Sentjens gibt kurz danach auch öffentlich zu, mit EPO gedopt zu haben. In seiner Begründung spricht er von seiner desolaten Saison, privaten Problemen, den Folgen einer Nervenerkrankung, unter der er seit Jahren leide, die seine Leistungen beeinträchtige, die er aber immer verheimlicht habe. Auf die Öffnung der B-Probe verzichtet er. Alle diese persönlichen Erklärungen können seinen ehemaligen Boss nicht beruhigen. Gerry van Gerwen ist heute noch empört, wenn er sich an den Fall erinnert: »Das hat mir wehgetan. Ich habe niemals verstanden, warum er das gemacht hat«, sagt van Gerwen. »Das war ein Schlag ins Gesicht. Wir haben so hart gearbeitet, um die Mannschaft zu retten. So eine Dummheit.«

Dabei hat der Fall auf den Fortbestand des Teams keine Auswirkung. Das Ende steht schon fest, als der positive Test Anfang

September bekannt wird. Die Teamkollegen sind vorab per E-Mail informiert worden. Auch Dominik Nerz bekommt diese Mail, die ihn mit den dunklen Realitäten des Profigeschäfts konfrontiert. »Das war für mich ein richtiger Schlag«, sagt er. »Ich kannte ihn, ich fand ihn supersympathisch, ein meganetter Kerl. Ich konnte nicht fassen, dass so jemand dopt. Das war eine Frechheit für mich.«

Vier Wochen zuvor haben Nerz und Sentjens gemeinsam die Polen-Rundfahrt bestritten. Der Belgier ist von der Statur her ein typischer Klassikerspezialist: Er ist 1,90 Meter groß und wiegt 75 Kilogramm. Keiner, der von Natur aus gut die Berge hochkommt. Anders als sein zehn Zentimeter kleinerer und ein paar Kilo leichterer Kollege aus Deutschland. Dennoch klettert Sentjens auf dem elf Kilometer langen Schlussanstieg der fünften Etappe so stark, dass auch Nerz sich wundert. »Ich bin fast vom Glauben abgefallen, als der Typ an mir vorbeikam«, erinnert er sich. »Wir haben ihn nachher wieder eingeholt, aber er kam mit einem Bumms an mir vorbeigeflogen, dass ich gedacht habe: ›Alter, wo kommt denn das jetzt her? Entweder hast du einen Scheißtag oder er hat einen super Tag.‹ Dass da irgendwas getrickst sein könnte, daran habe ich nicht gedacht.«

Nerz beendet die Etappe an diesem Tag als bester Fahrer seines Teams auf Rang 22 mit 1:18 Minute Rückstand auf den Etappensieger Daniel Martin aus Irland. Roy Sentjens ist nur eine knappe halbe Minute langsamer als Nerz. Eine erstaunliche Leistung, über die innerhalb des Teams aber kein Wort verloren wird. »Komischerweise hat keiner was gesagt. Ich glaube, weil die anderen wohl wussten, was Sache ist. Da sagt man dann auch nichts über seinen Teamkollegen«, meint Dominik Nerz. Auch als der Fall öffentlich wird, ist das kein Thema innerhalb der Mannschaft. »Das hat keinen groß interessiert«, sagt Nerz. Für die Öffentlichkeit bestätigt der positive Test eines eher kleinen Lichts der Branche nur das schon bestehende, grob gezeichnete Bild: Der Radsport ist ein hoffnungsloser Fall. Es wird flächendeckend gedopt.

Der Griff in den Medizinschrank hat im Radsport eine lange Tradition, die viel mit den Anforderungen zu tun hat, die an die vermeintlichen »Helden der Landstraße« gestellt werden. Die Tour de France etwa, bei der heute binnen drei Wochen rund dreieinhalbtausend Kilometer zurückgelegt werden, erreichte in ihrer Anfangszeit auch schon mal Streckenlängen von fünfeinhalbtausend Kilometern. Einzelne Etappen waren fast 500 Kilometer lang. Radsport ist schon immer eine Tortur gewesen und die Profis sind womöglich doch eher »Strafgefangene der Landstraße«, wie der französische Journalist Albert Londres sie 1924 in einer Reportage für die Zeitung *Le Petit Parisien* bezeichnet, und keine Helden. Den Qualen versuchen die Berufs-Radfahrer schon immer auch mit pharmazeutischer Hilfe zu begegnen, um die Schmerzen erträglicher zu machen. Londres dokumentiert das ebenfalls. Die Szene, die sich am 24. Juni 1924 im Städtchen Coutances in der Normandie abgespielt hat, gehört inzwischen genauso zum festen Bestandteil der Radsport-Geschichte wie der Gabelbruch von Eugène Christophe am Tourmalet oder die Siege von Anquetil, Merckx, Hinault und Induráin. Im Café de la Gare in Coutances sitzen an jenem Tag die Brüder Henri und Francis Pélissier sowie ihr Teamkollege Maurice Ville. Henri Pélissier hat die Tour im Jahr zuvor gewonnen, doch nun haben er und seine beiden Mitstreiter die Rundfahrt aus Protest gegen die unmenschlichen Bedingungen und die Schikanen der Rennleitung beendet. »Wir sind keine Hunde«, sagt Pélissier. »Sie haben ja keine Vorstellung davon, was die Tour de France ist, sie ist ein Leidensweg. [...] Wollen Sie sehen, womit wir fahren?« Er zieht aus seiner Trikottasche diverse Ampullen. »Das ist Kokain für die Augen, und dies hier ist Chloroform für das Zahnfleisch. [...] Dürfen es auch ein paar Pillen sein? Wir fahren mit Dynamit!«

Mit Hilfe der Brüder Pélissier enthüllt Albert Londres seinen Lesern die Kehrseite des Leidens, das das Publikum so fasziniert am Radsport. Doping ist damals allerdings noch gar nicht verboten. Geschweige denn, dass Kontrollen durchgeführt werden. Im Gegenteil, es gibt sogar eine gewisse Akzeptanz des Drogenmissbrauchs. Erst in den 1960er Jahren beginnen der Sport und die Öffentlichkeit, Doping als ein Problem zu begreifen. Der Tod des dänischen Radsportlers Knud Enemark Jensen, der bei den Olympischen Spielen 1960 während des Mannschaftszeitfahrens über 100 Kilometer unter dem Einfluss von Amphetaminen und anderen Medikamenten kollabiert, stürzt und einen Tag später an den Folgen eines dadurch verursachten Schädelbruchs stirbt, zwingt das Internationale Olympische Komitee, sich des Themas anzunehmen. Frankreich erlässt 1965 ein erstes Anti-Doping-Gesetz. Bei der Tour de France werden ein Jahr später erstmals Dopingkontrollen durchgeführt. Wie notwendig es ist, den Drogenmissbrauch im Peloton zu kontrollieren, zeigt sich am 13. Juli 1967, einem brüllend heißen Tag. Auf der 13. Etappe der Tour de France stirbt der Brite Tom Simpson am Mont Ventoux. Auch er hat Amphetamine geschluckt. »Wenn dich zehn Pillen umbringen, gebt mir neun«, soll er mal gesagt haben. Auch wenn sein Tod nicht alleine auf die damals bei den Radprofis sehr beliebten Aufputschmittel und Alkohol in seinem Blut zurückzuführen ist, sondern genauso auch auf die enorme Hitze und Dehydrierung, gilt Simpson fortan als das erste Doping-Todesopfer in der Geschichte der Tour.

Dass Amphetamine danach im Radsport zunehmend weniger eine Rolle spielen, ist allerdings kaum der Einsicht in die damit verbundenen Gefahren geschuldet. Vielmehr greift man auf neue Mittel zurück, die die Leistungsfähigkeit deutlicher steigern: anabole Steroide, Kortikoide und ab Mitte der neunziger Jahre vor allem EPO. Letzterem wird ein Leistungszuwachs von bis zu zehn Prozent zugesprochen. EPO, eigentlich für die Behandlungen von Dialysepatienten bei Blutarmut gedacht, ist für nahezu alle Sportarten ein Wundermittel. Im Radsport fliegen damit nun plötzlich auch die schweren Sprinter und Klassikerfahrer den Berg hinauf. Wer nicht von vornherein abgehängt werden will, muss mitmachen. Immer mehr Radprofis sitzen in der »Dopingfalle«, wie die Sportsoziologen Karl-Heinrich Bette und Uwe Schimank es nennen: Sie haben nur noch die Wahl zwischen Aufhören und Dopen.

Nur sehr wenige Radprofis entscheiden sich weder für das eine noch für das andere. Der Betrug wird im Radsport zum System. Spätestens der Festina-Skandal von 1998, ausgelöst durch die Festnahme von Willy Voet, einem Pfleger des französischen Festina-Teams, an der belgisch-französischen Grenze macht das deutlich. Der Belgier ist auf dem Weg zur Tour. In seinem Wagen finden die Zöllner jede Menge Medikamente – 236 Ampullen EPO, 82 Packungen mit Wachstumshormonen, Testosteron-Präparate, Amphetamine, Kortikoide. Während der Tour kommt es zu Razzien der Polizei in Teamhotels und weiteren Verhaftungen. Die Radprofis treten in Streik, weil sie sich wie Schwerverbrecher behandelt fühlen. Die Rundfahrt steht kurz vor dem Abbruch. Der Festina-Skandal offenbart, dass Doping im Radsport nicht mehr bedeutet, dass sich Fahrer ohne Rücksicht auf die eigene Gesundheit ein paar Pillen einwerfen, um sich aufzuputschen. Es handelt sich längst um systematischen Betrug. Organisiert von den Teams unter Aufsicht der Mannschaftsärzte.

Der Radsport-Weltverband UCI hat trotz des Festina-Skandals zunächst nur wenig Interesse, dem Dopingproblem entschieden entgegenzutreten. Während der internationale Sport und die Politik sich danach an die Gründung der Welt-Anti-Doping-Agentur (WADA) machen, ändert die Affäre im Radsport nichts. Der WADA tritt die UCI als einer der letzten Sportverbände erst 2004 bei. Die vermeintliche »Tour der Erneuerung« 1999 und die sechs Ausgaben danach gewinnt der vom Krebs genesene Lance Armstrong, dem die US-Anti-Doping-Agentur 2012 das »ausgeklügeltste, professionellste und erfolgreichste Dopingprogramm, das der Sport je gesehen hat«, nachweist. Seine sieben Toursiege werden Armstrong aberkannt, nachdem er zuvor über Jahre hinweg vom Weltverband geschützt und bevorzugt worden ist. »Die Führung der UCI wusste nicht zu differenzieren zwischen Lance Armstrong, dem Helden, siebenmaligen Gewinner der Tour, Krebsüberlebenden, dem finanziell und medial Erfolgreichen, dem Vorbild für Tausende Fans, und Lance Armstrong, dem Radsportler, einem Mitglied des Pelotons mit denselben Rechten und Pflichten wie jeder andere Radprofi«, heißt es im 2015 veröffentlichten Bericht der unabhängigen Kommission zum Doping im Radsport (CIRC), den die UCI-Führung zwei Jahre zuvor in Auftrag gegeben hat.

Der Radsport hat da schon diverse weitere Skandale hinter sich, die seine Glaubwürdigkeit endgültig zerstört haben. Allen voran die Affäre um den spanischen Arzt Eufemiano Fuentes, der jahrelang Sportler mit Eigenbluttransfusionen versorgt hat. Eine Methode, die sich, seitdem EPO nachweisbar ist, zunehmender Beliebtheit erfreut. Ermittlungen der spanischen Polizei führen dazu, dass Fuentes' Doping-Serviceleistungen 2006 auffliegen. Zu seinen Kunden gehören zahlreiche Top-Radprofis wie etwa Jan Ullrich.

Dominik Nerz sagt, als Juniorenfahrer habe er davon damals nur wenig mitbekommen, obwohl der Skandal wochenlang in den Medien ist. Die Auswirkungen des Skandals bekommt er aber zu spüren, als er seinen ersten Profivertrag bei Milram unterschreibt, der umfangreiche Bestimmungen zum Thema Doping umfasst. »Was die Fahrer da unterschreiben mussten, war fast ein Buch«, erinnert sich Teamchef Gerry von Gerwen. »Es gab eine Vereinbarung mit uns, mit der UCI, jeder hatte sein eigenes Ding, das unterschrieben werden musste. Wir haben das gebündelt in einem Buch.« Der Fuentes-Skandal und die darauf folgenden weiteren Doping-Enthüllungen haben weit größere Folgen für den Radsport als die Festina-Affäre. Die UCI hat nun keine andere Chance mehr, als den Kampf gegen Doping ernsthafter anzugehen. Im Jahr 2008 führt sie als einer der ersten internationalen Sportverbände den biologischen Pass für ihre Athleten ein. Dabei wird von jedem Radprofi ein

Blutprofil erstellt, um so etwaige Unregelmäßigkeiten zu erkennen, die entweder eine Sperre nach sich ziehen oder aber gezielte Dopingkontrollen ermöglichen. In den ersten drei Jahren nach Einführung des biologischen Passes seien 26 Fahrer positiv auf EPO getestet worden, davor lediglich drei, heißt es im CIRC-Report. In 20 dieser Fälle seien gezielte Kontrollen nach Auffälligkeiten in den Blutprofilen der Radprofis erfolgreich gewesen.

Anti-Doping-Experten wie der ARD-Journalist Hajo Seppelt, lange einer der schärfsten Kritiker des Radsports, bescheinigen der UCI deshalb heute eine führende Rolle im Anti-Doping-Kampf. Als Dominik Nerz 2010 sein erstes Jahr als Profi bestreitet, befindet sich dieser Kampf jedoch erst in den Anfängen. Das Thema Doping habe ihn bis dahin gar nicht interessiert, sagt Nerz. Im Nachhinein bezichtigt er sich selbst einer gewissen Naivität. Obwohl auch er die vielen Skandale mitbekommt. »Natürlich kam in den letzten U23-Jahren das Thema Doping immer wieder mal auf, aber da habe ich immer gesagt: ›Leute, wenn ich es aus der U23 nicht aus eigener Kraft schaffe, Profi zu werden, brauche ich es erst gar nicht werden, weil es bei den Profis nicht einfacher wird.‹« Seine Eltern beteuern, sie hätten sich keine Sorgen gemacht, dass Dominik zu illegalen Mitteln greifen könnte, wenn er das Radfahren professionell betreibt. Sie vertrauen ihrem Sohn. »Ich habe mich ein Stück weit darauf verlassen, dass der Dominik sich dann wehrt«, sagt seine Mutter Ulrike. Und auch Michael Nerz betont, dass er für seinen Sohn immer die Hand ins Feuer gelegt hätte, wenn es um das Thema Doping gegangen sei. Zudem habe Dominik wie auch John Degenkolb oder Marcel Kittel zu jener Generation junger

Fahrer gehört, die ganz offensiv behaupten, dass sie ihren Beruf anders ausüben als ihre Vorgänger. Weniger sicher sind sich die Eltern allerdings bei der Frage, in was für ein Milieu ihr Sohn gerät, als er 2010 Profi wird. »Ich habe irgendwann Angst bekommen, dass ihm etwas untergeschoben wird«, sagt Ulrike Nerz. »Ich wusste, ich kann mich zu 100 Prozent auf ihn verlassen. Aber die Sorge, was dieses uneinschätzbare Umfeld macht, ist geblieben.«

Dominik Nerz beteuert, dass er niemals gedopt hat. Ihm sei auch niemals das Angebot gemacht und er sei nie aufgefordert worden zu dopen. Auch sei in keinem seiner Teams systematisches Doping betrieben worden. Aber natürlich ist der Radsport, genau wie andere Sportarten, auch nach all den Skandalen und der Einführung des Blutpasses keineswegs frei von Doping. Der Fall Sentjens am Ende seines ersten Profijahres ist für Nerz ein Augenöffner. Spätestens zu diesem Zeitpunkt legt er seine Naivität hinsichtlich des Themas ab. In diesem Moment sei er ein bisschen aufgewacht und habe gedacht: »Ich glaube, ich traue hier keinem mehr über den Weg.« Dieser Argwohn ist weit verbreitet im Peloton. Wann immer jemand mit einer ungewöhnlichen Leistung auffällt, beginnt das Gerede. Rückblickend ist Nerz der Meinung, dass die Doper ihm während seiner Karriere geschadet haben. Er ist überzeugt, dass er bei der Vuelta a España, wo er 2013 mit Platz 14 und ein Jahr später als 18. seine besten Ergebnisse als Rundfahrer erzielt, unter die Top zehn gefahren wäre, ohne jene Fahrer, die ihre Leistungsfähigkeit illegal manipulieren.

Der CIRC-Report kommt 2015 zu dem Schluss, von den Teams systematisch organisiertes Doping gebe es inzwischen nicht mehr. Stattdessen organisieren sich die dopenden Radsportler selbst ein System außerhalb ihrer Mannschaften. Auch Dominik Nerz macht während seiner Karriere eine Erfahrung, die darauf hindeutet. Als er einmal unvermittelt in das Hotelzimmer eines Teamkollegen tritt, kommt er dem Thema näher, als ihm lieb ist. Der Kollege ist nicht alleine im Zimmer. Bei ihm ist jemand, der, so schildert es Nerz, nicht zur Mannschaft gehört und der dem Fahrer eine Spritze verabreicht. »Mir ging es eine lange Zeit nicht gut damit, weil ich es nicht begreifen konnte. Bis zu dem Zeitpunkt ist das Thema Doping immer so mitgeschwungen, aber ich hatte es noch nie live gesehen«, sagt Nerz. »Es ist ja nichts Spektakuläres, aber trotzdem erst mal ein Schock. Ab da habe ich die Sache tatsächlich mit anderen Augen betrachtet. Ich habe gemerkt, es scheint immer noch ein größeres Thema zu sein, als ich mir eingestehen wollte.« Dem Kollegen versichert er hinterher, dass er nichts gesehen habe. Er beschließt, die Sache auf sich beruhen zu lassen und zu schweigen, weil er den anderen nicht verraten will. »Was hätte ich denn davon gehabt?«, fragt er. »Nichts.« Von da an aber traut Dominik Nerz selbst jenen Fahrern nicht mehr vorbehaltlos, die er gut zu kennen glaubt.

Dieses Misstrauen ist ein fester Bestandteil des Spitzensports. Sie würden ihr Häuschen nicht darauf verwetten, dass Fabian Cancellara immer ohne Doping ausgekommen sei, schreiben die beiden Schweizer Sportjournalisten Benjamin Steffen und Christof Gertsch in ihrer Biografie über den Schweizer Radprofi. Das scheint die richtige Strategie zu sein. Man sollte sein Eigenheim vermutlich für keinen ehemaligen oder aktiven Spitzensportler aufs Spiel setzen, egal aus welcher Sportart.

Cancellara, der seine Karriere Ende 2016 beendet hat, war einer der besten Klassikerspezialisten in der Geschichte des Radsports und viermal Weltmeister im Einzelzeitfahren. Auch er betont, er sei während seiner Karriere stets ohne illegale Beschleunigung ausgekommen. Aber illegal ist eben nur das, was die Anti-Doping-Bestimmungen als illegal einstufen. Festgelegt wird das in der von der WADA herausgegebenen Liste der verbotenen Substanzen. Was dort nicht explizit genannt ist, ist erlaubt. Lange Zeit etwa galt auch Koffein als Doping, inzwischen nicht mehr. Und manchmal wird ein Medikament erst nach Jahren der Prüfung durch die WADA auf die Verbotsliste gesetzt. Wie etwa Meldonium. Ein Herzmedikament, das unter anderem der russischen Tennisspielerin Maria Scharapowa zum Verhängnis wird, weil sie das Mittel weiter nimmt, nachdem es von der WADA ab dem 1. Januar 2016 verboten worden ist. Es gibt daher eine Grauzone, in der sich auch nicht dopende Sportler bewegen, weil ihr Körper das Kapital bildet, auf dem ihr Erfolg beruht, und der deshalb stets in einen optimalen Zustand versetzt werden muss. »Selbstverständlich tut der Sportler alles, um besser zu werden«, wird Cancellara in besagter Biografie zitiert. »Und er geht eben auch im medizinischen Bereich so weit wie möglich. Er geht bis an die Grenze des Erlaubten. Nicht weiter.«

Dass Radprofis, wenn sie tatsächlich innerhalb der Grenze des Erlaubten bleiben, also nicht dopen wollen, dennoch in diese Grauzone vorstoßen, erfahren die Eltern von Dominik Nerz schon, bevor ihr Sohn seine Leidenschaft für das Radfahren endgültig zum Beruf macht. Als baden-württembergischer Landestrainer veranstaltet Hartmut Täumler Infoseminare für die Eltern seiner Sportler, die auf dem Sprung zu den Profis sind. Er macht ihnen klar, dass Profisport bedeutet, sich in einem Grenzbereich zu bewegen. »Wir wussten alle, dass in den Profiteams medizinisch gemacht wird, was geht. Bis an die Grenze des Machbaren«, sagt Täumler. Er macht den Eltern klar, dass Leistungssport per se nicht gesund ist. »Ihr Junge macht etwas total Ungesundes für seinen Körper«, erklärt Täumler ihnen. »Hier geht es um Maximalleistungen, das ist nicht mehr gesund. Von dieser Vorstellung müssen sie sich trennen.« Und was die Dopingproblematik betreffe, könne man nur hoffen, dass ihr Sohn ein Team finde, in dem Doping tabu sei. Aber sicher sein könne man sich nicht, ob alle der Versuchung widerstehen könnten, die Grenze zu überschreiten. »Das war schon ein Stück weit eine Schock-Veranstaltung«, erinnert sich Michael Nerz. »Seine Ansage war klar: ›No Doping‹. Das hat uns beruhigt. Aber wir haben die Dimension eigentlich nicht so richtig erfassen können.«

Schon bei Milram macht Dominik Nerz erste Erfahrungen, wie der Umgang mit Medikamenten im Profiradsport gehandhabt wird. Zu dieser Zeit gehören Infusionen noch zum Standard-Repertoire der Regeneration nach besonders anstrengenden Rennen und bei großer Hitze. Die »No-Needle-Policy« der UCI, die solche Injektionen verbietet, tritt erst 2011 in Kraft. Zwei Mal erhält Nerz während seiner Zeit bei Milram solche Infusionen. Einmal bei der Murcia-Rundfahrt im März und dann noch einmal bei der Österreich-Rundfahrt im Juli. »Ich hatte Panik davor«, erinnert sich Nerz. »Ich bin dem Arzt auf den Sack gegangen, weil ich ihn immer wieder gefragt habe, ob da auch nichts Verbotenes drin ist. Er hat mir versichert, das ist eine Glukose-Lösung. Ich hatte kein gutes Gefühl dabei, allerdings habe ich auch die Notwendigkeit gesehen, weil ich dehydriert war.« Schließlich akzeptiert er das Vorgehen des Teamarztes. Dass viele ehemalige Doper die Nadeln als einen Einstieg ins Doping beschrieben haben, will er heute hingegen nicht so stehen lassen. »Nicht jeder, der Haschisch raucht, wird heroinabhängig«, unterstreicht er. Die Infusionen sind bei Milram auch eher eine Ausnahme. Laxer ist dagegen der Umgang mit Tabletten. Im Teambus steht neben der Kiste mit den Energieriegeln und -gels auch eine Medikamentenbox, in der sich die Fahrer nach Belieben bedienen können. Aspirin, Ibuprofen, Paracetamol, Elektrolyte-Tabletten, Mittel gegen Krämpfe, Dolo-Dobendan gegen Halsschmerzen, Koffeintabletten, Medikamente gegen Magenbeschwerden – alles drin. »Nichts Illegales«, betont Teammanager Gerry van Gerwen.

Milram ist mit dieser Tablettenkiste auch nicht alleine. Im CIRC-Report berichten Fahrer anderer Teams ebenfalls von solchen Boxen. Dominik Nerz beobachtet, dass vor allem die älteren Fahrer vor den Rennen gerne dort hineingreifen, um sich für den Tag einzudecken. Es ist die alte Mentalität, die da durchschlägt. »Speziell einige der alten Fahrer haben das ziemlich exzessiv genommen«, bestätigt auch der damalige Sportliche Leiter Jochen Hahn. »Ich sehe noch vor mir, wie da einer vor dem Rennen solche Stapel aufbaut, mindestens 15 verschiedene Tabletten. Da habe ich gesagt: ›Bist du irre, wo willst du denn hin?‹ Die Antwort war: ›Man weiß ja nie.‹ Es war nicht so, dass der da mit schlechtem Gewissen reingegriffen hätte.« Auch Dominik Nerz greift in einem seiner ersten Rennen in die Box, ein paar Schmerztabletten und eine Koffeintablette für das

Etappenfinale. Er will einfach wissen, ob das was bringt. Aber es habe ihn nicht überzeugt, sagt er. Wehgetan hätte es zum Schluss trotzdem. »Ich konnte natürlich auch nicht festmachen, wäre es jetzt besser gegangen ohne das Zeug oder ist es besser gegangen mit dem Zeug«, sagt Nerz. »Deswegen war das für mich auch nicht mehr interessant. Wenn ich davon nicht den Rieseneffekt habe, warum soll ich mir dann irgendwas reinwerfen?« Auch den Doktor befragt er und erhält die Antwort, was man heute noch legal nehmen könne, bringe eh nichts. Aber die alten Fahrer seien so an ihre Tabletten gewöhnt, dass sie ohne wohl gar nicht mehr könnten.

Das betrifft vor allem Schmerzmittel. Deren Einnahme ist im Spitzensport weit verbreitet, nicht nur im Radsport. Eine Studie des Fußball-Weltverbandes FIFA bei der WM 2010 kommt zu dem Ergebnis: 60 Prozent der Spieler greifen regelmäßig zur Tablette. Entsprechende Untersuchungen gibt es für den Radsport nicht, doch man muss davon ausgehen, dass auch dort der Gebrauch von schmerzstillenden Medikamenten weit verbreitet ist. Sportliche Leiter wie Jochen Hahn sagen, sie halten nichts davon, weil Radsportler Schmerzen spüren müssten. Er hat recht damit und doch kann die Einnahme von Schmerzmitteln die Leistung steigern. Beides lässt sich wissenschaftlich belegen. In einer 2010 an der Universität Exeter in Großbritannien durchgeführten Studie wurden gut trainierten Radsportlern 1.500 Milligramm des Wirkstoffs Acetylaminophenol, also Paracetamol, verabreicht. Danach erzielten sie in einem Zeitfahren über rund 16 Kilometer eine zwei Prozent höhere Leistung, als wenn sie unter dem Einfluss eines Placebos standen. Weniger Schmerz sorge dafür, dass die Athleten näher an ihr physiologisches Limit herankommen, erklären die Wissenschaftler. Wird der Schmerz jedoch komplett unterdrückt, indem man die Nerven betäubt, bleibt die Leistung die gleiche. Zu diesem Ergebnis kommt ein Experiment von 2009 an der Universität von Wisconsin. Ohne das Schmerzgefühl waren die untersuchten Radsportler nicht in der Lage, ihre Anstrengung richtig zu steuern, so dass die Muskeln schließlich schlichtweg nicht mehr wie gewünscht arbeiteten. Mit der Einnahme von Schmerzmitteln bewegen sich Sportler in eben jener Grauzone zum Doping. Während der Nürnberger Pharmakologe Fritz Sörgel darin eher Arzneimittelmissbrauch sieht, erfüllen Schmerzmittel in den Augen des Anti-Doping-Forschers Hans Geyer von der Deutschen Sporthochschule in Köln alle Kriterien von Dopingsubstanzen. »Normalerweise ist Schmerz ein Schutzmechanismus des Körpers«, erklärt er 2010 in einem Interview mit der BBC. »Mit Schmerzmitteln schaltet man diesen Schutzmechanismus aus, genau so als ob man Müdigkeit ausschalten würde, auch die ist ein Schutzmechanismus des Körpers.«

So wie der Missbrauch von Amphetaminen hat auch der Missbrauch von Schmerzmitteln im Radsport schon tragische Folgen nach sich gezogen. Bei der Tour de France 1960 stürzte der Kapitän der französischen Nationalmannschaft Roger Rivière auf der Abfahrt vom Col de Perjuret und fiel 50 Meter in die Tiefe. Er überlebte, blieb aber für den Rest seines nur kurzen Lebens – er starb 1976 im Alter von 40 Jahren als gebrochener Mann an Krebs – an den Rollstuhl gefesselt. Rivière erklärte, seine Bremsen hätten versagt, gestand aber später die Einnahme von Palfium, einem starken Opiat, das die Ärzte auch in seiner Trikottasche gefunden hatten. Ein Freund berichtete,

Rivière sei davon so betäubt gewesen, dass er seine Bremsen nicht mehr richtig habe bedienen können.

Auch der moderne Radsport hat ein Problem mit starken Schmerzmitteln, die zur Gruppe der Opiate gehören. So wurde das Mittel Tramadol für zahlreiche Stürze verantwortlich gemacht, weil es nicht nur die Schmerzen, sondern auch die Sinne betäubt und schläfrig macht. Die WADA hat Tramadol bislang noch nicht verboten, es aber bereits seit Jahren in ihr Monitoring-Programm aufgenommen, um den Gebrauch zu beobachten. Vor allem im Radsport ist Tramadol demnach weit verbreitet. Zwischen 71 und 82 Prozent der »positiven« Tests auf das Medikament kamen laut WADA aus dem Radsport. Der Radsport-Weltverband UCI drängt seit langem darauf, dass die WADA Tramadol auf die Liste der verbotenen Substanzen setzt. Unterstützt wird sie dabei von nationalen Anti-Doping-Agenturen wie der USADA. »Wir hören oft von Athleten und anderen, dass Tramadol im Sport missbraucht wird. Unser Job ist es, sicherzustellen, dass Athleten sauber gewinnen können«, wird der Wissenschaftsdirektor der USADA, Matthew Fedoruk, im Februar 2017 auf der Website der Organisation zitiert. »Wie andere Narkotika, die sich auf der Verbotsliste der WADA befinden, sind wir davon überzeugt, dass der Missbrauch von Tramadol die Gesundheit der Athleten und ihr Recht auf Chancengleichheit bedroht.« Einzelne Sportler wie der US-Mountainbiker Ian Mullen haben berichtet, wie sie von dem starken Schmerzmittel abhängig wurden. Dass die WADA dennoch nicht reagiert, hat die UCI zum Anlass genommen, Tramadol zur Saison 2019 zumindest im Radsport komplett zu verbieten.

Dominik Nerz kennt Tramadol aus seiner Zeit als Radprofi ebenfalls. Schon in seiner ersten Saison als Profi bekommt er das Mittel bei mindestens einer Gelegenheit verabreicht. Immerhin gehört Tramadol bei Milram nicht zur Grundausstattung in der Pillenbox, sondern wird ausschließlich von den Teamärzten verteilt. Es geht in Nerz' Fall auch nicht darum, die Leistung zu steigern, sondern ihn überhaupt leistungsfähig zu machen. Im Juni 2010 gehört Nerz zum Kader des Teams bei der Tour de Suisse. Doch schon im Finale der ersten Etappe von Ascona nach Sierre ist er in einen Sturz verwickelt. Kurz vor dem Ziel geht die Strecke von einer großen Straße noch einmal rechts hinauf in einen kurzen, giftigen Anstieg. Das Feld ist zerrissen und Nerz versucht, nach vorne zu gelangen. Dabei versteuert er sich und muss auf den Grünstreifen neben der Straße ausweichen. Den Sturz kann er dennoch nicht verhindern. Mit dem Kopf schlägt er gegen ein Straßenschild. Benommen fährt er die letzten Kilometer bis ins Ziel. Der Rennarzt lässt ihn zur zweiten Etappe am nächsten Tag wegen des Verdachts auf eine Gehirnerschütterung nicht mehr starten.

Von seinem Team erhält Nerz dennoch keine Pause. Schon zwei Tage später steht er bei der Ster Elektrotoer in den Niederlanden wieder am Start. Den 6,8 Kilometer langen Prolog bewältigt er ohne Probleme, doch auf der 136,3 Kilometer langen ersten Etappe geht es nicht mehr ohne Schmerzmittel. Der Arzt gibt ihm Tramadol und Koffeintabletten gegen die Müdigkeit, die das Mittel verursacht. »Ich habe nichts mehr gespürt und bin einfach draufgelatscht«, schildert Nerz die Wirkung dieser Kombination, die ihn schmerzfrei in die Pedale treten lässt. Die Ster Elektrotoer fährt er dennoch nicht zu Ende. Auf der vierten Etappe wird er abgehängt und fällt aus dem Zeitlimit.

»Den Sturz bei der Tour de Suisse hatte ich noch nicht verkraftet«, erinnert sich Nerz. Dass sein Team ihn überhaupt in dieses Rennen geschickt hat, obwohl der Tourarzt in der Schweiz ihm wenige Tage zuvor noch einen Start verweigert hatte, stellt er damals nicht in Frage. »Ich war Neo-Profi. Das war mein Arbeitgeber, der mir für meine Verhältnisse sehr, sehr viel Geld bezahlt hat. Dafür wollte ich auch arbeiten«, sagt Nerz. »Wenn das Team gesagt hat, fahr das Rennen, dann bin ich das Rennen gefahren.« Es ist dieser Umgang, den seine Mutter Ulrike Nerz zu der Meinung bringt, dass es im Spitzensport immer nur um die »Ware Mensch« geht, die zu funktionieren habe.

VI

# BELLA ITALIA – RADSPORT ANDERS

Dottore Roberto Corsetti schnalzt mit der Zunge, wenn er die Fettzange angesetzt hat. Man weiß zunächst nicht, ob das ein gutes oder ein schlechtes Zeichen ist, denn der Mannschaftsarzt des Teams Liquigas belässt es bei dem Geräusch. Sechs bis zwölf Mal setzt Corsetti die Zange an, kneift damit Körperfalten an Bauch, Brust, Armen, Oberschenkeln, Kniekehlen zusammen. Er notiert die Werte, die auf der Skala der Zange angezeigt werden. Dann setzt er diese mit dem Körpergewicht in Beziehung und errechnet so den Körperfettanteil. Wie genau das geht, weiß Dominik Nerz nicht. Er weiß nur, dass er diese Prozedur hasst: die Zange, Corsettis Schnalzer und das geradezu resignierte Kopfschütteln des Doktors. Um die 70 Kilogramm wiegt Nerz damals. Über sein Gewicht hat er vorher noch nie nachgedacht. Er hat gegessen, bis er satt war. Aber jetzt, in diesem italienischen Team, bei dem er sich im Trainingslager jeden Tag wiegen muss, wird das anders.

»Es war das erste Mal, dass ich mir Gedanken über meine Körperform, mein Gewicht gemacht habe. Davor hat mich das nicht interessiert«, sagt Nerz. Bei Liquigas gibt ihm Corsetti nun zwar nicht direkt das Gefühl, fett zu sein, aber dass da noch ein bisschen was weg könnte, gibt er ihm schon zu verstehen.

Nicht explizit. Denn direkt gesagt bekommt Dominik Nerz das nicht. Zwischen dem Arzt und dem jungen deutschen Radprofi steht eine Sprachbarriere, die sich nur langsam abbauen, aber bis zum Schluss nicht vollständig verschwinden wird. Nerz hat nicht nur bei Corsetti das Gefühl, ein Außenseiter zu sein, nicht ganz dazuzugehören. Das wird zwei Jahre lang so bleiben. Mental, sagt er, seien die beiden Jahre bei Liquigas mit die härteste Zeit seiner Profikarriere gewesen.

Dominik Nerz ist von Beginn an nicht glücklich mit seinem Wechsel nach Italien zur Saison 2011. Er hadert. »Es war ein komisches Gefühl. Einerseits war ich froh, einen Vertrag zu haben, andererseits habe ich mich nicht wirklich wohl gefühlt«, sagt er. Liquigas ist nicht die erste Wahl. Sein Manager Christian Baumer hätte ihn gerne beim Schweizer Cervélo-Test-Team untergebracht. Den Vertrag, erzählt Nerz, habe er schon unterschriftsreif bei sich zu Hause liegen gehabt. Aber dann erklärt das Team Ende August überraschend seinen Rückzug aus finanziellen Gründen. Weil auch ein vages Interesse vom Team HTC-Highroad nicht konkret wird, ist Liquigas schließlich die einzige Option.

Im September 2010 fährt Dominik Nerz gemeinsam mit seinem Manager nach Italien, um seinen neuen Vertrag zu unterschreiben. Liquigas zählt damals zu den Branchengrößen. Vor allem drei Fahrern des Teams gilt die Aufmerksamkeit der Öffentlichkeit: Ivan Basso, der wegen seiner Verwicklung in den Fuentes-Skandal zwischen 2007 und 2009 eine zweijährige Sperre abgesessen hat, ist 2010 mit dem Gesamtsieg beim Giro d'Italia zurückgekehrt. Der damals 25 Jahre alte Vincenzo Nibali hat gerade die Spanien-Rundfahrt, die Vuelta a España, gewonnen. Und der aufstrebende Star des Radsports, der Slowake Peter Sagan, hat seine erste Saison als Profi mit fünf Siegen beendet. Basso, Nibali und Sagan werden auch 2011 für das Team fahren. Doch ansonsten wird die Mannschaft komplett umgekrempelt. Elf überwiegend erfahrene Profis verlassen das Team. Elf neue, vor allem junge Fahrer kommen dazu. »Es war damals die Politik des Teams, junge, vielversprechende Fahrer unter Vertrag zu nehmen«, sagt Stefano Zanatta, damals einer der Sportlichen Leiter, am Telefon. »Außerdem waren wir darauf aus, unseren Kader zu internationalisieren. Wir wollten unsere Sichtbarkeit in so vielen Ländern wie möglich erhöhen.« Dominik Nerz ist der erste deutsche Fahrer in der Geschichte des Teams. Man habe ein paar Tipps bekommen, erklärt Zanatta, wie man auf Nerz aufmerksam geworden sei. »Und was wir gesehen haben, hat uns gefallen.«

Der Kern des Teams bleibt jedoch italienisch. Von den 29 Profis stammen 19 aus Italien. Amtssprache ist Italienisch, Teammanager Roberto Amadio sowie die meisten der Sportlichen Leiter und der Trainer Paolo Slongo stammen aus Venetien. »Sprachlich waren wir ein italienisches Team«, sagt Zanatta und beginnt zu lachen. »Genau genommen war Venetisch wahrscheinlich die erste Sprache des Teams.« Selbst Sagan, der schon seine U23-Jahre in Italien verbracht hat, versteht den Dialekt, der fast wie eine eigene Sprache klingt. Dominik Nerz kann anfangs nicht einmal das Standard-Italienisch. Er ist auch kein Abenteurer. Keiner, der von sich aus rausgeht und die Welt entdecken will. Nerz ist damals 21 Jahre alt und sehr verbunden mit seiner Heimat, seiner Familie, dem Allgäu. Zwar hat er gerade seinen Wohnsitz in die Schweiz verlegt, nach Kreuzlingen, wo es so viele deutsche Radsportler vor allem aus steuerlichen Gründen hinzieht. Aber das ist auch nur einen Steinwurf entfernt von zu Hause. Nerz fühlt sich unwohl in der Fremde. In der U23 war es ihm schon zu viel, nach Thüringen zu wechseln. Nun soll er als Radprofi nach Italien gehen. Das ist ein gewaltiger Schritt für ihn: »Alles war fremd«, sagt Nerz, »allein schon die fremde Sprache. Nicht zu wissen, was da auf einen zukommt. Es war sehr viel Ungewissheit mit dabei.« Auch seine Eltern sind nicht glücklich mit diesem Schritt. »Wir konnten da gar nichts einschätzen«, erklärt Michael Nerz. »Wir haben bloß gesehen, Teams gehen kaputt, andere haben Interesse. Wir konnten nicht einordnen, was ist Liquigas, es gab keinen Bezug, du kennst niemanden. Du schickst einfach deinen 21 Jahre alten Sohn nach Italien, wo er dann viel Zeit verbringen musste. Da hat er uns schon leidgetan.«

Anfang Dezember 2010 versammelt sich die neuformierte Mannschaft zu einem ersten Treffen am Passo San Pellegrino in den Dolomiten. Vier Tage verbringen die alten und neuen Teammitglieder dort gemeinsam in einer Hütte. Zwischen dem Ende der alten und dem Beginn der neuen Saison soll sich die Mannschaft finden. Teambuilding ist das Ziel. Dominik Nerz reist mit gemischten Gefühlen an. Einerseits ist er gespannt darauf, was ihn erwartet, andererseits ist er nervös. Vorab hat er eine Liste mit Sachen bekommen, die er mitbringen soll. Auf Italienisch. Er lässt sich die Liste von Google übersetzen. In den ersten Tagen des Camps werden Fotos für die Autogrammkarten gemacht, die Sponsoren präsentieren sich. Nerz versteht nichts, was ihn zunehmend irritiert. »Ich saß einfach nur da und dachte: ›Alter, Shit, die erzählen dir da sicher gerade was

Interessantes, aber du verstehst kein einziges Wort, außer *bon giorno* und einzelne Wörter. Aber Zusammenhang? Null!‹ Deswegen war es für mich echt zäh«, erzählt er. Aber dabei bleibt es nicht. »Irgendwann ging es mir nur noch auf den Sack. Das war wie ein ständiges, unangenehmes Hintergrundgeräusch. Das ist einfach nur Lärm in dem Moment, weil du sowieso nichts verstehst. Das war nervenaufreibend.«

Immerhin sein Zimmerpartner, der Sprinter Elia Viviani, spricht Englisch mit ihm und hilft, wenn er in diesen Tagen nicht versteht, um wie viel Uhr der nächste Termin ansteht. Bei allen anderen hat er den Eindruck, dass sie sich nicht wirklich Mühe geben. »Schon da hat es angefangen, dass sie mich so ein bisschen auf dem Kieker hatten. Wenn ich mal nach der Uhrzeit gefragt habe, weil ich es nicht richtig verstanden hatte, wann wir wo sein mussten, dann hieß es: ›Hey, das haben wir dir jetzt schon drei Mal gesagt. Jetzt lern gefälligst die Uhrzeiten!‹«, behauptet Nerz. Er sehnt das Ende dieses ersten Treffens mit seinem neuen Team herbei. »Ich habe die Minuten runtergezählt, bis ich wieder abfahren konnte. Gefallen hat es mir da gar nicht. Ich habe mich einsam gefühlt.«

Erst am letzten Tag des Camps vergeht diese Einsamkeit ein wenig. Als Teambuilding-Maßnahme steht eine Wanderung mit Schneeschuhen auf dem Programm. Nach dem Abendessen zieht das Team dann ohne Sportliche Leitung noch einmal los. Auf einer eigens präparierten Piste wird auf Traktorreifen um die Wette gerutscht. Radprofis kugeln sich wie Kinder im Schnee, ein Riesenspaß. Anschließend wird eingekehrt. Es ist ein Kontrastprogramm zur sonst eher kargen Kost. Es gibt Kuchen, Antipasti, Pizza und vor allem jede Menge Alkohol.

Auch das zählt zu den Ritualen bei solchen Teamcamps vor der neuen Saison. Dominik Nerz ist mittendrin. Mit steigendem Pegel sinkt auch die Hemmschwelle, Italienisch zu radebrechen. Die neuen Fahrer des Teams müssen sich an einen Tisch setzen und sich vorstellen. Die beiden Teamkapitäne Ivan Basso und Vincenzo Nibali fordern von Nerz eine Erklärung, was er für das Team bereit ist zu tun. Er verspricht halb auf Italienisch, halb auf Englisch, dass er motiviert ist, alles lernen will, er sich zu einhundert Prozent in den Dienst des Teams stellen wird und froh und stolz ist, bei Liquigas fahren zu dürfen. Das wird gefeiert. Der Schwur wird mit einem 0,3-Liter-Glas Grappa auf ex besiegelt. Es ist nicht der letzte Grappa, den er trinken muss. Viel mehr ist Dominik Nerz deshalb von diesem Abend nicht in Erinnerung.

Auch der US-Amerikaner Ted King kann sich nicht an sehr viel mehr erinnern als die Unmengen Grappa, die er getrunken hat. »Es hat damit geendet, dass ich meine Nationalhymne gesungen habe«, erzählt King. »Die Kapitäne animieren dich, und als junger Fahrer musst du darauf hören, was diese Elder Statesmen sagen. Ob das nun ist: ›Dominik, was wirst du für das Team tun?‹ Oder: ›Hey Amerikaner, sing die Nationalhymne! Okay, good job! Trink, trink, trink, trink!‹« Auch für King ist der Wechsel in ein italienisches Team außergewöhnlich. Die meisten Profis aus den USA bleiben während ihrer Karriere in angelsächsisch geprägten Teams, weil sie mit der Kultur dort vertraut sind. »Es war sehr atypisch, dass ich zu einem italienischen Team gegangen bin. Das Gleiche gilt für Dominik«, sagt King via Skype in Los Angeles, wo er heute für einen seiner ehemaligen persönlichen Sponsoren arbeitet und Radtouren organisiert. Aber Liquigas hat für die Saison 2011 einen Vertrag mit dem amerikanischen Radhersteller Specialized geschlossen. Das ist einer der Gründe, warum Ted King, dessen Landsmann Timothy Duggan sowie der Neuseeländer Cameron Wurf zum Team gestoßen sind. King, Nerz und die anderen Nicht-Italiener betreten bei Liquigas eine neue, ihnen fremde Radsport-Welt. Sie erleben einen Kulturschock.

Italien gehört neben Frankreich, Belgien und Spanien zu den Kernländern des Radsports. Hier hat er seine historischen Wurzeln. Der italienische Radsport hat eine reiche Geschichte. Alfredo Binda, Gino Bartali, Fausto Coppi, Felice Gimondi, Francesco Moser, Marco Pantani - sie alle sind Legenden dieses Sports. Klangvolle Namen. Genau wie jene der italienischen Radhersteller Bianchi und Pinarello oder des renommierten Komponentenherstellers Campagnolo, dessen Schaltwerke und Bremsen für viele nicht einfach Komponenten sind, sondern Kunstwerke. Der Giro d'Italia, 1909 das erste Mal ausgetragen, ist nach der Tour de France die zweitwichtigste Drei-Wochen-Rundfahrt des Radsports. Ungeachtet der Globalisierung, die mit der Tour Down Under im Januar und den Rennen in China Ende Oktober einen neuen Rahmen geschaffen hat, gelten der Frühjahrsklassiker Mailand-Sanremo und das »Rennen der fallenden Blätter«, die Lombardei-Rundfahrt, bis heute für viele als der eigentliche Anfang und das wahre Ende der Radsportsaison. Beide Rennen gehören zu den fünf »Monumenten« des Radsports, den bedeutendsten Eintagesklassikern. Und während die belgischen Fans ihre schweren, rauen Kopfsteinklassiker mit bierseliger Lautstärke feiern, die Grande Nation Frankreich sich der Bedeutung und Größe ihrer Tour bewusst ist und dies auch mit großer Arroganz bezeugt, steht die Leidenschaft der Tifosi zum Ciclismo für eine feurige Liebe, die nirgendwo tiefer geht.

Die Rivalität zwischen Fausto Coppi und Gino Bartali, den beiden Größen des italienischen Radsports, reichte in den fünfziger Jahren weit über den Sport hinaus. Sie berührte gesellschaftliche, moralische, politische, religiöse Fragen. Bartalis Sieg bei der Tour de France 1948 soll sogar dazu beigetragen haben, einen Bürgerkrieg in dem damals politisch zerrissenen Land zu verhindern. Nirgendwo werden Radsportler leidenschaftlicher verehrt als in Italien. Selbst Marco Pantani gilt den italienischen Radsportfans immer noch als eine Art Heiliger. Obwohl längst bekannt ist, dass sein Double aus Giro- und Tour-Sieg 1998 mit Hilfe von EPO zustande kam. Pantani geriet nach seinem aufgrund eines zu hohen Hämatokritwertes erfolgten Ausschluss aus dem Giro d'Italia ein Jahr später in einen Abwärtsstrudel, durch den er süchtig nach Kokain wurde, bis er schließlich 2004 an einer Überdosis starb. Doch das alles hat seiner Popularität bei den Tifosi kaum geschadet. Bis weit in die sechziger Jahre hinein war der Radsport in Italien die populärste Sportart. Erst danach konnten der Fußball und der Motorsport ihm den Rang ablaufen.

Aus dieser ruhmreichen Geschichte haben sich feste Muster entwickelt. »Der italienische Radsport war in Ritualen organisiert, die ihn zu einer potenten Form ziviler Religion transformiert haben«, schreibt der britische Historiker John Foot in »Pedalare, Pedalare«, einer Kulturgeschichte des italienischen Radsports. Diese Tradition prägt bis heute die Kultur in den italienischen Teams, obschon auch diese sich in den vergangenen

Jahren der Moderne haben öffnen müssen. »Obwohl Italien ein relativ kleines Land ist, ist sein Radsport reich an Tradition und Geschichte«, sagt Ted King. »Das ist der Grund dafür, dass es diese historischen Einflüsse gibt. Ob es darum geht, dass du am Beginn einer Saison grundsätzlich zu fett bist, oder darum, nichts zu trinken. Es ist das, was die Tradition sagt.«

Einen ersten Einblick in diese traditionelle Herangehensweise bekommen Nerz, King und die anderen neuen Nicht-Italiener im Team schon wenige Tage nach dem mit einem schweren Kater endenden Ausflug am Passo San Pellegrino zu spüren. Nach der Teampräsentation in Mailand Mitte Dezember geht es für das gesamte Team direkt ins Trainingslager nach Sardinien. Es ist das erste von vielen, die im Laufe der Saison noch folgen werden. Die zahlreichen Trainingscamps während einer Saison sind typisch für italienische Mannschaften, was Dominik Nerz schon bald als Belastung empfindet. Er fühlt sich in seiner Freiheit eingeschränkt. Auch der Trainingsaufbau ist ein komplett anderer, als er das bisher gekannt hat. Statt der langen, ruhigen Trainingseinheiten, mit denen er im Winter sonst die Grundlagen gelegt hat, trainieren die Italiener auch im Dezember schon kürzer, dafür aber intensiver. »Das war für mich eine komplette Umstellung. Ich war zu der Zeit auch gar nicht so gut drauf, dass ich dieses harte Tempo hätte fahren können«, sagt Nerz. »Ich hätte locker fünf, sechs, sieben Stunden in einem Grundlagenausdauer-Tempo fahren können. Aber nicht drei Stunden am Anschlag irgendwo über die Insel blasen.«

Was ihn noch weit mehr irritiert, ist das Essverhalten seiner neuen Kollegen. Die Portionen sind extrem klein. Auf Nachtisch wird weitgehend verzichtet, ein bisschen Obst ist das höchste der Gefühle. Auch beim Frühstück verlangt die Tradition eine andere Herangehensweise, als es die Ausländer gewohnt sind. »Ich habe mir Müsli mitgebracht«, erzählt Ted King. »Für einen Amerikaner ist das völlig normal. Aber die Italiener denken, das ist das verrückteste Ding auf der Welt. Sie essen eher Pasta zum Frühstück mit Parmesan. Das ist lecker, aber ich würde das eher zum Abendessen oder als Lunch essen.« Auch King empfindet die Mahlzeiten auf Sardinien als ungewöhnlich. Man habe absurd wenig essen dürfen, berichtet er. »Nach dem Ende einer langen Trainingsfahrt gab es Salat oder gekochtes Gemüse. Das war alles. Danach bist du auf dein Zimmer gegangen, hast am Computer gesessen und dein Magen hat geknurrt. Die Italiener waren daran viel mehr gewöhnt. Für Dominik, Timothy, Cameron und mich aber war das ein Schock.«

Dazu kommen der schnalzende Dottore Corsetti mit seiner Fettzange und die Gewichtskontrolle. King empfindet diese Prozedur der Körperfett-Messung genau wie Nerz als einschüchternd. Zumal der Arzt damit auch entscheidet, wen er für fit genug hält, bestimmte Rennen zu fahren, und wen nicht. King hat von Natur aus ein eher rundes Gesicht und Corsetti findet deshalb, dass auch er zu dick ist. Zumal, wie King glaubt, die Tradition eben besagt, dass ohnehin alle Fahrer im Winter zu viel Speck angesetzt haben. »Wir haben dann diesen Test gemacht und ich hatte den zweitniedrigsten Körperfettanteil des gesamten Teams. Der Doktor war ein wenig schockiert und hat gesagt: ›Okay, die Wissenschaft ist korrekt, du bist doch nicht fett‹«, erzählt King. »Aber es ist nicht die friedlichste Phase im Teamcamp, wenn du weißt, dass der Doktor deinen Körperfettanteil misst.«

Grundsätzlich thematisiert wird die Frage der richtigen Ernährung aber nicht. Man geht davon aus, dass alle wissen, worauf es ankommt, weil es eben Teil der Tradition ist. »Das wurde einfach vorausgesetzt. Man hat von dir erwartet, dass du das Wissen mitbringst. Und wenn du es nicht hattest, musstest du es dir eben aneignen«, sagt Dominik Nerz. Das Problem beschränkt sich allerdings nicht auf Italien. Der Amerikaner King glaubt, dass die meisten Radprofis eine Art Essstörung entwickeln im Laufe ihrer Karriere. Ob das nun Magersucht, krankhafte Appetitlosigkeit oder eine Art Fresssucht außerhalb der Saison sei. Das Thema Gewicht sei tief verankert im Radsport, wo jedes Gramm, das man nicht den Berg hochschleppen muss, einen schneller macht. »Es gibt bei Radrennen nur wenige fette Leute auf der obersten Stufe des Podiums«, betont King. »Es ist eine Herausforderung an die Selbstdisziplin, aber es kann dich auch auf einen sehr gefährlichen Weg bringen. Der Punkt, an dem ich das während meiner Karriere akut gespürt habe, war definitiv bei Liquigas.«

Zunächst stellt die Sprachbarriere für Dominik Nerz das größte Problem dar. Dadurch fühlt er sich isoliert. Auch im ersten Trainingslager auf Sardinien zählt er deshalb die Sekunden, bis er endlich nach Hause fahren kann. Das Hotel liegt einsam im Norden der Insel. Drumherum gibt es nicht viel zu tun. Die italienischen Teamkollegen und jene Nicht-Italiener wie die Sagan-Brüder Peter und Juraj, die der Sprache mächtig sind, amüsieren sich dennoch prächtig. »Die haben sich getroffen und irgendwelche Filme geguckt oder einfach Fernsehen geschaut. Aber selbst das konnte ich ja nicht, weil es nur italienische Sender gab«, sagt Nerz.

Auf die Idee, sich trotzdem dazuzusetzen, kommt er nicht. Er ist ein zurückhaltender Mensch. Auch die Internet-Verbindung ist instabil, so dass er sich zunehmend abgeschottet fühlt. »Es war anstrengend, ich hatte keinerlei Ausgleich«, berichtet Nerz. »Wenn du am Tisch saßt, dann haben sich natürlich alle auf Italienisch unterhalten. Extrem schnell, extrem laut. Ich saß dann immer nur da und habe nichts verstanden. Ich war in dieser Zeit gefühlt sehr, sehr alleine, obwohl ich immer von Menschen umgeben war.«

Immerhin mit den amerikanischen Teamkollegen kommt er ein wenig in Kontakt, denn die haben das gleiche Problem. »Jeder Tag war hart, nicht zuletzt wegen der Sprachbarriere«, erinnert sich auch Ted King. »Wenn du als junger Mensch 15 Minuten beim Abendessen am Tisch sitzt und die anderen fangen an rumzualbern, merkst du, dass du ein Fremder bist.« Dabei ist die Hürde für ihn nicht ganz so hoch, weil er schon ein bisschen Spanisch kann. Außerdem hat King schon im Herbst angefangen, sich mit Hilfe einer Lernsoftware selbst Italienisch beizubringen. Anders als Dominik Nerz, dem erst langsam klar wird, dass er die Sprache lernen muss, um sich zu integrieren. Zunächst klagt er eher sein Leid. Zum Beispiel wenn sich sein alter Trainer nach ihm erkundigt. »Ich habe immer auf ihn eingeredet: ›Junge, sieh es positiv, setz dich auf den Hosenboden, lerne Italienisch. Du bist jetzt in dem Team, nimm das an.‹ Das war eine schwere Geburt. Er hat ganz schön mit sich gehadert«, erzählt Hartmut Täumler. »Aber irgendwann fiel bei ihm dann der Groschen. Wahrscheinlich hat er erkannt, entweder er ändert sich jetzt oder er geht kaputt.« Dominik Nerz kauft sich Bücher und nimmt im Frühjahr bei einer ehemaligen Lehrerin seiner Schule Italienischunterricht. Es dauert etwas mehr als ein halbes Jahr, bis er das Gefühl hat, er versteht genug und kann sich einigermaßen verständlich machen. Zur gleichen Zeit steigt auch sein sportlicher Stellenwert im Team.

»Im ersten Jahr hatten wir ein recht leichtes Rennprogramm für ihn vorgesehen. Er sollte eigentlich keine der großen Rundfahrten bestreiten«, sagt Stefano Zanatta, der Sportliche Leiter. »Aber dann ist er sehr gut gefahren, auch wenn er natürlich Fehler gemacht hat, wie sie junge Fahrer eben machen.« Seinen ersten Renneinsatz im hellgrün-blau-weißen Trikot von Liquigas hat Dominik Nerz bei der Tour de San Luis in Argentinien. Er fährt an der Seite von Ivan Basso, der das Team in diesem Jahr bei der Tour de France anführen soll, während sich der zweite Kapitän Vincenzo Nibali auf den Giro d'Italia und die Vuelta a España vorbereitet.

Basso ist ein freundlicher, umgänglicher Mensch, der auch nach seiner Dopingsperre großes Ansehen genießt. Auch Nerz stört sich nicht an Bassos Vergangenheit. Er beurteile Menschen nicht danach, was gewesen ist, erklärt er. »Ich habe mir gesagt: ›Okay, er ist trotzdem mein Kapitän.‹« Nerz bekommt jedoch früh zu spüren, dass die italienische Radsportkultur auch intensiv mit dem Thema Doping verflochten ist. »Pass mal auf bei den Italienern«, heißt es von Kollegen schon, als sein Wechsel zu Liquigas bekannt wird, »die werden dir gleich mal den Schlauch ansetzen.«

Die Verdächtigungen kommen nicht von ungefähr. Der italienische Radsport hat eine lange Tradition der illegalen Leistungsmanipulation. Italienische Ärzte sind eng verbunden mit dem Aufstieg des Blutbeschleunigers EPO. Zuvorderst der ehemalige italienische Olympia-Arzt Francesco Conconi und dessen Schüler Michele Ferrari, der auch Lance Armstrongs Dopingprogramm steuerte. Es waren italienische Teams, die Anfang der 1990er Jahre als Erste systematisch EPO einsetzten. Dominik Nerz ist deshalb unsicher, als er zum ersten Trainingslager bei Liquigas anreist. Er fürchtet, jemand könnte in dieser Hinsicht etwas von ihm wollen. Doch die Befürchtung ist scheinbar unbegründet.

»Ich hatte in den zwei Jahren bei Liquigas nie das Angebot oder die Aufforderung zu dopen oder habe mitbekommen, dass da was ging«, beteuert Nerz. »Vielleicht war ich in dieser Zeit so naiv, dass ich manche Sachen nicht registriert habe. Fakt ist: Ich kann das Klischee nicht bestätigen. Noch nicht einmal auf Einzelfälle bezogen könnte ich sagen: ›Okay, da war irgendwas.‹ Von einer Struktur im Team will ich erst gar nicht reden.« Nerz erlebt selbst den Umgang mit legalen Medikamenten als deutlich konservativer, diskreter und kontrollierter als noch bei Milram. Eine Pillenbox, in der sich jeder nach Belieben selbst bedienen kann, habe es dort nicht gegeben. Wer etwas brauchte, habe sich an einen der Teamärzte gewandt. Das passt nicht zu den Vorurteilen, auch seinen eigenen. »Ich habe mir hin und wieder gedacht: ›Komisch, jetzt behauptet man, Italien ist angeblich das gelobte Land, und dann sind die bei solchen Sachen so knauserig.‹ Das hat für mich nicht zusammengepasst«, sagt Nerz. »Hin und wieder habe ich schon überlegt: Gilt das jetzt nur für mich, weil ich nicht dazugehöre, und die ›guten Sachen‹ sind in einem kleinen Täschchen und werden an einzelne Personen rausgegeben? Ich weiß es nicht.«

Auch bei Liquigas nimmt Dominik Nerz Schmerzmittel. Meistens nach Stürzen, aber oft deckt er sich auch prophylaktisch mit ein paar Pillen ein, für alle Fälle. Häufig habe er die Tabletten dann aber in der Trikottasche vergessen, erzählt er. Die Sprachbarriere macht ihm auch in dieser Hinsicht Schwierigkeiten. Wegen all der Vorurteile gegenüber dem italienischen Radsport und seiner Dopingkultur hat er Angst, der Doktor könne ihm etwas unterjubeln, wenn er nach einem Schmerzmittel verlangt. Er lässt sich deshalb die Verpackung zeigen, googelt anschließend den Namen des Medikaments und die deutsche Übersetzung. »Dann habe ich herausgefunden: Voltaren. Gut, war ich beruhigt. Grüne Kapsel, kann ich nehmen.« Er weiß dennoch, dass er damit in jene Grauzone vorstößt, die an der Grenze zum Doping liegt. »Das geht schon in Richtung Leistungssteigerung«, findet er, »weil du natürlich über den Schmerz drüberfährst, den du sonst gehabt und darum vielleicht eher herausgenommen hättest.«

Der Ausflug nach Argentinien am Beginn der neuen Saison ist für Dominik Nerz ein Lichtblick nach der schwierigen Phase im Trainingslager. Eine »coole Truppe« sei man dort gewesen. Besonders gut versteht sich Nerz mit Jacopo Guarneri, der gut Englisch spricht. Und Mauro Finetto kann zwar kein Englisch, ist aber lustig. Nerz fühlt sich zum ersten Mal wohl im Kreise seiner neuen Mannschaft. Auch weil Liquigas bei der Tour de San Luis ziemlich groß auftritt. Es gibt exklusive Einladungen zum Essen in einem noblen Steakhaus, in dem zwar wenig, aber gut gespeist wird. Und während die meisten Teams aus Europa nur das Nötigste mit nach Südamerika genommen haben, ist Liquigas bestens ausgestattet. »Selbst die großen Teams ag2r und Movistar haben nur für ihre Gesamtwertungsfahrer eine Zeitfahrmaschine dabei. Der Rest aus Europa war so wie wir ohne am Start! Einzige Ausnahme ist Liquigas, die hier einen großen Fuhrpark auffahren und auch mehr Betreuer als Fahrer mit dabei zu haben scheinen«, berichtet der deutsche Radprofi Grischa Janorschke nach der vierten Etappe, einem Zeitfahren, in einem Blog für die Website *radsportnews.com.*

Im Rennen merkt Dominik Nerz, dass sein neues Trikot mit einem anderen Stellenwert im Fahrerfeld verbunden ist. Wenn er Flaschen für seinen Kapitän holt und diese dann mit dem üblichen Ruf »Service« durchs Feld zurück nach vorne transportiert, muss er sich nicht mehr wie noch bei Milram mühsam durchkämpfen. Jetzt machen die anderen Fahrer freiwillig Platz. Sportlich ist Basso noch weit von seiner Bestform entfernt. Sein Team beordert er dennoch stets an die Spitze des Feldes. Er müsse wohl zurück zu seiner »Entenfamilie«, spotten die deutschen Kollegen, wenn Nerz sich nicht länger mit ihnen unterhalten kann, weil er vorne seine Arbeit verrichten muss. »Im Gegensatz zu Nibali war Ivan extrem schwierig als Kapitän, weil er nicht im Feld fahren konnte. Das fand ich brutal nervig. Du hast einfach so viel Kraft vergeudet«, sagt Nerz. Die Rundfahrt beendet Basso auf Rang 47 mit 21:48 Minuten Rückstand auf den Gesamtsieger Marco Arriagada aus Chile. Bester Liquigas-Fahrer ist Eros Capecchi auf Platz vier. Nerz wird 24., ein ordentliches Ergebnis.

Drei Wochen später startet Dominik Nerz bei der Fernfahrt Paris-Nizza. Das einwöchige Etappenrennen in Frankreich ist traditionell ein erster Höhepunkt in der europäischen Radsportsaison. Bei den italienischen Fahrern ist das WorldTour-

Rennen, bei dem die großen Teams laut Reglement starten müssen, nicht besonders beliebt. Denn zeitgleich findet in ihrer Heimat das Etappenrennen Tirreno-Adriatico statt. Liquigas schickt seine beiden Kapitäne dorthin, obwohl diese sich sonst in den Rennen eher aus dem Weg gehen. Wer zu Paris-Nizza muss, empfindet das daher als Strafe. Dementsprechend schlecht gelaunt reist die Liquigas-Delegation Anfang März nach Paris. Dominik Nerz erinnert sich an eine Ansprache des Sportlichen Leiters Dario Mariuzzo im Mannschaftsbus: »Okay Jungs, wir alle hassen Frankreich, wir alle hassen die Franzosen, es ist beschissenes Wetter und trotzdem bitte ich euch, lasst uns heute ein gutes Rennen fahren.«

Doch der sportliche Erfolg des Teams hält sich in Grenzen: Mauro Finetto ist als 38. der Gesamtwertung am Ende bester Liquigas-Profi, von denen überhaupt nur drei das Rennen beenden. Auch Nerz steigt bei Kälte und Regen auf der letzten Etappe nach Nizza vorzeitig vom Rad. Angereist ist das Team vor allem mit dem Ziel, Peter Sagan zu Etappensiegen zu verhelfen. Auch das gelingt nicht, was die Laune zusätzlich verschlechtert. Vor allem bei Mariuzzo, den Nerz einen Choleriker nennt. »Der hat immer rumgeschrien, positiv wie negativ. Das ging in beide Richtungen. Normal gab es bei ihm eigentlich nicht«, sagt er. Das gute Gefühl, das Nerz bei seinem ersten Rennen für Liquigas in Argentinien empfunden hat, ist deshalb ganz schnell wieder weg. Stattdessen fühlt er sich schikaniert, weil man ihm immer wieder zu verstehen gibt, dass er endlich Italienisch lernen soll. Das Team will, dass er dazugehört.

Auch sportlich fühlt Dominik Nerz sich verheizt, entgegen der Aussage des Sportlichen Leiters Stefano Zanatta, man habe ihm ein leichtes Programm zusammengestellt. Nach Paris-Nizza bestreitet er in Italien die sechstägige Settimana Internazionale Coppi e Bartali, anschließend fährt er in Spanien den GP Miguel Induráin und die Baskenland-Rundfahrt. Dann steht noch das Amstel Gold Race in den Niederlanden auf dem Programm. Dazwischen erwartet ihn das Team immer wieder in Cesena zum Trainingslager. Er fremdelt immer noch. Es sei ihm schwergefallen, nach Italien zu fahren, er habe einfach nicht dort sein wollen, erklärt Nerz: »Das war immer mit extremen körperlichen und mentalen Belastungen und viel Einsamkeit verbunden. Die Spaß- und Glücksmomente waren rar.« Zu Hause ist er nur selten. Und wenn, trifft er dort seinen Profi-Kollegen Patrick Gretsch, mit dem er inzwischen in einer Wohngemeinschaft in der Schweiz lebt und der ihm von seinem amerikanischen Team HTC-Highroad vorschwärmt, das sein Trainingslager in Kalifornien abhält. »American Lifestyle, megacool. Und wo sitze ich? In Cesena umgeben von einem Haufen wildgewordener Italiener, die ich nicht verstehe, die ich auch irgendwie nicht verstehen will«, erzählt Nerz. »Da habe ich mich teilweise richtig selber runtergezogen.«

Den Tiefpunkt erreicht seine Beziehung zum Team nach dem Amstel Gold Race. Dort steigt er vorzeitig erschöpft vom Rad. Er wird krank. »Ich habe mich beschissen gefühlt«, erinnert sich Nerz. Sein Team habe ihn dennoch nicht nach Hause reisen lassen. Stattdessen habe er eine Woche in einem Hotel in Riemst in Belgien gelegen, das dem Italiener Valerio Piva gehört, der später bei BMC sein Sportlicher Leiter wird. Dominik Nerz empfindet das als reine Schikane. Er fühlt sich so unwohl, dass er seinen Manager Christian Baumer bittet, ein Team zu finden, das ihn zur Saison 2012 aus seinem Vertrag bei Liquigas herauskauft. »Ich habe gedacht: ›Fuck, wie willst du das zwei Jahre überstehen?‹ Ich war am Anschlag und hatte keine wirkliche Lösung dafür«, sagt Nerz. Baumer erklärt ihm, dass seine Vorstellung, ein Team könne Geld bezahlen, um ihn auszulösen, komplett unrealistisch ist. Stattdessen fordert auch er Nerz auf, endlich Italienisch zu lernen. »Er hat recht gehabt, aber das wollte ich nicht hören«, gibt Nerz heute zu. Der Sportliche Leiter Stefano Zanatta hat dagegen nicht das Gefühl, Nerz sei damals nicht zurechtgekommen. »Ich denke, es hat gut gepasst. Er kam mit dem Personal und den anderen Fahrern gut aus.« Woran sich aber auch Zanatta erinnert, ist die Mischung aus Ehrgeiz und Selbstzweifeln. »Manchmal war er mit sich selbst nicht zufrieden und hat gedacht, er könne noch mehr leisten«, berichtet er. »Aber das haben wir dann meistens in die richtige Perspektive setzen können und dann ist er wieder in der Spur gewesen.«

Im Mai erhält Dominik Nerz von Liquigas einen Monat Rennpause, bevor er Anfang Juni erst die Luxemburg-Rundfahrt und dann die Tour de Suisse bestreitet. In der Schweiz lässt ihn das Team das erste Mal auf eigene Rechnung fahren. Auf der sechsten Etappe von Tobel-Tägerschen nach Triesenberg/Malbun bekommt er dafür die Unterstützung des Teams, um ein gutes Ergebnis zu erzielen. Bis dahin hat er stets die Rolle des Helfers innegehabt. Er ist für die Verpflegung der Teamkollegen zuständig, versorgt sie mit Flaschen, bringt Energieriegel, Gels, Verpflegungsbeutel und Regenjacken, Windwesten, trockene Handschuhe. Es ist die klassische Rolle des Wasserträgers, des Domestiken, die er zu erfüllen hat. Nun aber fahren ihn seine

Kollegen mit vollem Tempo in den Schlussanstieg hinein. »Nie im Leben hätte ich es sonst an der Spitze in den Berg reingeschafft«, glaubt Nerz. Oben am Ziel stehen seine Eltern und seine Schwester, auch deshalb hat ihm das Team freie Fahrt gegeben.

In den Tagen zuvor hat er sich wegen der Sprachbarriere wieder eher zurückgezogen, was den Sportlichen Leitern nicht entgangen ist, weshalb es ein wenig Ärger gegeben hat. Nun aber kommt ihm die Teamleitung entgegen. »Das hat mich schon versöhnt, weil sie mir da einen Brotkrumen hingeworfen haben, um mich bei Laune zu halten«, sagt er. In Maldun kommt Nerz als bester Liquigas-Fahrer auf Platz 16 ins Ziel mit 2:21 Minuten Rückstand auf den Etappensieger Steven Kruijswijk aus den Niederlanden. In der Schweiz eröffnet ihm Zanatta auch, dass die Teamleitung plant, ihn mit zur Vuelta zu nehmen. Vorausgesetzt, die Form stimmt. Nach der Polen-Rundfahrt im August bekommt er die endgültige Zusage. In seinem zweiten Profijahr steht Nerz damit vor der bislang größten Herausforderung seiner Karriere.

Die Vuelta 2011 beginnt mit einem 13,5 Kilometer langen Mannschaftszeitfahren in Benidorm. Einem aus Bettenburgen bestehenden einstigen Fischerdorf an der Costa Blanca, in dem sich im Sommer mehr als eine Million Touristen tummeln. Das Team Liquigas mit Nerz rollt als letztes Team von der Startrampe, denn es hat mit Vincenzo Nibali den Vorjahressieger in seinen Reihen.

Nibali, aus Messina auf Sizilien stammend, ist zu diesem Zeitpunkt 26 Jahre alt und auf dem Weg, einer der besten Rundfahrer seiner Generation zu werden. Seit er 2007 beim Giro d'Italia erstmals eine Drei-Wochen-Rundfahrt bestritten hat, sind seine Ergebnisse stetig besser geworden: Siebter bei der Tour de France 2009, Dritter beim Giro d'Italia 2010. Wenige Monate nach dem Podiumsplatz beim Giro gelingt ihm in Spanien sein erster Gesamtsieg bei einer der drei großen Landesrundfahrten. Der Liquigas-Kapitän ist trotz seines permanenten Aufstiegs ein bescheidener, eher zurückhaltender Typ. Und er ist jemand, der sich nicht gerne einer permanenten Disziplin unterwirft. Ab und an geht er auch während der Saison mit seinen Freunden ein Eis oder eine Pizza essen, was eigentlich strikt untersagt ist. »Wenn ich mich ständig unter Druck fühlen würde, wäre das viel zu viel Stress«, sagt Nibali in einem Interview Ende 2010. »Wenn ich alles nur nach Plan mache, passt es am Ende oft nicht zusammen.« Dominik Nerz schwärmt auch Jahre später noch in den höchsten Tönen von seinem einstigen Kapitän. »Auf Nibali lass ich gar nichts kommen«, macht er deutlich. »Er war der Kapitän, für den ich gestorben wäre. Er ist einfach ein feiner Typ. Und er war derjenige, der mir bei Liquigas das Gefühl gegeben hat, etwas wert zu sein. Nicht nur der Deutsche, der Ausländer, den man wie Dreck behandeln kann.«

Vincenzo Nibali erinnert sich an Dominik Nerz als einen »diskreten, höflichen Jungen«. Die beiden lernen sich im Höhentrainingslager vor der Vuelta richtig kennen. Bis dahin gehörte Nerz eher zum »Team Basso«, an dessen Seite er in der ersten Saisonhälfte die meisten Rennen bestritten hat. Die Liquigas-Abordnung für die Vuelta trifft sich in den Wochen vor dem Beginn der Rundfahrt wieder auf dem Passo San Pellegrino, aber Grappa-Eskapaden sind diesmal nicht drin. Es wird vier bis fünf Stunden täglich trainiert. Die Hütte ist karg eingerichtet:

Man übernachtet in Vierbettzimmern. Die Koffer stehen draußen auf dem Flur, weil in den Zimmern nicht genug Platz ist. Fast drei Wochen verbringt das Team dort oben.

Nach weniger als einer Woche habe alle ein Lagerkoller erfasst, sagt Nerz, der nun immerhin schon recht gut versteht, was um ihn herum gesprochen wird. Aber selbst zu sprechen fällt ihm immer noch schwer, zumindest in großer Runde. Zum einen hat er den Ehrgeiz, grammatikalisch einwandfreie Sätze zu bilden, anstatt einfach drauflos zu sprechen. Zum anderen mag er es nicht, die Stimme vor vielen Leuten zu erheben. Und wenn er es versucht, ist ihm die komplette Aufmerksamkeit gewiss. »Wenn wir am Tisch saßen und ich dann mal den Ansatz gemacht habe zu sprechen, wurden auf einmal alle mucksmäuschenstill, haben mich angeguckt und jeder war gespannt, was der Nerz da jetzt vom Stapel lässt. Ich bin dann knallrot angelaufen und habe dann meistens kein einziges Wort rausbekommen«, erzählt Nerz. »Das hat wirklich lange Zeit gedauert, bis ich mich da so ein bisschen lösen konnte.«

Vincenzo Nibali nimmt den zurückhaltenden jungen Deutschen in diesen Tagen auf dem Passo San Pellegrino unter seine Fittiche. Bei den Trainingsausfahrten bleibt Dominik Nerz an Nibalis Seite, spricht sogar Italienisch mit ihm, weil er im direkten Gespräch nicht ganz so gehemmt ist. Nibali rät ihm, es in der Höhe ruhig angehen zu lassen. Danach werde es bei der Vuelta in der ersten Woche zwar noch etwas schwer gehen, aber später werde sich die Höhe bezahlt machen. Er selbst sei damit immer erfolgreich gewesen. »Wenn jemand wie Nibali dir das sagt, dann glaubst du das auch«, erklärt Nerz, den sein Kapitän bald nur noch »Mimmo« nennt. Das ist der in Sizilien geläufige

Spitzname für Domenico, Dominik. Bis heute findet Nerz, das sei der beste Spitzname, den er jemals gehabt habe.

Als einer der weltbesten Abfahrer im Peloton teilt Nibali auch sein Können mit Nerz. »Ich habe eine gewisse Unsicherheit bei ihm festgestellt, wenn es bergab ging«, sagt Nibali. »Darum habe ich ihm ein paar Tipps gegeben.« Er bringt Nerz bei, nicht den Scheitelpunkt der Kurve anzuvisieren, sondern den Fokus auf jene Stelle zu legen, an der er aus der Kurve kommen will. »Das funktioniert wirklich, es trägt dich genau auf den Punkt und du kommst mit mehr Speed ums Eck, weil du ein besseres Gespür für den Bremspunkt hast«, erläutert Nerz. Vincenzo Nibali wird für Dominik Nerz in diesen Tagen zum Bezugspunkt bei Liquigas. Der Italiener verschafft sich mit seiner Fürsorge einen treuen Domestiken.

Nerz geht nervös in das Mannschaftszeitfahren in Benidorm, nicht allein deshalb weil er erstmals bei einer großen Drei-Wochen-Rundfahrt am Start steht. Der gemeinsame Kampf gegen die Uhr ist immer eine ganz besondere Disziplin, weil die neun Fahrer einen gemeinsamen Rhythmus finden müssen. Das verlangt ein präzises Tempogefühl. Vor einem Teamzeitfahren sind alle angespannt. Nerz hat bisher nur wenig Erfahrung mit dem kollektiven Kampf gegen die Uhr. Das steigert die Nervosität zusätzlich. In den Nächten davor schläft er schlecht. Er hat Angst, schon früh abgehängt zu werden.

Die Startrampe steht direkt an der Playa Poniente. Im Hintergrund glitzert das Mittelmeer in der Sonne, als Liquigas-Cannondale um 18.26 Uhr das Startzeichen erhält. Dominik Nerz soll als dritter Fahrer des Teams in die Führung gehen, danach ist Valerio Agnoli dran. Die Führungswechsel sind ein kritischer Punkt beim Mannschaftszeitfahren. Derjenige, der vorne fährt, muss das Tempo hochhalten, ohne dass die anderen in Schwierigkeiten kommen. Geht er aus der Führung soll das Tempo möglichst gleichmäßig bleiben. Für den Fahrer, der die Position an der Spitze des Zuges übernimmt, heißt das, er muss jetzt im Wind deutlich mehr Kraft aufwenden als vorher, darf dabei nicht langsamer werden, das Tempo aber auch nicht anziehen, damit der Rhythmus nicht verloren geht. Auch das Einreihen am Ende des Zuges nach getaner Tempoarbeit ist knifflig. Wenn man nicht direkt in den Windschatten eintaucht, reißt ein Loch, das man alleine kaum wieder zufahren kann. Dann steht das Team vor der Entscheidung, entweder das Tempo zu drosseln, um dem verlorenen Kollegen die Chance zu geben, wieder heranzukommen, oder ihn zurückzulassen. Am Ende müssen von den neun Fahrern der Mannschaft nur fünf zeitgleich das Ziel erreichen.

Der Kurs des Mannschaftszeitfahrens in Benidorm führt zunächst etwa 500 Meter flach geradeaus, dann geht es hinter einer Linkskurve gleich wieder rechts. Danach führt die Strecke etwa zwei Kilometer leicht bergauf, um nach einer kurzen Senke noch einmal leicht anzusteigen. Nach einer 180-Grad-Kurve geht es zurück Richtung Küste und dann durchs Zentrum zum Ziel. Nerz' Führungsarbeit beginnt im ersten leicht ansteigenden Abschnitt. »Ich wollte es gut machen, habe aber schon gemerkt, dass es mir selbst eigentlich viel zu hart ist. Aber ich wollte natürlich das Tempo auch nicht sacken lassen«, erinnert sich Dominik Nerz. Wie lange er an der Spitze fahren soll, hat das Team nach der Streckenbesichtigung genau festgelegt. Trotz der Schmerzen hält er das Tempo bis zum vereinbarten Punkt durch. »Mir selber hat es so wehgetan, dass ich gedacht habe: ›Okay, das war jetzt wahrscheinlich einen Ticken zu viel.‹ Für das Team war es aber genau richtig und hinterher hat sich auch keiner beschwert.«

Als sein Job erledigt ist, lässt er sich zurückfallen und versucht, sich wieder einzureihen. Es passiert, was nicht passieren soll: Es reißt ein Loch. »Weg war ich«, sagt Nerz. Das Team wartet nicht auf den verlorenen Jungprofi, es geht um eine Topplatzierung für Vincenzo Nibali. Für Nerz ist es nun ein Einzelzeitfahren um die Karenzzeit. »Ich bin gefahren wie der Teufel, sonst wäre die Vuelta für mich schon am ersten Tag vorbei gewesen.« Er schafft es rechtzeitig ins Ziel. Die Mannschaft hat auch ohne ihn die zweitbeste Zeit erzielt. Das schnellste Team ist die Equipe Leopard-Trek gewesen. Dort fährt aber keiner der Topfavoriten auf den Gesamtsieg. Das Team Sky mit Kapitän Bradley Wiggins hat bereits 38 Sekunden auf Liquigas eingebüßt. Die Stimmung ist entsprechend gelöst. Nur Dominik Nerz hadert. »Wenn ich jetzt darüber nachdenke, war es scheißegal, dass ich abgehängt worden bin«, gibt Nerz zu. »Aber so bin ich halt nicht. Damals habe ich darüber nachgedacht, ob ich zu schwach war.«

Es ist das schon bekannte Muster: Ehrgeiz und Selbstzweifel. Dazu kommt, dass er seinen Teamkollegen Valerio Agnoli im Verdacht hat, das Tempo mit Absicht leicht erhöht zu haben, als er die Führungsarbeit von Nerz übernommen hat. Für Agnoli hat er ohnehin nicht viel übrig. Er traut ihm nicht über den Weg und fühlt sich von dem Italiener, einem Vertrauten Nibalis, gemobbt. Auf den beiden anschließenden Sprintetappen rumort es in ihm. Wenn die Sportlichen Leiter ihn unterwegs im Wind arbeiten lassen, empfindet er das als Strafe für seine Leistung beim Mannschaftszeitfahren, weil er doch eigentlich für die Flaschen zuständig und kein Rouleur an der Spitze des Feldes ist. »Es war bei uns so, dass der schwächste Fahrer am Anfang immer vorne gefahren ist. Daher fühlte ich mich degradiert«, erinnert sich Nerz. Es dauert ein paar Tage, bis er sich innerlich wieder fängt.

Die vierte Etappe der Vuelta führt über 170,2 Kilometer von Baza in die Sierra Nevada. Es ist der erste echte Test für die Favoriten auf den Gesamtsieg. Auf dem Programm stehen mit dem Alto del Filabres und dem Schlussanstieg zwei schwere Berge. Insgesamt sind an diesem Tag 3.700 Höhenmeter zu bewältigen. Dazu kommen Temperaturen deutlich über 30 Grad. Dominik Nerz' Job ist es, seinem Kapitän in der ersten Rennhälfte beizustehen, ihn zu versorgen. Am Schlussanstieg ist er immer noch dabei. 23 Kilometer geht es hinauf ins Ziel. Die Straße ist breit und schlängelt sich schattenlos mit durchschnittlich 5,7 Prozent Steigung hinauf auf 2.112 Meter Höhe. Vorne hat sich eine vierköpfige Ausreißergruppe abgesetzt, die den Tagessieg unter sich ausmacht, dahinter folgt das Feld der Favoriten. Vincenzo Nibali hat neben Nerz auch noch Eros Capecchi und Valerio Agnoli an seiner Seite. Agnoli kann schon bald den Anschluss nicht mehr halten. Nerz dagegen bleibt bis etwa vier Kilometer vor dem Ziel an der Seite seines Kapitäns und rackert sich ab. Immer wieder bringt er Nibali und dessen Adjutanten Capecchi neue Flaschen.

»Auf der Etappe in die Sierra Nevada hat er unsere Erwartungen übertroffen«, erinnert sich Stefano Zanatta. Auch Nibali ist nach der Etappe voll des Lobes über seinen jungen Helfer.

»Dominik und Eros Capecchi haben dafür gesorgt, dass ich an diesem Tag nur wenig Zeit verloren habe«, erinnert er sich. Am Abend bedankt sich Nibali mehrmals und erzählt immer wieder, wie er gedacht habe, »Mimmo« müsse doch jetzt mal weg sein, aber da sei der schon wieder mit neuen Flaschen angekommen. »Ab dem Zeitpunkt war ich dann im engeren Kreis der Helfer, die für das Finale eingesetzt wurden«, sagt Nerz. Ein Aufstieg in der Hierarchie.

Vincenzo Nibali ist diesmal, anders als im Vorjahr, allerdings nicht in der Lage, um den Gesamtsieg mitzufahren. Nach der 15. Etappe, die auf dem gefürchteten Angliru mit seinen bis zu 23,5 Prozent steilen Rampen endet, gesteht er seine Niederlage ein. Vor der Etappe hat er bereits 1:27 Minute Rückstand auf das Rote Trikot des Spitzenreiters gehabt. Nun sind es über zweieinhalb Minuten. »Wir können nicht immer gewinnen, selbst Real Madrid gewinnt nicht immer«, erklärt er den Journalisten.

Nibali gerät dann auch auf der 19. Etappe nach Bilbao noch einmal in Schwierigkeiten. Es ist ein besonderer Tag für die Vuelta: Das erste Mal nach 33 Jahren kehrt die Rundfahrt ins Baskenland zurück. 1978 hatte es dort während des Rennens wütende Proteste von Separatisten gegeben. Danach machte die Vuelta stets einen Bogen um die Region im Norden Spaniens. Doch nun kehrt sie zurück und Tausende enthusiastische baskische Radsportfans stehen entlang der Strecke, insbesondere am Alto el Vivero, einem Anstieg der zweiten Kategorie kurz vor Bilbao, der gleich zwei Mal überquert wird. Vincenzo Nibali hat dort erneut Probleme, den Anschluss zu halten, Dominik Nerz muss auf ihn warten.

Als feststeht, dass der Kapitän in Sicherheit ist, bekommt Nerz von der Teamleitung freie Fahrt. »Ich hatte freie Hand und habe etwas gemacht, was ich, seit ich Profi geworden war, nicht mehr gemacht hatte: im Finale attackieren.« Gemeinsam mit dem Spanier Haimar Zubeldia setzt er sich aus der Gruppe der Klassementfahrer ab. Als die beiden auf die Zielgeraden kommen, denkt Nerz für einen Moment, es geht um den Etappensieg. Doch dann fällt ihm ein, dass zuvor schon zwei Fahrer ausgerissen sind. Der Baske Igor Anton und der Italiener Marzio Bruseghin sind bereits im Ziel. »Aber ich wollte auf jeden Fall vor Zubeldia über die Linie fahren, egal, um welchen Platz es ging«, sagt Nerz. Er lässt den Spanier tatsächlich hinter sich und überlegt noch einmal, ob er nicht doch die Arme hochreißen soll. »Ich war später unglaublich froh, dass ich es nicht gemacht habe.«

Der dritte Platz auf dieser Etappe ist dennoch ein sehr starkes Ergebnis für einen gerade 22 Jahre alt gewordenen Profi bei seiner ersten Grand Tour. Dass Nerz in der dritten Woche einer schweren Rundfahrt nicht nur in der Lage ist, seinem Kapitän beizustehen, sondern am Ende selbst noch attackieren kann, spricht für sein Talent. Körperlich ist er dennoch ausgelaugt nach den drei Wochen in Spanien. Dauererschöpft sei er gewesen, berichtet Nerz. Es gibt keinen Tag, an dem er einbricht. Aber das Rennen zehrt an ihm. Nach elf, zwölf Tagen geht die Erschöpfung nicht mehr weg. »Ich habe zwischendurch gedacht, ich schaffe es nicht nach Madrid. Dann habe ich gemerkt, den anderen geht es nicht besser. Das war ein Wechselbad der Gefühle«, erinnert sich Nerz. Immerhin schaut in diesen drei Wochen beim Essen niemand auf den Teller, um die

Portionen zu kontrollieren. Anders als in den Trainingslagern, wo Dottore Corsetti aufpasst, dass nicht zu viel gegessen wird. Hier darf jetzt reingehauen werden. Liquigas hat, wie die anderen großen Teams auch, bei den großen Rundfahrten einen eigenen Koch dabei, der nach den Etappen reichlich Pasta, Reis und Gemüse auftischt, um die Energiespeicher wieder aufzufüllen – mit bester italienischer Küche.

Mit seinen Leistungen in Spanien hat Dominik Nerz das Gefühl, endlich ein wenig angekommen zu sein bei seinem italienischen Team. Nach der Vuelta steht er noch bei zwei Eintagesrennen in Italien, darunter der Lombardei-Rundfahrt, am Start. Beide Male steigt er in der Verpflegungszone vom Rad. Dann ist diese erste, schwierige Saison bei Liquigas vorbei. Die Wochen danach, in denen er die meiste Zeit zu Hause verbringt, lassen die Distanz erneut wachsen. Als sich das Team im Dezember wieder zum ersten Teamtreffen versammelt, ist es zwar nicht so schlimm wie im Jahr zuvor, aber richtig wohl fühlt er sich auch diesmal nicht. Dass er seinen Vertrag bei Liquigas verlängern wird, schließt er für sich bereits zu Beginn der Saison aus. »Ich habe mir fest vorgenommen, ich fahre so schnell Rad, wie es geht, damit ich aus Italien wegkomme. Das war meine Devise«, erzählt Nerz. Die Trainingslager, das strikte Essensregime – das alles ist ihm weiterhin ein Gräuel. »Ich war froh, als die Rennen endlich wieder losgingen«, sagt er. Diesmal steigt er im Februar bei ein paar kleineren Rennen in Italien in die Saison ein. »2012 war der Plan, etwas mehr wichtige Rennen in sein Programm einzubauen und ihm eine etwas verantwortungsvollere Rolle zu geben«, sagt Stefano Zanatta. »Aber wir sind nicht in die Saison gegangen und haben gedacht, dass er die Tour fahren wird. In der ersten Saisonhälfte hat er sich dann stetig verbessert, deshalb haben wir ihn in die Gruppe der Tour-de-France-Anwärter aufgenommen.« Nach der Baskenland-Rundfahrt Anfang April erfährt Nerz, dass er zum engeren Kreis jener Fahrer gehört, die für den neunköpfigen Kader für die Tour infrage kommen.

Anfang Mai kommt Dominik Nerz seinem ersten Profisieg so nah wie danach nie wieder. Beim traditionellen Klassiker am 1. Mai in Frankfurt am Main, einem der wenigen noch verbliebenen Profi-Rennen in Deutschland, belegt er Platz zwei hinter seinem Teamkollegen Moreno Moser. Die beiden gehören im Finale zur vierköpfigen Spitzengruppe, der noch Tony Martin und der Russe Sergei Firsanow angehören. Der Rückstand des Feldes ist so groß, dass das Quartett den Sieg unter sich ausmachen wird. Nerz führt die Gruppe auf den letzten Kilometer, kurz danach geht es noch einmal um eine Linkskurve. Dort tritt Moser an und reißt eine Lücke. Nerz reagiert schnell, schwenkt links rüber, um den anderen die unmittelbare Verfolgung zu erschweren. Das verschafft seinem italienischen Teamkollegen den entscheidenden Vorsprung. Kurz vor dem Ziel sprintet Nerz dann auch noch an den beiden Konkurrenten vorbei auf Rang zwei. Als er die Linie überquert, jubelt er und klatscht seinen Teamkollegen euphorisch ab. Jahre später behauptet Dominik Nerz, Moser habe ihn um den Sieg gebracht. Die Ansage der Sportlichen Leiter über Funk habe gelautet: »Nerz gewinnt das Radrennen, weil es in Deutschland stattfindet.« So viel Italienisch habe er zu diesem Zeitpunkt schon verstanden, sagt Nerz. »Auf der Rückfahrt hatte ich einen Hals und habe gedacht: ›Dieser Arsch bringt mich um meinen ersten Profisieg, obwohl es anders abgesprochen war.‹« Sein Vertrauen ins Team habe darunter weiter gelitten.

Stefano Zanatta, der in Frankfurt als Sportlicher Leiter im Teamfahrzeug saß, bestreitet, dass es eine klare Ansage gegeben habe, wonach Nerz das Rennen gewinnen sollte. Beide Fahrer hätten die »Erlaubnis« gehabt zu gewinnen, indem sie wechselseitig attackieren. Dass gleich die erste Attacke von Moreno Moser erfolgreich gewesen sei, habe alle überrascht. Nerz' Aufgabe sei es danach gewesen, die beiden anderen Fahrer zu neutralisieren. »Ich denke, es war logisch, den numerischen Vorteil in dieser Form zu nutzen«, findet Zanatta.

Am Abend vor dem Doppelsieg in Frankfurt hat er gegenüber Nerz schon angedeutet, dass dieser gute Chancen auf einen Platz im Tour-Team hat. Nach der Dauphiné-Rundfahrt im Juni, dem wichtigsten Vorbereitungsrennen für die Frankreich-Rundfahrt, bekommt Dominik Nerz dann die feste Zusage. »Mit Nibali und Sagan hatten wir große Ambitionen für die Tour«, erläutert Zanatta. »Wir brauchten Leute, die konstant gute Leistungen bringen. Dominik war auf einem Niveau angekommen, bei dem das der Fall war.«

# VII

# SEHNSUCHT TOUR

Die Tour de France ist laut. Lauter als alles andere, das Dominik Nerz bislang im Radsport erlebt hat. Beim Prolog in Lüttich taucht er ein in diesen Lärm, den Zehntausende Zuschauer entlang der Strecke veranstalten. Sieben Minuten und 40 Sekunden benötigt er für die 6,4 Kilometer durchs Zentrum der belgischen Stadt, die in diesem Jahr den Grand Départ ausrichtet. Das ist keine besonders gute Zeit, die Besten sind mehr als eine halbe Minute schneller. Aber es kommt ihm vor, als sei zwischen Start und Ziel nur ein Wimpernschlag vergangen. Der Körper läuft auf Hochtouren, die Beine brennen, er hat längst sein Limit erreicht. Doch das Geschrei der Leute treibt ihn voran. Es ist so brüllend laut, dass er am Ende ein Klingeln im Ohr hat. »Das war ein krasses Erlebnis«, sagt Nerz.

Bis zu diesem Moment ist ihm nicht klar gewesen, welche Bedeutung die Tour tatsächlich hat. Sicher, dass die Tour de France das wichtigste Radrennen der Welt ist, ist auch ihm nicht verborgen geblieben. Aber anders als etwa der Brite Bradley Wiggins, der drei Wochen später in Paris als Sieger der Tour de France 2012 geehrt werden wird, kennt er sich nicht aus mit der Geschichte seines Sports, weiß nichts über legendäre Etappen, die großen Sieger. Er ist auch nicht wie Geraint

Thomas, der Toursieger von 2018, als Kind im Sommer so schnell wie möglich von der Schule nach Hause gelaufen, um die Übertragungen der Tour-Etappen im Fernsehen zu verfolgen. Nerz saß lieber selbst auf dem Rad, er ist kein Radsport-Nerd. »Er hat sich nie so intensiv damit beschäftigt und konnte auch die verschiedenen Rennen nicht hin- und herbeten«, bestätigt sein Junioren-Trainer Hartmut Täumler. »Das ergab sich bei ihm erst mit dem Traum, nach dem Motto: ›Ich bin jetzt Profi, jetzt erlebe ich das Ganze.‹«

In seinem dritten Profijahr erlebt Dominik Nerz das Rennen, das alles in den Schatten stellt, was der Radsport ansonsten zu bieten hat. Die Tour de France ist Wanderzirkus, Volksfest, Epos, Kulturgut, Sportveranstaltung und Wirtschaftsunternehmen. Wenn der mehrere Tausend Menschen umfassende Tross der Tour drei Wochen lang durch Frankreich zieht, eilen die Franzosen – und längst nicht mehr nur sie – staunend herbei. Zehn bis fünfzehn Millionen Menschen säumen jedes Jahr die Strecke. Beschreibt man, wie der Sportphilosoph Gunter Gebauer, den Sport als eine Analogie zum Theater, dann ist die Tour de France die weltweit größte Bühne, auf der das Leiden der Radprofis besonders opulent in Szene gesetzt wird. Die Aufführung ist in eine spektakuläre Landschaft eingebettet. »Das Theater des Wettkampfes: das ganze Frankreich«, schreibt Roland Barthes in dem von ihm verfassten Text zum Dokumentarfilm »Der Sport und die Männer« über die Tour. Für den französischen Philosophen kommt in diesem Theater Jahr für Jahr ein episches Drama zur Aufführung, bei dem die Etappen die einzelnen Akte sind. Mehr als hundert Jahre nach der Premiere 1903 blickt heute die ganze Welt auf dieses Epos, das jedes Jahr wieder, aber niemals in der gleichen Fassung aufgeführt wird: Von der Tour de France 2018 berichteten 2.000 Journalisten. Das Rennen wurde in 190 Ländern im Fernsehen übertragen, zum ersten Mal auch in Indien. Nach Angaben der Organisatoren verfolgen pro Jahr 3,5 Milliarden akkumulierte Zuschauer die Tour de France am Bildschirm. Auch wenn solche Zahlen mit Vorsicht zu genießen sind: Mehr Aufmerksamkeit erfährt kaum ein anderes Sportereignis und schon gar kein anderes Radrennen. Es ist die weltweit größte, jährlich stattfindende Sportveranstaltung. »Die Tour hat etwas Magisches«, hat der dreimalige Gewinner des Gelben Trikots, Greg LeMond, einmal in einem Interview gesagt. »Die Leute reden über die Olympischen Spiele, aber als Event sind diese nichts im Vergleich zur Tour.«

Von Beginn an ist es nicht zuletzt die mediale Vermittlung der Qualen und des Leids der Fahrer gewesen, die die Größe der Tour und damit den Ruhm ihrer Protagonisten schafft. Denn die Zuschauer an der Strecke bekommen anders als in einem Stadion immer nur ein Bruchstück des Geschehens zu Gesicht. Das gesamte Rennen können sie nicht überblicken. Dafür braucht es die Medien als Vermittler, die Geschichten der vermeintlichen Heldentaten in die Welt transportieren und selbst davon profitieren. Schon die Gründung der Rundfahrt 1903 beruhte auf der Hoffnung, damit die Auflage der Zeitung *L'Auto* zu steigern, was auch gelang. Diese Symbiose zwischen Veranstalter und Berichterstattern wird auch dadurch deutlich, dass es vor allem Sportjournalisten waren und sind, die der Tour als Direktoren vorstanden. Die Berichterstattung über die Tour de France hat die Legenden und Mythen erst geschaffen, die heute zum festen Bestandteil der Geschichte des Radsports gehören.

Nicht selten haben es die Reporter dabei mit den Fakten nicht so genau genommen, haben verklärt und hinzugedichtet. Aber wer will schon daran zweifeln, dass Octave Lapize 1910 den Organisatoren zugerufen hat »Ihr seid alle Mörder!«, als die Tour erstmals durch die Pyrenäen und über den Tourmalet führte?

Die Tour de France wird ständig überhöht, bis heute. Die Dramen, das Leid, die Skandale, die Sieger – bei der Tour ist alles größer, monumentaler. Und sie ist weit mehr als nur ein Radrennen. Sie ist auch pure Werbung für die Schönheit Frankreichs, spektakulär in Szene gesetzt von Kamerahubschraubern, die die vielseitige Geographie des Landes in all ihrer Pracht einfangen. »Man sagt, dass der Franzose sich wenig für Geographie interessiere: seine Geographie ist keine der Bücher. Es ist die der Tour«, schrieb Barthes schon 1957 in seinem Essay »Die Tour de France als Epos«. »Jedes Jahr kennt er durch die Tour die Länge seiner Küsten und die Höhe seiner Berge. Jedes Jahr schafft er von neuem die materielle Einheit des Landes, erfasst seine Grenzen und seine Produkte.« Das gilt heute mehr als je zuvor, allerdings nicht mehr nur für die Franzosen, sondern für das weltweite TV-Publikum. Die Tour de France ist so zum festen Bestandteil der französischen Kultur geworden und darum unsterblich. All die Skandale haben ihr nur wenig anhaben können. Ein Juli ohne die Tour ist undenkbar für die Franzosen.

Als ARD und ZDF die Liveübertragung wegen der Dopingskandale nach 2011 aussetzten, bekam man als deutscher Berichterstatter während der Tour häufig die Frage gestellt, warum das deutsche Fernsehen nicht mehr dabei sei. Wenn man auf die vielen Doping-Affären verwies, lautete die Antwort meist:

»*Mais c'est le Tour* – aber es ist doch die Tour.« Als seien der Radsport und seine Probleme gar kein Teil des Rennens. »Die Tour de France ist eben Volksfest«, sagt der Philosoph Gunter Gebauer, als das Gespräch in Berlin auf das Rennen kommt. »Bei uns ist Sport Sport – kein Volksfest. Die Tour de France ist permanenter Nationalfeiertag mit allem Remmidemmi, das man sich nur vorstellen kann. Das ist unseriös bis zum Äußersten. Aber in katholischen Regionen wie Frankreich und Spanien, nimmt man das nicht so genau. Man hat auch nicht den Impetus, die absolute Wahrheit zu wissen und Leute festzunageln, in prozedualen Verfahren genau nachzuprüfen. Das ist ein Unterschied zwischen Nord- und Südeuropa.« Über die Tour de France hat sich Frankreich schon immer seiner selbst versichert, aber von Beginn an ist die Rundfahrt in erster Linie ein Wirtschaftsunternehmen gewesen. Kein anderes Radrennen generiert so viele Werbepartner und so viele Einnahmen durch den Verkauf von TV-Rechten wie die Tour. Angeblich soll das Rennen für mehr als 50 Prozent des Gesamtumsatzes von rund 230 Millionen Euro des Veranstalters Amaury Sport Organisation (ASO) verantwortlich sein. Das scheint ein bisschen hoch gegriffen, aber genaue Zahlen gibt die ASO nicht bekannt.

Für Radsportler ist die Tour de France das, was für andere Sportler die Teilnahme an den Olympischen Spielen ist oder für Fußballer der Einsatz bei einer WM-Endrunde. Ein Sehnsuchtsort. Auf dem Rad können sie sich dort sportlich unsterblich machen. Abseits des Rades bedeutet ein Erfolg die Chance auf ein höheres Gehalt und zusätzliche persönliche Sponsoren. Nicht die Fahrer machen die Tour, die Tour macht die Fahrer, heißt es. Schon ein Etappensieg bei der Tour de France vermehrt den Ruhm, weil man damit Teil der Geschichte dieses Rennens wird und das Rennen ein Teil von einem. »Bei jeder Präsentation wird man jetzt als Etappensieger der Tour de France vorgestellt«, hat der deutsche Radprofi Simon Geschke dem Magazin *Roadbike* erzählt, nachdem er bei der Tour 2015 in den Alpen überraschend einen Tagessieg als Solist gefeiert hatte. In dem Interview fügte er anschließend noch ein Bonmot hinzu, das die Bedeutung der Tour ganz gut zusammenfasst. »Wenn die Leute an Nuss-Nougat-Creme denken, denken sie an Nutella. Wenn sie an Radsport denken, an die Tour de France.« Das mag vereinzelt anders sein. Etwa in Italien, wo der Giro d'Italia größere Leidenschaft weckt, oder in Belgien, wo der Tag der Flandern-Rundfahrt einer Art Nationalfeiertag gleicht. Dominik Nerz sagt, ein größerer Vertrauensbeweis seitens des Teams Liquigas wäre es deshalb wohl gewesen, wenn man ihn für den Giro nominiert hätte, weil der für italienische Teams die größere Rolle spiele. Aber es ist auch nicht selbstverständlich, dass er schon als 22 Jahre alter, noch unerfahrener Profi in Frankreich am Start steht, beim härtesten Radrennen der Welt.

Es ist eine hektische erste Woche. Wie immer bei der Tour de France, wenn das Gesamtklassement noch keine Struktur hat, es noch keine richtige Hierarchie im Feld gibt, alle Fahrer noch frisch und motiviert sind und auf einen Etappensieg hoffen. Die Folge sind viele Stürze, die sich am besten vermeiden lassen, wenn man im Feld so weit vorne wie möglich fährt. Das aber wollen alle Teams und das führt zu einem enormen Gedränge, was wiederum die Sturzgefahr erhöht. Dazu kommen die vielen Leute am Streckenrand, die ihre Smartphones und Fotoapparate nach vorn halten und die Straßen dadurch noch enger werden lassen. »Die Masse der Zuschauer ist einer der Faktoren, weshalb die Tour stressiger ist als andere Rennen«, beschreibt Bradley Wiggins, der Toursieger von 2012, in seiner Autobiografie »Meine Zeit« den Einfluss der Fans am Streckenrand auf die Hektik im Renngeschehen. Hinzu kommen die vielen Begleitfahrzeuge, die sich im Rennen bewegen und eine zusätzliche Gefahrenquelle sind. Ein Motorrad verursacht dann auch Dominik Nerz' ersten Sturz bei der Tour: Auf der dritten Etappe nach Boulogne-sur-Mer ist das Peloton mit Tempo 60 auf einer schmalen, leicht abschüssigen Landstraße unterwegs. »Das Motorrad wollte da unbedingt vorbei«, schildert Nerz die Situation. »Die haben so einen Koffer hintendrauf und da habe ich mich eingehakt. Mir hat es den Lenker verrissen und ich habe den Abflug gemacht.« Dominik Nerz erleidet mehrere Schürfwunden und Prellungen. Schmerzhaft, aber nicht dramatisch. Später stürzt er ein zweites Mal, weshalb er im Ziel 7:27 Minuten Rückstand auf den Tagessieger hat. Der heißt Peter Sagan, schon zum zweiten Mal. Der Slowake hat zwei Tage zuvor auch schon die erste Etappe nach Seraing gewonnen. Zwei Siege binnen vier Tagen – es ist ein perfekter Start für Liquigas.

Sagan ist damals wie Nerz erst 22 Jahre alt und macht bei dieser Tour die ersten großen Schritte Richtung Weltstar, eine Kategorie, in der sich nicht viele Radsportler befinden. Er hat seine Karriere auf dem Mountainbike begonnen, auf dem er 2008 Junioren-Weltmeister wurde. Im gleichen Jahr gewann Sagan auch das Junioren-Rennen von Paris–Roubaix. Seit 2010 gehört er zum Team Liquigas. Bei der Vuelta 2011 hat er drei Etappen gewonnen. Doch dass Peter Sagan bei seinem Tourdebüt gleich derart für Furore sorgt, damit hat nicht einmal seine Mannschaft gerechnet. »Wir wussten, wie gut er ist. Aber dass er gegen Leute wie Fabian Cancellara bestehen kann und die Frechheit besitzt, auch noch vorbeizufahren, das war natürlich schon krass«, sagt Nerz über Sagans ersten Etappensieg. In Seraing hat Sagan im Finale den Prolog-Sieger aus der Schweiz und den Norweger Edvald Boasson Hagen hinter sich gelassen. Auch in Boulogne-sur-Mer gewinnt er den Sprint auf der ordentlich ansteigenden Zielgeraden souverän. Und so stimmt der Sportliche Leiter Dario Mariuzzo, der bei Paris-Nizza 2011 noch so missgelaunt war, am Abend bereits zum zweiten Mal mit rauer Stimme sein berüchtigtes »Ziggozaggo« an, worauf das Team mit »Hey, hey, hey« antwortet. Dann wird mit Champagner angestoßen.

Peter Sagans Erfolge haben eine große Wirkung auf das Team. Denn damit ist der erste Druck schon einmal weg. Nur wenige Mannschaften haben jemanden in ihren Reihen, der das Gelbe Trikot gewinnen kann. Jedes Team, das zur Tour reist, träumt, unabhängig davon, zumindest von einem Etappensieg. Denn das beschert auch den Sponsoren die größtmögliche Aufmerksamkeit. Je weiter die Rundfahrt fortgeschritten ist, desto weniger Chancen bleiben. Das führt dazu, dass Anspannung und Druck weiter steigen. Ein Etappensieg in der ersten Woche nimmt diesen Druck und macht den weiteren Verlauf der Tour einfacher. Sagan gewinnt am Ende der ersten Woche in Metz sogar noch ein drittes Mal. Es ist auch die Etappe, bei der Dominik Nerz ein drittes Mal stürzt. Etwa 25 Kilometer vor dem Ziel kommt es zu einem schweren Massensturz, der später als »Massaker« beschrieben wird. Nerz ist mittendrin, kommt aber im Vergleich zu manch anderen Fahrern, für die die Tour danach beendet ist, auch diesmal einigermaßen glimpflich davon. Neben weiteren Hautabschürfungen zieht er sich eine Schnittwunde am rechten Ellenbogen zu, die später mit mehreren Stichen genäht werden muss. Die Kameras des französischen Fernsehens fangen ihn kurz ein, wie er sichtlich mitgenommen die Wunde inspiziert, während er auf ein neues Hinterrad wartet. Dominik Nerz muss lange warten, am Ende kommt er mit mehr als 13 Minuten Rückstand nach Metz.

Peter Sagans Etappensiege haben für Liquigas-Cannondale auch noch einen weiteren unmittelbaren Effekt. Das Team steigt in der Hierarchie des Pelotons auf. Sagan trägt das Grüne Trikot des punktbesten Fahrers. Damit hat die italienische Equipe den zweitwichtigsten Mann nach dem Träger des Gelben Trikots in ihren Reihen. Zudem stellt das Team mit Vincenzo Nibali auch noch einen Anwärter auf den Gesamtsieg. Das alles steigert den Stellenwert im Peloton und erleichtert den Kampf um die vorderen Plätze im Feld. »Die Leute wussten, wir haben etwas zu verteidigen und wir sind auch in der Lage, es zu verteidigen. Deswegen musste man da gar nicht rumdiskutieren, man ist einfach gefahren«, erklärt Nerz. »Es war schön, sich vorne aufhalten zu können, ohne dass man den ganzen Tag kämpfen musste.« Drei Jahre später, als er selbst als Kapitän zur Tour zurückkehrt, wird es viel schwieriger sein, seine Mannschaft vorne zu platzieren. Doch jetzt kann er selbstbewusst seinen Platz an der Spitze des Pelotons behaupten. »Wenn mir einer an die Karre gefahren ist, habe ich normalerweise eher zurückgesteckt. Aber jetzt bin ich dagegen gefahren, weil ich wusste: Wenn es hart auf hart kommt, haut der Peter dem anderen auf die Mütze«, sagt Nerz.

Seine Aufgabe ist es in diesen ersten Tagen der Tour de France, vor allem seinen Kapitän Nibali aus Schwierigkeiten herauszuhalten. Arbeit vorne im Wind, um das Feld zu kontrollieren und damit Sagans Etappensiege auf den Weg zu bringen, hat er nur selten zu verrichten. Das kommt ihm entgegen, denn er stürzt in der ersten Woche ein weiteres Mal. Auch der tägliche Lärmpegel macht ihm zu schaffen. »Teilweise lag ich mit Kopfbrummen im Bett, weil die Schreie der Zuschauer gar nicht aufhörten, und dann noch die Helikopter dazu, Motorräder, dauernd Hupen, der Stresslevel über die drei Wochen ist schon brutal.«

Für die Favoriten auf den Gesamtsieg wird es auf der siebten Etappe das erste Mal ernst. Am Ende der 199 Kilometer durch die Vogesen wartet mit La Planche des Belles Filles die erste Bergankunft der Tour. Es ist ein neuer Berg im Programm der Rundfahrt – 5,9 Kilometer lang mit einer durchschnittlichen Steigung von 8,5 Prozent. Bei der Teambesprechung im Bus erhält Dominik Nerz die Ansage, im Verlauf des Tages Vincenzo Nibali und Ivan Basso im Auge zu behalten und wenn möglich bis ins Finale zu unterstützen. Er macht seinen Job ordentlich. Es ist der Tag, an dem das Team Sky um Bradley Wiggins der Rundfahrt seinen Stempel aufdrückt. Zum ersten Mal wendet die britische Equipe dort jene Taktik an, die der Konkurrenz die Luft abschnürt. Eine Taktik, die sie in diesem Jahr auch schon bei Wiggins' Siegen bei der Tour de Romandie und der Dauphiné-Rundfahrt erfolgreich eingesetzt hat. Etwa 20 Kilometer vor dem Ziel führt die Strecke einen Hügel hinauf, bevor es hinabgeht zum Fuße des letzten Anstiegs. Knapp 500 Meter vor der Kuppe des Hügels setzt sich Sky vor das Feld und hält das Tempo bis hinein in den Schlussanstieg so hoch, dass alle anderen nur noch versuchen können, dranzubleiben.

»Die Anfahrt war ziemlich heftig«, berichtet Dominik Nerz, dessen Team wie auch die Mannschaft BMC mit Titelverteidiger Cadel Evans aus Australien um die Positionen hinter der Sky-Armada kämpfen muss. »Wir sind schon im Windschatten Anschlag gefahren«, erinnert sich Nerz. Bis zum Beginn des Schlussanstiegs ist er bei seinen Teamleadern, dann muss er abreißen lassen. Sky diktiert weiter das Tempo, so dass ein Konkurrent nach dem anderen zurückfällt. An einen Angriff kann die Konkurrenz gar nicht denken. »Bei unserer Strategie und dem Tempo, das wir gingen, war praktisch ausgeschlossen, dass jemand attackieren würde«, erklärt Wiggins in »Meine Zeit«. Knapp anderthalb Kilometer vor dem Ziel sind an der Spitze nur noch vier Fahrer vertreten: Neben Wiggins noch dessen Teamkollege Christopher Froome sowie Evans und Nibali. Evans startet eine Attacke, ohne Erfolg. Schließlich sprintet Froome zum Etappensieg vor dem Australier und Wiggins. Nibali wird mit sieben Sekunden Rückstand Vierter. Bradley Wiggins darf sich danach erstmals das Gelbe Trikot überstreifen. Er wird es bis Paris nicht mehr abgeben.

Nach dieser Demonstration der Stärke beginnt vor allem in den sozialen Medien eine Diskussion darüber, was hinter der Dominanz des Teams Sky steckt. Es werden Vergleiche gezogen mit der Fahrweise des Teams US Postal um Lance Armstrong bei dessen sieben Toursiegen. Der britischen Equipe von Wiggins wird damit implizit Doping unterstellt. Nach all den Skandalen der jüngeren Vergangenheit stehen außergewöhnliche Leistungen im Radsport stets unter Verdacht. Und bei der Tour de

France, bei der alle Themen stets noch einmal größer werden, ist dieser Verdacht dementsprechend gleich viel umfangreicher. Selbst im Peloton ist die Überlegenheit von Sky das Thema Nummer eins. »Es hat niemand gewagt zu sagen, die machen was Verbotenes oder die sind voll bis oben hin, das nicht. Es gab immer nur diese Anspielungen«, erinnert sich Dominik Nerz. »Es wäre etwas anderes gewesen, wenn sie nur stark gewesen wären, aber nicht so überdominant. Es wusste einfach jeder, du kannst machen, was du willst.«

Am Tag, nachdem Bradley Wiggins das Gelbe Trikot übernommen hat, führt die achte Etappe in die Schweiz nach Porrentruy. Es gibt Attacken auf den Gesamtführenden. Und obwohl Wiggins hinterher behauptet, dies sei körperlich der härteste Moment der Tour für ihn gewesen, laufen alle diese Angriffe ins Leere. Im Ziel wird der Brite während der für den Träger des Gelben Trikots obligatorischen Pressekonferenz mit den meist anonym verfassten Andeutungen und Verdächtigungen in den sozialen Nerzwerken konfrontiert. »In meinen Augen sind das einfach nur verdammte Wichser. Ich gebe nichts auf solche Leute. Sie rechtfertigen damit nur ihre eigene Faulheit, weil sie selbst nichts auf die Reihe bekommen«, poltert Wiggins. »Ist ja ziemlich leicht, unter einem Pseudonym diesen Müll auf Twitter zu verbreiten, anstatt sich von ihren faulen Ärschen zu erheben, hart an etwas zu arbeiten und in ihrem eigenen Leben etwas zu erreichen.« Der Ausbruch hat gleich den nächsten Shitstorm zur Folge.

Der Dopingverdacht begleitet aber nicht nur ihn, sondern nach wie vor fast das gesamte Peloton. Vor allem die deutschen Journalisten wollen wissen, wie sauber der Radsport inzwischen ist. In Deutschland ist die Berichterstattung über den Sport seit 2006 und all den Skandalen in den Jahren darauf immer auch Doping-Berichterstattung. Das Thema steht hierzulande sehr viel stärker im Fokus als anderswo. »Das ist ein protestantischer Habitus«, sagt der Sportphilosoph Gunter Gebauer. »Man will es genau wissen. Dieses Getrickse und Zirkushafte wird nicht zugelassen. Das ist in Frankreich ganz anders.« Auch die Tour de France 2012 bleibt vom Thema Doping nicht verschont. Nicht nur wegen der Verdächtigungen gegen Wiggins. Am ersten Ruhetag in Bourg-en-Bresse nimmt die Polizei den Franzosen Rémy Di Grégorio vom Team Cofidis wegen des Verdachts auf Handel mit Dopingsubstanzen fest. Sein Hotelzimmer wird durchsucht, das kleine Hotel von Hunderten Journalisten belagert, die sich später auf einer Autobahnraststätte einfinden, wo Teamchef Yvan Sanquer erklärt, dass es sich um einen Einzelfall handele. »Es ist ein Fahrer, der in eine schwere Sache hereingeraten ist«, sagt Sanquer. Di Grégorio wird 2013 von einem Gericht in Frankreich freigesprochen und 2018 positiv auf EPO getestet. Doch beides erregt viel weniger Aufsehen als seine spektakuläre Festnahme während der Tour, die für maximale mediale Aufmerksamkeit sorgt.

Als einziger deutscher Fahrer in einem italienischen Team, noch dazu als Helfer eines der Mitfavoriten, rückt auch Dominik Nerz in diesen Tagen in den Blickpunkt des Interesses. Die Reporter sind neugierig, wer denn dieser junge Deutsche ist. Für ihre Geschichten reden die Journalisten gerne morgens am Startort der Etappe mit den Radprofis. Dort geht es weniger hektisch zu als in den Zielorten, wo jeder Fan bis an die Busse herankommt und die Fahrer allenfalls ein Statement zum Verlauf der Etappe abgeben, bevor sie sich im Teambus auf den Weg ins Hotel begeben. Morgens haben nur die VIPs und die Journalisten Zugang in den abgesperrten Bereich, in dem die Busse parken, und zwischen dem obligatorischen Einschreiben und dem Start bleibt meist noch etwas Zeit für ein Gespräch. »Dass ich auf einmal vor und nach dem Rennen Interviews geben musste, war neu für mich«, sagt Nerz.

Ihm werden dabei auch Fragen zum Thema Doping gestellt. Am zweiten Ruhetag der Tour etwa bittet ein Reporter ihn um seine Einschätzung, wie er die Entwicklung im Radsport hinsichtlich Dopings beurteilt. Es ändere sich auf jeden Fall etwas, antwortet Dominik Nerz. »Dann hat er mich gefragt, ob ich der Meinung bin, dass bei dieser Tour alle sauber sind. Ich habe geantwortet: ›Ja, das glaube ich.‹« Am selben Abend wird bekannt, dass der Luxemburger Fränk Schleck, der Gesamtdritte des Vorjahres, nach der 13. Etappe positiv getestet worden ist. Nachgewiesen wird Xipamid, ein Diuretikum, mit dem sich Doping verschleiern lässt. Schleck muss die Tour verlassen und wird später für ein Jahr gesperrt. Der Reporter, der Nerz am Vortag zum Thema Doping befragt hat, steht am nächsten Morgen wieder am Teambus und macht eine süffisante Bemerkung. Nerz empfindet das als »fies«. Er wird misstrauisch, wenn Journalisten ihn ansprechen. Selbst, wenn es nur um die Frage geht, ob mit seinem Kapitän noch zu rechnen sein wird in der dritten Tourwoche.

Vincenzo Nibali ist inzwischen der einzig verbliebene Konkurrent für Bradley Wiggins und dessen erstaunlich starken, aber nicht immer loyalen Helfer Christopher Froome. Die beiden Sky-Profis nehmen seit der zehnten Etappe die beiden Topplätze in der Gesamtwertung ein. Nibali liegt auf Platz drei. Die letzte Chance des Italieners, den beiden Briten die Führung noch streitig zu machen, besteht auf den beiden letzten schweren Bergetappen in den Pyrenäen.

Die 16. Etappe führt über 199 Kilometer von Pau nach Bagnères du Luchon. Mit dem Col d'Aubisque, dem Tourmalet, dem Col d'Aspin und dem Peyresourde stehen auf dieser Etappe gleich vier legendäre Gipfel der Tour auf dem Programm. Und auch die 17. Etappe mit dem Schlussanstieg nach Peyragudes hat es in sich. Vincenzo Nibali geht tatsächlich in die Offensive und hat mit Dominik Nerz tief in der dritten Woche der Rundfahrt einen wichtigen Helfer an seiner Seite. Dabei hat Nerz ein paar Tage zuvor schon daran gedacht, vom Rad zu steigen und das Rennen ganz aufzugeben, nachdem er auf der 13. Etappe nach Cap d'Agde zum vierten Mal gestürzt ist. Die Schlussphase dieser Etappe wird von böigem Seitenwind entlang der Mittelmeerküste geprägt. An der Windkante reißt das Feld in mehrere Teile und Nerz findet sich in der vorderen Gruppe wieder. Das erfüllt ihn mit Stolz, weil er die Situation richtig eingeschätzt hat. Doch schon im nächsten Moment liegt er auf dem Asphalt. »An dem Sturz war ich selbst schuld, ich habe einfach nicht aufgepasst«, erinnert er sich. »Der Fahrer vor mir ist irgendeinem Hindernis ausgewichen und ich habe einfach nicht geguckt, habe mich an seinem Hinterrad aufgehängt und dann hat's mich rausgenommen.«

Diesmal hinterlässt der Sturz jedoch nicht nur körperlich Spuren an seinem mittlerweile ohnehin geschundenen Körper. Auch mental hat Nerz nach mehr als zwei Wochen im Sattel einen Zustand der totalen Erschöpfung erreicht. Am Tag danach quält er sich durch die 14. Etappe von Limoux nach Foix, auf der mit dem Port de Lers und der Mur de Péguère zwei Anstiege der ersten Kategorie zu bewältigen sind. In der *Schwäbischen Zeitung*, seinem Heimatblatt aus Wangen, für das er in diesen Tagen ein Tourtagebuch verfasst, berichtet er: »Es war heute mit einer der schwersten Tage, die ich überhaupt in meiner Karriere erlebt habe. Nach meinem gestrigen Sturz, dem vierten bei dieser Tour der Leiden, bin ich total entkräftet. Ich komme einfach nicht mehr dazu, mich zu erholen. Das liegt auch mit daran, dass ich nicht mehr schlafen kann. Ich bin links offen, ich bin rechts offen – und wache permanent auf.«

Immer wieder lässt er sich während der Etappe zum Teamfahrzeug zurückfallen und bittet darum, vom Rad steigen zu dürfen, aber die Sportliche Leitung lässt das nicht zu. »Sein Körper befand sich in einer Art Schockzustand«, erinnert sich der Sportliche Leiter Stefano Zanatta. »Es war nicht einfach, ihn an diesem Tag ins Ziel zu bekommen. Wir haben ihn dann erst einmal in Ruhe gelassen, damit er sich erholen kann. Und danach ist er richtig gut gefahren.«

Auf der schweren 16. Etappe wird Dominik Nerz wieder eingebunden in die Arbeit für Vincenzo Nibali, der einen Angriff auf Bradley Wiggins plant. Am vorletzten Anstieg, dem Col d'Aspin, schickt er seine Teamkollegen, darunter Nerz, an die Spitze, um das Tempo zu verschärfen. Die Favoritengruppe wird dadurch erheblich ausgedünnt. Und während Ivan Basso noch weiter Tempo macht, sorgt Nerz für Getränkenachschub. Danach ist seine Arbeit getan. Nibali startet den erwarteten

Angriff am letzten Anstieg im oberen Teil des Peyresourde 16,5 Kilometer vor dem Ziel in Bagnères du Luchon. Aber Froome und Wiggins können die Attacke abwehren. Doch noch gibt sich der Italiener nicht geschlagen. »Verdammt, er versucht es bestimmt wieder, denn heute hat er uns hart zugesetzt«, zitiert sich Wiggins in seinen Erinnerungen selbst.

Und tatsächlich schickt Nibali auch auf der 17. Etappe sein Team schon am ersten schweren Anstieg des Tages, dem Port de Balès, nach vorne. Und diesmal ist es Dominik Nerz, der das Tempo vorgibt. »Es war mein ganz großer Tag«, verkündet Nerz später in der *Schwäbischen Zeitung*. Das Team überträgt ihm eine große Verantwortung: Zum ersten Mal soll er für Basso und Nibali das Tempo am Berg hochhalten und damit Druck auf das Team Sky machen. Jene Mannschaft, die sonst immer den Druck auf die Konkurrenz ausübt. »Meine Aufgabe war, denen wehzutun. Und ich habe mich gefragt, wie das gehen soll«, sagt Nerz. Schon in der Anfahrt zum Port de Balès gibt sein Teamkollege Daniel Oss ein enorm hohes Tempo vor. Nerz fürchtet, dass er gleich am Fuß des Anstiegs explodieren könnte. »Dann kam Nibali und sagte: ›Fahr einfach, nimm vielleicht ein bisschen raus.‹ Ich glaube, ihm war es in dem Moment auch zu schnell.« Und Dominik Nerz fährt. 11,7 Kilometer lang ist der Anstieg zum Port de Balès bei einer durchschnittlichen Steigung von 7,7 Prozent, erst kurz vor dem Gipfel übernimmt Ivan Basso die Führungsarbeit und verschärft das Tempo noch ein bisschen. Bis dahin hat Nerz eine Geschwindigkeit vorgegeben, die vielen Fahrern zu viel ist. Die Favoritengruppe dünnt merklich aus. Immer wieder zeigen die TV-Kameras Nerz in Großaufnahme, wie er an der Spitze seine Arbeit verrichtet.

Daheim in Wangen sitzt seine Familie vor dem Bildschirm und staunt. »Da ist er gefahren wie von einem anderen Stern. Wir hatten ihn bis dato auch noch nie in einer solchen Rolle erlebt«, sagt Michael Nerz. Auf der Abfahrt vom Port de Balès bleibt sein Sohn in der Favoritengruppe und fährt Basso und Nibali sogar noch in den letzten Anstieg hinein. Es ist ein ganz erstaunlicher Auftritt für einen 22 Jahre alten Tour-Debütanten. Nibali kann die Vorarbeit jedoch nicht verwerten. Im Gegenteil, am Ende nehmen ihm Wiggins und Froome noch einmal 18 Sekunden ab. Seinen dritten Gesamtrang aber kann er verteidigen. Am Abend schaut Vincenzo Nibali noch bei Dominik Nerz vorbei, um sich bei seinem jungen deutschen Teamkollegen für die Arbeit zu bedanken. Er entschuldigt sich für die eigene Schwäche. Auch von der Teamleitung bekommt Nerz Anerkennung und Lob. »Nach dieser 17. Etappe bin ich ein bisschen geschwebt, weil ich gemerkt habe, ich kann bei der Tour bei den 30 Besten mitfahren«, sagt Nerz. »Das war ein ziemlich gutes Gefühl.«

Zu dieser Zeit, erinnert sich Stefano Zanatta, sei Dominik Nerz mehr und mehr in das Team integriert gewesen. »Sein Italienisch war besser geworden und er kannte uns jetzt alle.« Doch Nerz' Abschied steht schon fest. Bereits vor dem Prolog in Lüttich hat ihm das Team BMC ein Angebot gemacht. Auch bei Liquigas würden sie Nerz gerne mit einem Vertrag für zwei weitere Jahre ausstatten, den er noch vor dem Ende der Tour unterschreiben soll. Zanatta sagt, Nerz habe ihn direkt über das Angebot von BMC informiert, das finanziell deutlich besser war. »An diesem Punkt konnten wir nicht mehr tun, weil wir da nicht mithalten konnten«, erklärt Zanatta. »Persönlich habe ich gedacht, dass er in einem Schweizer Team aufgrund der Sprache vielleicht besser zurechtkommen würde. Auch im Hinblick auf seine Entwicklung hat das einen gewissen Sinn ergeben, auch wenn ich ihm das nie gesagt habe.«

Als die Tour zu Ende geht, hat sich Dominik Nerz innerlich bereits verabschiedet von Italien und Liquigas. Am Abend nach dem Zeitfahren am vorletzten Tag der Tour, das Nerz auf einem starken 25. Platz abschließt, sitzt er bereits im Mannschaftsbus seines neuen Teams. Seine künftigen Teamkollegen Marcus Burghardt und Michael Schär haben ihn eingeladen, dort mit ihnen ein Bier zu trinken. Auch der Teambesitzer Andy Rihs, Teammanager Jim Ochowicz und die Sportlichen Leiter sind dabei. »Wir hatten viel Spaß. Jeder wusste: Okay, jetzt kommt noch Paris, und das wird bis auf die letzten Runden ziemlich entspannt. Alle haben sich gefreut und da wusste ich: Ich habe die richtige Entscheidung getroffen. Ich habe mich auf Anhieb wohlgefühlt«, sagt Nerz. »Das war das, was ich zwei Jahre lang schmerzlich vermisst hatte, dieses Zusammensein und einfach mal nicht ganz so seriös zu sein.«

Am nächsten Abend unterschreibt Dominik Nerz seinen Vertrag bei einem der bestbesetzten Teams der Welt. Kurz vorher ist die Tour in Paris auf den Champs Élysées zu Ende gegangen. Der Etappensieger dort wird in der Regel im Massensprint ermittelt. Für die Sprinter hat ein Sieg auf den Champs Élysées einen enormen Stellenwert, vergleichbar mit dem Weltmeister-Titel. Für alle anderen ist die Ankunft in Paris der Lohn für die durchlebten Strapazen während der vergangenen drei Wochen in Frankreich. Noch einmal kann Nerz die besondere Aura des größten Radrennens der Welt spüren: in jenem Moment, wenn die Fahrer das erste Mal durch den Tunnel auf den Place de la Concorde fahren, um anschließend auf den Prachtboulevard Richtung Arc de Triomphe abzubiegen. Dieses Finale ist mit nichts zu vergleichen. »Das erste Mal, wenn du aus dem Tunnel rauskommst, das ist überwältigend. Dieses Gefühl, dieses Bild, das wird mir bis an mein Lebensende bleiben«, glaubt Nerz. »Erst da habe ich verstanden, warum alle so darauf gedrängt haben, dass ich diese Tour zu Ende fahren soll. Du wirst schon sehen, wenn du in Paris bist, ist es die ganze Mühe wert gewesen. Ich habe immer gedacht: ›Was soll da jetzt so Tolles sein? Am Ende ist es ein Radrennen wie jedes andere auch.‹ Das ist es nicht.«

VIII

# IM SUPERTEAM

Das Erste, was einem auffällt, wenn man Jim Ochowicz gegenübersitzt, sind seine Augen. Ein sehr helles Eisblau blickt einem da neugierig entgegen. Ochowicz sieht seinen Gesprächspartner direkt an, während er Antworten formuliert, die eher oberflächlich bleiben. Es ist nicht ganz klar, ob der Manager des Teams BMC es tatsächlich nicht besser weiß oder er einfach nicht ins Detail gehen möchte. Dass er ahnungslos ist, erscheint einem angesichts seiner Geschichte allerdings wenig schlüssig. Die vermeintliche Naivität ist eher Strategie. Er ist damit sehr weit gekommen.

Ochowicz gilt als »Pate des amerikanischen Radsports«. Er war es, der 1981 das erste US-Profiteam gründete und nach Europa brachte. Das Team wurde zunächst von 7-Eleven und ab 1991 dann von Motorola gesponsert. Mit dem Gesamtsieg von Andrew Hampsten beim Giro d'Italia gelang dem Team 1988 der größte Erfolg. 1992 begann Lance Armstrong seine Profikarriere in Ochowicz' Mannschaft, die nach dem Einzug von EPO ins Peloton aber bald schon nur noch hinterherfuhr. Inzwischen ist an verschiedenen Stellen dokumentiert worden, dass die Motorola-Profis 1995 den Beschluss fassten, ebenfalls auf Doping zu setzen, um den Anschluss an das Feld wiederherzustellen. Jim Ochowicz habe, so schildern es ehemalige Fahrer des Teams wie der Neuseeländer Steve Swart, kein Doping-Programm installieren wollen, wie es in anderen Mannschaften damals entstand. Immer wenn das Thema aufgekommen sei, habe Ochowicz den Raum verlassen. Er wusste, was lief, aber die Details wollte er lieber nicht kennen. Gleichzeitig brauchte »Och« gute Ergebnisse, um seine Sponsoren zufriedenzustellen. Die blieben aus. Im Herbst 1996 zog sich Motorola als Sponsor zurück und sein Team war Geschichte. Ochowicz aber mischte auch danach weiter im Radsport mit. Von 2000 bis 2006 leitete er als Präsident den US-Radsportverband. Im Jahr 2007 übernahm er das Management beim Team BMC. Das damals drittklassige Continental-Team wurde anschließend mit Hilfe des Schweizer Milliardärs Andy Rihs zu einer der bestalimentierten Mannschaften des internationalen Radsports. Rihs hatte zuvor schon das Team Phonak finanziert, für das Floyd Landis bei der Tour de France 2006 im Gelben Trikot nach Paris fuhr, bevor ihm der Sieg wegen eines positiven Dopingtests kurze Zeit später wieder aberkannt wurde. Ochowicz fungierte damals als Berater bei Phonak, trotz seiner Tätigkeit als Präsident von USA Cycling. Damals wie heute verbindet ihn eine enge Freundschaft mit Lance Armstrong, dessen Trauzeuge er ist und für dessen ersten Sohn Luke er die Patenschaft übernahm. Zusätzlich arbeitete er als Broker für die Investmentbank von Thomas Weisel, dem Besitzer von Armstrongs Radsport-Team US Postal. Eines der finanziellen Portfolios, das Ochowicz damals zu betreuen hatte, gehörte dem damaligen UCI-Präsidenten Hein Verbruggen. All diese Interessenkonflikte, die der Chef der US-Anti-Doping-Agentur USADA, Travis Tygart, als »zum Himmel stinkend« bezeichnete, konnten Ochowicz jedoch nichts anhaben. Wenn er auf das Doping-System von Lance Armstrong angesprochen wird, gibt er sich bis heute stets unwissend. Die renommierte Journalistin Juliet Macur von der *New York Times* schreibt in ihrem Buch »Lance Armstrong - Wie der erfolgreichste Radprofi aller Zeiten die Welt belog«, sie habe nach Gesprächen mit Ochowicz stets den Eindruck gehabt, er sei entweder ein geübter Lügner oder der ahnungsloseste Mann, der sich jemals in der Radsport-Welt bewegt habe.

Wenn man Jim Ochowicz nun am zweiten Ruhetag der Tour de France 2018 im Hotel Parc Beaumont in Pau nach Dominik Nerz fragt, kann er sich an vieles nicht erinnern. Es ist ja auch lange her, und Nerz war sicher nicht der wichtigste Fahrer in einer Mannschaft, die zu jener Zeit das Etikett »Superteam« trug. »Er hatte in den zwei Jahren bei uns ein paar persönliche Schwierigkeiten. So wie andere Fahrer auch, seien es familiäre oder physische Probleme. Wenn das passiert, gehen die Fahrer normalerweise nach Hause. Da wir anders als in anderen Sportarten nicht in der gleichen Stadt leben, sehen wir die Athleten nicht ständig«, sagt Ochowicz. Wenn man ihn fragt, ob sich das Team vielleicht hätte besser kümmern müssen, um einen Athleten, einen Angestellten, der Probleme hat, antwortet Ochowicz: »Wir haben ihn dafür bezahlt, dass er Radrennen fährt. Es gab auch keine Diagnose. Ich habe nicht das Recht, mich in sein Privatleben einzumischen, es sei denn, er hätte es mir angeboten. Auch ich habe manchmal Probleme, aber ich bringe sie nicht mit zur Arbeit.« Nerz' Manager Christian Baumer habe die Teamleitung damals ab und an informiert, erzählt er. Es sei da um Dinge gegangen, in denen man keine

Expertise habe. »Wir können gut Schürfwunden und Schlüsselbeinbrüche behandeln, aber andere Dinge sind komplexer«, erklärt Ochowicz. Es klingt, als habe er gewusst, was läuft, aber die Details lieber nicht kennen wollen.

Dominik Nerz kommt mit großer Euphorie in sein neues Team. Schon das erste Treffen der Mannschaft am Ende der Saison 2012 in Gent ist ganz nach seinem Geschmack. Das Hotel ist luxuriös und mit einem großzügigen Spa ausgestattet, ganz anders als die Unterbringung in einer eher kargen Hütte auf dem Passo San Pellegrino. »Da habe ich schon gemerkt: ›Oh, hier weht ein ganz anderer Wind, hier fühle ich mich wohl‹«, sagt Nerz. Vor allem ist die Sprachbarriere gefallen. Es wird Englisch gesprochen und mit seinem Landsmann Marcus Burghardt und den Schweizer Fahrern im Team kann er sich auf Deutsch unterhalten. Abends geht es gemeinsam in eine Bar, die das Team angemietet hat. Die Gespräche am Tisch kreisen um teure Autos und Uhren. Es wird Bier getrunken, aber in Maßen. Die Teamleitung will keine Exzesse. Der Neuling muss auf einen Stuhl klettern und sich vorstellen. Anschließend zieht man weiter in ein paar Clubs. Den Abend beendet Dominik Nerz mit dem jungen US-Amerikaner Tejay van Garderen in einem Döner-Imbiss. Sportlernahrung ist das nicht, aber gut gegen den morgendlichen Kater, behauptet van Garderen.

Es ist das erste Mal, dass Nerz richtig gutes Geld verdient im Radsport, jedenfalls deutlich mehr als bei Milram und Liquigas. Bei BMC gehört er in der Saison 2013 dennoch zu den »Geringverdienern«. Die Mannschaft versammelt eine ganze Reihe Stars der Branche in ihrem Kader. Allen voran Cadel Evans, der 2011 die Tour de France gewonnen hat. Dazu kommen mit dem

Italiener Alessandro Ballan, dem Norweger Thor Hushovd sowie dem Belgier Philippe Gilbert zwei ehemalige und der amtierende Weltmeister. Das Budget der Equipe beträgt damals zwischen 15 und 20 Millionen Euro, was – wie das Magazin *Cycle Sport* im März 2012 bemerkt – »selbst konservativ gerechnet 30 Prozent mehr« ist als die Summe, die den meisten anderen WorldTour-Teams zur Verfügung steht. Für den Radhersteller BMC, der damals rund 36 Millionen Euro Umsatz macht, ergibt eine solche Investition keinen Sinn. Es sind die Millionen des 2018 verstorbenen Milliardärs Andy Rihs, dem Besitzer von BMC, die das Team finanzieren. Der Profiradsport ist sein Lieblingsspielzeug.

Doch Aufwand und Ertrag stimmen in der Saison 2012 nicht überein. Nach Evans' Toursieg im Jahr zuvor und der Verpflichtung von Hushovd und Gilbert ist das Team ein »dreiköpfiges Monster« (*Cycle Sport*). Allerdings eins, das nur auf dem Papier gefährlich ist. »Wenn wir zusammenkamen, war es wie eine gigantische Party und es ging darum, wie großartig wir sind«, sagt der amerikanische Radprofi Taylor Phinney, der von 2011 bis Ende 2016 für BMC fährt, damals in einem Interview. Zwar bringt es die Mannschaft in der Saison 2012 dennoch auf 21 Saisonsiege, doch bis auf je zwei Etappensiege beim Giro und der Vuelta sind es vor allem kleinere Rennen, bei denen BMC-Fahrer vorne landen. Die Saison 2013 muss erfolgreicher werden. Dominik Nerz ist Teil dieses Plans. Er soll vor allem den beiden Kapitänen für die großen Rundfahrten als Helfer dienen: Cadel Evans und dem aufstrebenden Tejay van Garderen. Aber nicht nur. »Wenn er gut genug ist, um mit Nibali vorne zu fahren, kann man ihm ein bisschen mehr Freiheiten geben, damit er auf eigene Ergebnisse fahren kann. Das war die Idee, weil wir die Möglichkeiten des Teams erweitern wollten«, sagt Teammanager Jim Ochowicz. Auch Nerz lockt diese Aussicht: »Das war im Prinzip genau das, was ich wollte, weil ich gemerkt habe, das mit den Rundfahrten, das kann ich.«

Sein erstes Rennen im BMC-Trikot bestreitet er wie schon zwei Jahre zuvor mit Liquigas bei der Tour de San Luis in Argentinien. Die Stimmung im Team ist gut, zumal van Garderen die Rundfahrt hinter dem einheimischen Sieger Daniel Diaz als Gesamtzweiter beendet. Dominik Nerz belegt in der Endabrechnung Platz 25 und BMC gewinnt die Teamwertung. »Das war wirklich ein gutes Training für die Mannschaft«, resümiert John Lelangue, der damals als erster Sportlicher Leiter das Sagen hat. Nerz fühlt sich wohl in der neuen Mannschaft, mit Lelangue allerdings wird er nicht warm. Lelangue sei inkompetent und van Garderen dessen Liebling gewesen. Der Belgier habe Angst gehabt, dass dem jungen Amerikaner jemand die Position als Co-Leader neben Evans streitig machen könnte, behauptet Nerz. Deshalb habe Lelangue ihn in den Rennen für »Scheiß-Aufgaben« vorne im Wind eingeteilt und wenn es dann nicht so gelaufen sei wie gewünscht, habe er Druck gemacht. »Vielleicht habe ich mir das nur eingebildet, aber ich hatte das Gefühl, dass er ein Problem mit mir hatte, mich nicht mochte und nicht hinter mir stand«, sagt Nerz.

Nach dem Saisonstart in Argentinien bestreitet er einige Rennen in Frankreich. Auch bei Paris-Nizza im März fährt Dominik Nerz wieder an der Seite von Tejay van Garderen, der das Rennen als Vierter der Gesamtwertung beendet. Beim anschließenden Critérium International auf Korsika sind dann beide

BMC-Kapitäne am Start. Auch Dominik Nerz gehört zum Kader, steigt auf der letzten Etappe aber aus. Cadel Evans' Leistung ist eine Enttäuschung, er beendet das Rennen nach drei Etappen mit mehr als einer Viertelstunde Rückstand auf den Gesamtsieger Christopher Froome. Van Garderen wird mit 54 Sekunden Rückstand Dritter. Es scheint sich eine Wachablösung anzubahnen. Evans' Karriere beginnt dem Ende entgegenzugehen. Beim Giro d'Italia zeigt er zwar als Gesamtdritter noch einmal eine starke Leistung, doch bei der Tour de France spielt er als 79. keine Rolle mehr. Und auch van Garderen, der die Tour 2012 als Fünfter im Weißen Trikot des besten Jungprofis beendet hat, landet diesmal mit mehr als anderthalb Stunden Rückstand weit abgeschlagen auf Platz 45. Die Spannungen zwischen den beiden Kapitänen führen schon während der Tour auch innerhalb der Sportlichen Leitung zu Konflikten. Die französische Sportzeitung *L'Équipe* berichtet von einer hitzigen Auseinandersetzung zwischen Lelangue und dem zweiten Sportlichen Leiter Yvon Ledanois. Auch Philippe Gilbert sei unzufrieden damit, dass man ihm untersagt, in Ausreißergruppen zu gehen, und er stattdessen als Helfer bei van Garderen und Evans bleiben muss, heißt es. Wenige Tage nach dem Ende der Tour zieht sich John Lelangue aus der Sportlichen Leitung von BMC zurück. Aus »persönlichen Gründen«, heißt es damals in einer Pressemitteilung des Teams. Nach Lelangues Rückzug wird der Australier Allan Peiper, der Anfang des Jahres als Sportlicher Leiter vom Team Garmin gekommen ist, zum neuen BMC-Sportdirektor ernannt.

Fünf Jahre später in Pau erklärt Jim Ochowicz, dass der Wechsel an der Spitze der Sportlichen Leitung ein normaler Vorgang gewesen sei, der auch mit dem nahenden Karriereende von

Evans zu tun gehabt habe. »Cadel hatte sein Ding gemacht und John (Lelangue) war dafür zuständig«, sagt Ochowicz. »Und als es für Cadel Richtung Ruhestand ging, haben wir Veränderungen in der Sportlichen Leitung vorgenommen. Wir wollten die Sache wissenschaftlicher angehen und Allan hatte die entsprechende Expertise, um das voranzubringen.« Tatsächlich aber ist die Sache wohl sehr viel dramatischer gewesen. »Bei der Tour haben wir eine Kernschmelze erlebt«, erklärt Allan Peiper im Februar 2014 in einem Interview. »Wir waren ein Team in der Krise.«

Dominik Nerz ist bei der Tour de France nicht am Start. Er soll, so ist es von Beginn an geplant, die Vuelta fahren. Dennoch bleiben auch ihm die Spannungen zwischen van Garderen und Evans sowie innerhalb der Sportlichen Leitung des Teams nicht verborgen. »Es gab ständig Reibereien. Evans fährt für van Garderen oder van Garderen für Evans – das funktionierte einfach nicht«, erinnert sich Nerz. »Ich habe mich in dieser Konstellation bei den Rennen nicht wohl gefühlt. Ich wusste nicht, zu wem ich halten soll. Wir hätten als ein Team funktionieren sollen, was aber nicht geht, wenn Evans dir eine Aufgabe gibt und van Garderen sagt genau das Gegenteil. Da stand ich immer so ein bisschen zwischen den Fronten und habe versucht, alles unter einen Hut zu kriegen.« Eine enge Bindung wie zu Vincenzo Nibali baut er zu keinem der beiden Kapitäne auf. »Da hat er gemerkt, was er an Nibali hatte«, sagt Hartmut Täumler.

Der Trainer, mit dem Dominik Nerz auch zu dieser Zeit weiterhin in Kontakt steht, ist ohnehin nicht begeistert über dessen Wechsel zu BMC. Hartmut Täumler hätte es lieber gesehen, wenn Nerz noch zwei Jahre bei Liquigas geblieben wäre. Er hatte das Gefühl, dass die Italiener Nerz in Ruhe aufbauen wollten. Bei BMC aber sei Nerz dann schnell zum Spielball geworden. »Das hat er relativ schnell erkannt und das war ganz schön nervig für ihn«, erzählt Täumler. »Die haben ihn hin und her geschoben. Es gab auch viel Kritik, obwohl er auch Fürsprecher hatte. Ich sehe es im Nachhinein so: Er ist von den Sportlichen Leitern mehr veralbert worden, als das bei Liquigas jemals der Fall gewesen wäre.« Auch Nerz sagt, das Team habe sich oft nicht an die Absprachen gehalten, zum Beispiel wenn es darum gegangen sei, auch mal auf eigene Rechnung fahren zu dürfen. Etwa bei der Dauphiné-Rundfahrt im Juni, wo weder van Garderen noch Evans am Start stehen. Die Führungsrolle im Team bekommt jedoch der Italiener Ivan Santaromita zugesprochen, der die Rundfahrt dann aber nicht beendet. Nerz ist am Ende als 20. der Gesamtwertung der bestplatzierte Fahrer von BMC, ohne dass er dabei Hilfe gehabt hätte, wie er sagt. »Da hat es mich zum ersten Mal angekotzt, dass ich nicht die Unterstützung des Teams hatte.«

Auch sein Rennprogramm empfindet Nerz als belastend. »Ich bin brutal viele Rennen gefahren und so langsam bin ich auch müde geworden«, sagt Nerz. Von Januar bis Ende April hat er nur wenige Rennpausen. Bei der Tour de Romandie beendet Nerz die dritte Etappe als Fünfter im Sprint einer großen Gruppe. Es ist sein bis dahin bestes Ergebnis im BMC-Trikot. Die Etappe endet in Grenchen, dem Sitz des Hauptsponsors. Auch deswegen ist eine vordere Platzierung dort wichtig für die Mannschaft, die ansonsten wenig ausrichtet bei der sechstägigen Rundfahrt. Ein Etappensieg gelingt dem Team nicht, aber Marcus Burghardt gewinnt immerhin das Bergtrikot. »Nach der

Romandie war ich ziemlich müde«, erinnert sich Nerz. »Danach haben sie mich ein bisschen rausgenommen, aber dann ging es wieder bumm, bumm, bumm. Schlag auf Schlag.« Am Ende der Saison wird er 95 Renntage absolviert haben, 28 mehr als im Jahr davor. So viele wie kein anderer Fahrer in seinem Alter. Nur acht Profis bringen es in dieser Saison auf mehr Renntage als Nerz. Bei BMC ist lediglich Philippe Gilbert mit 99 Tagen öfter im Einsatz.

Dominik Nerz arbeitet das erste Mal bei der Vuelta 2013 mit dem neuen Sportdirektor Allan Peiper zusammen. Das Team hat dem jungen deutschen Radprofi im Vorfeld klargemacht, dass man ihn in Spanien in Topform erwarte. Schließlich habe man etwas gutzumachen nach der verkorksten Tour. Weder Cadel Evans noch Tejay van Garderen sind bei der Vuelta am Start. Das erklärte Ziel ist ein Etappensieg für Philippe Gilbert. Der gelingt dem Belgier auf der zwölften Etappe. Ansonsten haben die neun Fahrer des Teams alle ihre Freiheiten. Wenn überhaupt darf, wie schon bei der Dauphiné, der Italiener Santaromita in den Bergen auf Unterstützung hoffen. Aber es ist Nerz, der sich im Verlauf der drei Wochen als der stärkste Fahrer des Teams entpuppt. Schon vor dem ersten Ruhetag springt er zwei Mal in eine Ausreißergruppe. Beide Male bleibt die Flucht ergebnislos, aber Dominik Nerz zeigt sich in guter Form. Auf der achten Etappe fährt er sogar eine Weile virtuell im Roten Trikot des Spitzenreiters. Auch auf den anderen profilierten Etappen zeigt er ansprechende Leistungen und befindet sich so in der zweiten Hälfte der Rundfahrt konstant unter den Top 20 der Gesamtwertung. Auf der 16. Etappe schafft Nerz erneut den Sprung in die Fluchtgruppe, und diesmal machen die Ausreißer den Tagessieg unter sich aus. »Diese Etappe wird mir mein Leben lang nachhängen«, sagt Nerz. »Da war ich einfach doof.«

Das Ziel befindet sich an diesem Tag in Formigal am Ende eines 15,8 Kilometer langen und im Schnitt vier Prozent steilen Anstiegs. Zehn Kilometer vor dem Gipfel attackiert der Franzose Warren Barguil aus der Fluchtgruppe heraus und fährt schnell etwa 30 Sekunden Vorsprung heraus, dahinter zerfällt die Gruppe in ihre Einzelteile. Drei Fahrer bleiben schließlich als Verfolger übrig: der Kolumbianer Rigoberto Urán, der Pole Bartosz Huzarski und Nerz. Knapp einen Kilometer vor dem Ziel schließt Urán zu Barguil auf. Die beiden Führenden beginnen sich zu belauern, während Nerz mit Huzarski am Hinterrad immer näher kommt. Etwa 200 Meter vor dem Ziel scheint es, als hätte der Deutsche den Anschluss geschafft. Doch kurz bevor Nerz es in den Windschatten schafft, beschleunigt Urán. Barguil geht mit. Husarzki zieht an Nerz vorbei, kommt aber auch nicht mehr heran. Barguil gewinnt schließlich den Sprint vor Urán. Huzarski hat als Dritter drei Sekunden Rückstand, Nerz fehlen acht Sekunden auf den Etappensieger.

Auf den TV-Bildern ist deutlich zu sehen, dass Dominik Nerz am Ende schlicht die Kraft fehlt, um ganz nach vorne zu kommen. Kraft, die er vorher vergeudet habe, weil er vor allem seine Platzierung in der Gesamtwertung im Kopf gehabt habe, wie er sagt. »Ich habe gedacht, Hauptsache die Gruppe kommt durch, dann rücke ich in der Gesamtwertung vor.« Deshalb hat er viel Führungsarbeit in der Spitzengruppe übernommen, obwohl er mit dem Schweizer Martin Kohler sogar noch einen Teamkollegen an seiner Seite hatte. Sein neuer Sportchef Allan Peiper ist darum trotz Platz vier nur wenig begeistert. Ein Etappensieg wäre für das Team und auch für Nerz deutlich mehr wert gewesen, als der Sprung auf Rang 16 der Gesamtwertung. »Er hat gesagt: ›Mensch, du bist so stark, du hättest den Barguil locker im Sack gehabt, aber wenn du 90 Prozent von vorne nimmst, brauchst du dich nicht wundern‹«, erzählt Nerz, der fünf Tage später noch einmal unter Beweis stellt, wie gut er in Form ist.

Der Angliru ist ein brutaler Anstieg. Der 1.575 Meter hohe Berg liegt in Asturien im Nordwesten Spaniens. Auf den 12,2 Kilometern hinauf bis zum Gipfel sind 1.245 Höhenmeter zu überwinden. Das entspricht einer durchschnittlichen Steigung von 10,2 Prozent. Gefürchtet ist vor allem der zweite Teil des Anstiegs, der in den neunziger Jahren eigens für die Vuelta asphaltiert worden ist. Dieser Teil beginnt nach rund sechs Kilometern mit einer 21 Prozent steilen Rampe. Danach beträgt die Steigung bis kurz vor dem Gipfel nie weniger als zehn Prozent. Das steilste Stück erreicht 23,5 Prozent Steigung. »Das Problem ist: Bleibt man beim Anstieg im Sattel, geht das Vorderrad hoch. Steigt man aus dem Sattel, schmiert das Hinterrad weg«, hat der ehemalige Radprofi Fernando Escartin über den Angliru gesagt.

1999 stand der Anstieg das erste Mal auf dem Programm der Vuelta, 2013 ist der Berg zum sechsten Mal Etappenziel. Es ist die 20. und damit vorletzte Etappe der Spanien-Rundfahrt in diesem Jahr. Hier soll die Entscheidung über den Gesamtsieg fallen. Am Tag darauf gibt es noch eine Flachetappe nach Madrid, die für das Klassement aber keine Rolle mehr spielt. Dominik Nerz' ehemaliger Kapitän Vincenzo Nibali, der inzwischen für das Team Astana fährt, hat vor der Etappe auf den Angliru nur drei Sekunden Rückstand auf den in der Gesamtwertung führenden

Chris Horner, Dritter ist der Spanier Alejandro Valverde mit 1:06 Minute Rückstand. Wieder gelingt es Nerz, in der 32 Fahrer starken Ausreißergruppe des Tages dabei zu sein, die sich bereits 20 Kilometer nach dem Start bildet. Bevor es hinauf zum Angliru geht, muss mit dem Alto del Cordal noch ein weiterer Anstieg der ersten Kategorie bewältigt werden. Vom Gipfel dort geht es eine zehn Kilometer lange Abfahrt hinunter und dann direkt in den Schlussanstieg. »Ich kannte diesen vorletzten Berg, was ein Riesenvorteil war. Und ich war bärenstark an diesem Tag«, erinnert sich Nerz. Dennoch lässt er Kenny Elissonde vom Team FDJ gewähren, als der am Alto del Cordal attackiert. Gemeinsam mit Nibalis Teamkollegen Paolo Tiralongo setzt der Franzose sich aus der inzwischen nur noch aus 26 Fahrern bestehenden Fluchtgruppe ab. Doch Nerz beschließt, sich an einem anderen von Nibalis Helfern zu orientieren, der ebenfalls zu den Ausreißern gehört: dem Dänen Jakob Fuglsang. »Ich dachte mir: ›Wenn der heute gewinnen will, fährt der das Loch schon wieder zu.‹« Das ist eine doppelte taktische Fehleinschätzung. Zum einen wird Fuglsang nicht seinem Teamkollegen Tiralongo hinterherfahren, zum anderen ist die Aufgabe des Dänen, seinem Kapitän Nibali zum Gesamtsieg zu verhelfen. Sein Ziel ist nicht, die Etappe zu gewinnen. »Dass er Relaisstation ist, das habe ich schon gewusst, aber ich habe nicht damit gerechnet, dass Fuglsang auf einmal die Bremse reinhaut und auf Nibali wartet«, sagt Nerz.

Mit 18 Sekunden Vorsprung auf die Verfolger gehen Kenny Elissonde und Paolo Tiralongo in den Anstieg zum Angliru. Das ist nicht viel, aber Dominik Nerz zögert, er hat nicht den Mut hinterherzufahren, obwohl er sich stark fühlt und nichts zu verlieren hat. »Ich hatte in dem Moment Angst, dass ich mich komplett zum Affen mache. Aber hätte ich da nicht mit Fuglsang und Konsorten Palimmpalimm gespielt, sondern wäre meinen Stiefel durchgefahren, hätte ich die Etappe gewonnen oder wäre zumindest Zweiter geworden.« Hinter Nerz und seinen Begleitern beginnt unterdessen der Kampf um das Gesamtklassement. Etwa fünfeinhalb Kilometer vor dem Ziel schließt Vincenzo Nibali gemeinsam mit dem Gesamtführenden Chris Horner und Alejandro Valverde zu seinem Teamkollegen Tiralongo auf, der Elissonde hat ziehen lassen. Kurze Zeit später ist auch Jakob Fuglsang als Helfer bei Nibali. Beide haben unterwegs das Tempo gedrosselt, um ihren Kapitän zu unterstützen. Der Amerikaner Horner und der Spanier Valverde sind dagegen isoliert, die Taktik von Astana scheint aufzugehen. Dominik Nerz kämpft sich weiter vorne über die steilen Rampen des Angliru. Die Portugiesen José Mendes vom Team NetApp und André Fernando Cardoso vom Team Caja Rural-Seguros RGA sind noch bei ihm. Noch weiter vorne fährt Elissonde dem Etappensieg entgegen.

Auf den letzten Kilometern herrscht der pure Wahnsinn: Im dichten Nebel sind die Fahrer kaum zu erkennen, Tausende schreiende Fans lassen ihnen nur eine schmale Gasse, springen erst im letzten Moment zur Seite. Anderthalb Kilometer vor dem Ziel hat die Gruppe der Favoriten das Trio um Nerz erreicht. In diesem Moment attackiert Horner in einer Rechtskurve, Nibali kann nicht folgen. Nerz versucht, mit Horner mitzugehen, doch auch er schafft es nicht dranzubleiben. Er reißt am Lenker, wackelt hin und her - vergeblich. Während Kenny Elissonde den Tagessieg holt, bringt der 41 Jahre alte Horner den Vuelta-Sieg unter Dach und Fach. Dominik Nerz kommt in der Gruppe mit Nibali, Valverde sowie seinen beiden portugiesischen Begleitern ins Ziel, als Sechster. 54 Sekunden beträgt der Rückstand auf den Etappensieger. Platz sechs ist eine hervorragende Leistung an diesem Berg, aber Nerz ist nicht zufrieden: »Mir war nicht bewusst, wie stark ich an diesem Tag war. Das ärgert mich heute noch.«

Dominik Nerz beendet die Vuelta 2013 auf Rang 14 der Gesamtwertung. Er ist gerade erst 24 Jahre alt geworden und es sieht so aus, als wachse da tatsächlich wieder ein deutscher Radprofi heran, der bei den großen Rundfahrten eine Rolle spielen kann. Zusätzliche Aufmerksamkeit verschafft Nerz die Nominierung zur Straßenrad-Weltmeisterschaft in Florenz zwei Wochen nach der Spanien-Rundfahrt. Zum ersten Mal beruft der Bund Deutscher Radfahrer ihn in den Kader für das Elite-Rennen und macht ihn gleich zum Co-Kapitän neben John Degenkolb. Der deutsche Radsport beginnt sich langsam von der Dopingkrise zu erholen. »In frischer Blüte«, betitelt die *Frankfurter Allgemeine Zeitung* einen Artikel zur WM. Dass Nerz die Auswahl dort anführt, erfüllt ihn mit Stolz. Schon während der Vuelta hat ihn der Sportliche Leiter der deutschen Mannschaft, Jan Schaffrath, darüber informiert, dass er die Führungsrolle im BDR-Team übernehmen soll. Die Form aus Spanien nimmt er mit nach Florenz. »Ich wusste, was ich zu tun habe, um die Form zu konservieren. Und ich war gut drauf«, sagt Dominik Nerz. Druck habe er sich wegen der Kapitänsrolle auch nicht gemacht. Marcus Burghardt, sein Teamkollege bei BMC, der ebenfalls zum deutschen WM-Aufgebot zählt, hat einen anderen Eindruck. »Auf mich hat er sehr nervös gewirkt«, berichtet er. Burghardts Aufgabe ist es, Nerz sicher durch das Rennen zu lotsen. Aber die Dinge laufen nicht wie erhofft. Es regnet in Strömen, als sich die Fahrer am Morgen des 29. September auf die 272 Kilometer lange Strecke begeben. Die Straßen sind frisch asphaltiert und rutschig. Nerz wird das zum Verhängnis. Schon nach knapp der Hälfte des Rennens ist der Tag für ihn beendet. Drei Mal ist er auf dem glitschigen Asphalt gestürzt. Mit einer schweren Hüftprellung steigt er aus und schimpft auf die Veranstalter: »Ich weiß nicht, was sie sich bei der Strecke gedacht haben. Es ist nicht zumutbar, bei solchen Bedingungen einen solchen Kurs fahren zu lassen. Es ist schade für alle, die auf der Straße gelegen haben. Das ist heute einfach wie Lotto spielen. Der, der das meiste Glück hat, wird am Ende auch vorne sein – das hat nicht unbedingt etwas damit zu tun, wer der Stärkste ist.«

Tatsächlich ist Nerz nicht das einzige Opfer der Bedingungen. Viele Fahrer beenden das WM-Rennen nicht, darunter Topfahrer wie der britische Toursieger Christopher Froome, der Tourzweite Nairo Quintana und Nerz' BMC-Teamkollege Cadel Evans. Der Sieg geht überraschend an den Portugiesen Rui Costa. Die WM endet für Nerz nicht wie gewünscht, aber er nutzt die gestiegene Aufmerksamkeit, um bei seinem Team BMC öffentlich Ansprüche anzumelden. Die Vuelta, so hofft er, sei »ein Türöffner« gewesen. »Dieses Jahr habe ich die Chance bekommen, zu zeigen, was ich leisten kann«, erklärt er den deutschen Journalisten in Florenz. Nun wolle er bei kleineren Rundfahrten gerne in die Kapitänsrolle schlüpfen. Bei der Vuelta hat er es noch vermieden, mehr Unterstützung einzufordern, als er sich in der Gesamtwertung weiter nach vorne arbeitete. Dafür sei er ein viel zu kleines Licht bei BMC gewesen, sagt Nerz. Seine gute Platzierung habe er zudem über die erfolgreichen Fluchtgruppen und nicht als beschützter Fahrer erreicht. Dennoch scheint der neue Sportdirektor Allan Peiper der Idee nicht abgeneigt, Nerz mehr Verantwortung zu übertragen. Er signalisiert ihm, dass man ihn, wenn er an die Leistungen der Vuelta anknüpfen kann, durchaus als Rundfahrer weiterentwickeln möchte.

Peiper ist seit seiner Beförderung zum Sportchef dabei, die Strukturen des Teams zu verändern und zu professionalisieren. Er hat erkannt, dass dem Team zwar viel Geld zur Verfügung steht, diese Mittel aber nicht vernünftig eingesetzt werden. »Als Cadel 2011 die Tour gewann, hatten wir ein Kern-Team von acht Fahrern um ihn herum. Danach sind wir gewachsen zu einem Team mit 29 Fahrern und sechs Teamkapitänen. Aber das Fundament des Teams ist nicht mitgewachsen«, sagt er im Februar 2014. Doch nun soll das Superteam auch eine super Struktur bekommen. Peipers Plan sieht eine klare Zielsetzung für jeden Fahrer vor, die auf der Analyse der Leistungsdaten basieren soll. Dafür baut er die sportliche Führungsebene des Teams um und schafft eine sportwissenschaftliche Abteilung. Als neuer Sportlicher Leiter stößt Valerio Piva hinzu, der vorher schon für T-Mobile, dessen Nachfolger HTC-Highroad und die russische Equipe Katusha gearbeitet hat. Vor allem aber holt Peiper zwei neue Trainer ins Team, die sich ganz einer wissenschaftlichen Trainingsmethodik verschrieben haben: den ehemaligen Radprofi Bobby Julich aus den USA und den australischen Sport- und Ernährungswissenschaftler Daniel Healey. Beide sollen anhand der Leistungsdaten der Profis das jeweils passende Trainingsprogramm für die von ihnen betreuten Fahrer ausarbeiten. Wissenschaft soll Intuition und Tradition ersetzen. Es ist das Prinzip, mit dem das andere Spitzenteam des Radsports, die britische Equipe Team Sky, es zu zwei Toursiegen in Folge gebracht hat und dem deshalb nun alle anderen Mannschaften nacheifern.

Dominik Nerz und Daniel Healey treffen sich das erste Mal Mitte Oktober beim ersten Teammeeting für die neue Saison. Nerz kommt direkt aus Peking angereist, wo er gerade die einwöchige Tour of Beijing bestritten hat, sein letztes Rennen 2013. Er ist müde und ausgelaugt nach einer langen Saison, aber nach den guten Leistungen in Spanien auch voller Motivation für das anstehende Jahr. Allan Peiper stellt bei dem Treffen das neue Konzept vor. Die Fahrer sollen sich für einen der drei Trainer entscheiden, neben Julich und Healey übernimmt auch der bisherige Sportliche Leiter Max Sciandri eine Gruppe. Nerz hebt die Hand für Healey, dessen Referenzen er interessant findet. »Was er erzählt hat, hat was hergemacht. Ich hatte bei ihm das Gefühl, der geht ein bisschen anders an die Sache heran, aber es klang für mich schlüssig und gut.«

Healey hat zuvor die U23-Mannschaft Neuseelands trainiert und als Ernährungswissenschaftler das gesamte Radsportteam des Verbandes betreut. Der neuseeländische Bahnvierer gewann bei den Olympischen Spielen 2012 in London die Bronzemedaille, ein großer Erfolg. Gleichzeitig arbeitete Healey noch mit einzelnen Profis zusammen, die er individuell betreute. Doch die Liebe zieht ihn bald schon nach Deutschland, wo er im Olympia-Jahr bei einem Trainingsaufenthalt mit dem neuseeländischen U23-Team in Freiburg die deutsche Radsportlerin

Elke Gebhardt kennengelernt hat, die er 2015 heiratet. Er beschließt nach Europa zu kommen, braucht aber einen Job. Per E-Mail sendet er Blindbewerbungen an diverse WorldTour-Teams über deren info@-Mailadressen und ist damit tatsächlich erfolgreich. BMC heuert ihn an. Sein Job ist es, die Leistung der Fahrer des Teams zu überwachen und der Sportlichen Leitung jede Woche anhand der Daten klare Angaben über den Stand der Form zu geben. »Wir wollten, obwohl alle Fahrer an verschiedenen Orten leben, wissen, wie wir unsere Waffen bei den Rennen besser einsetzen können«, erklärt Healey. »Das macht man, indem man sich von jedem Fahrer an jedem Tag die Trainingsdaten anguckt – das sind viele Daten. Es gibt eine Software, mit der man diese Daten analysieren kann. Obwohl sich das alles sehr einfach anhört, gibt es viele Details zu beachten. Am Ende muss es sich auf eine Nummer reduzieren lassen, damit die Sportlichen Leiter wissen, was los ist.« Jeden Sonntag habe er Berichte erstellt, die den Sportlichen Leitern und Trainern des Teams als Diskussionsgrundlage für ihre wöchentliche Telefonkonferenz am Montag dienten. Dafür jagt er die Datensätze durch ein Softwaresystem, das er selbst entwickelt hat, und erstellt so eine individuelle Leistungskurve für jeden Fahrer. Diese setzt er dann in Beziehung zu dessen Bestleistung. »Das hat es mir ermöglicht, den Sportlichen Leitern eine Bewertung zwischen eins und zehn zu geben«, sagt Healey. »Das ist ein bisschen gemein, aber die Bewertungen waren nachvollziehbar.« Darüber hinaus erstellt er für die Fahrer, die er selbst betreut, auch noch die Trainingspläne. Auch für Dominik Nerz.

Einem Gespräch über seine Zusammenarbeit mit Nerz hat Daniel Healey erst nach Rücksprache mit seinem einstigen

Schützling zugestimmt. »Es war die ganze Zeit vor meinen Augen, aber ich habe es nicht gesehen«, sagt Healey bereits am Telefon – sein Englisch ist von einem heftigen australischen Akzent geprägt. Dann schlägt er ein Café im Freiburger Hauptbahnhof als Treffpunkt vor. Die Stadt ist dem drahtigen, groß gewachsenen Australier mit den kurz geschnittenen dunklen Haaren zu einer neuen Heimat geworden, auch wenn es ihm manchmal zu eng wird, dort am Rande des Schwarzwalds.

»Ich hätte es sehen müssen«, wiederholt er im Bahnhofs-Café, in dem er einen schon erwartet. Doch damals ist er nicht schlau geworden aus dem, was die Daten ihm sagten und was Nerz ihm zurückmeldete. Er verstand nicht, warum die Leistungen schlechter und nicht wie geplant besser wurden. Nachdem Dominik Nerz sich für die Zusammenarbeit mit Daniel Healey entschieden hat, schickt er ihm alle seine Leistungsdaten. Es ist das erste Mal in seiner nun schon vier Jahre währenden Karriere als Radprofi, dass jemand die Aufzeichnungen aus seinem SRM-Gerät detailliert auswertet. Watt, Herzfrequenz, Trittfrequenz, Kalorienverbrauch – alles das bekommt Healey zu sehen. Auch die Daten von der Vuelta. Es sind eine Menge Daten, aber allein am Profil der Wattzahlen kann er erkennen, was er da für einen Fahrertyp vor sich hat. Was er sieht, lässt ihn staunen. »Ich habe gedacht, dieser Junge kann ein Superstar sein«, sagt Healey. »Ich habe in ihm einen Klassementfahrer auf dem Weg nach oben gesehen. Bobby (Julich) und ich haben oft über ihn geredet und gesagt, er könnte sich in diese Richtung entwickeln. Er hatte dieses Leistungsprofil.«

Healey entwickelt anhand der Daten einen Plan, um Nerz' Fähigkeiten zu fördern und einzelne Defizite zu beseitigen. Er ist der Meinung, dass zunächst die kleineren Rundfahrten und die Ardennenklassiker das Ziel sein sollten. Gerade für die Belastungen bei Rennen wie dem Flèche Wallonne oder Lüttich-Bastogne-Lüttich mit ihren vielen eher kurzen Anstiegen sieht er bei Nerz noch Handlungsbedarf. Deshalb setzt er gezielt auf Training an der anaeroben Schwelle, an der die Versorgung der Muskeln gleichmäßig durch Sauerstoff und Kohlenhydrate übernommen wird, und sich Auf- und Abbau von Milchsäure die Waage halten. Hinzu kommen Intervalle im oberen Leistungsbereich, also oberhalb der anaeroben Schwelle, bei denen die Muskeln übersäuern. »Zwei Minuten, drei Minuten, vier, fünf, sechs Minuten in diesem Bereich, was superschwierig ist«, erklärt Healey.

Dominik Nerz will die Pläne erfüllen, die ihm sein neuer Trainer schreibt. Er ist immer noch müde von der langen Saison mit vielen Rennen, aber er will auch nicht klein beigeben. »Das Problem war auch, dass die Saison hinten raus so gut gelaufen ist. Da war ich natürlich motiviert. Ich war zwar müde, aber ich habe nur eine kurze Pause gemacht und gleich wieder angefangen. Klar, neuer Trainer, neue Hoffnung, Vollgas!«, erzählt Nerz. »Ich habe erst mal das angenommen, was er mir gesagt hat. Die Trainingseinheiten waren eigentlich von den Zeitumfängen her gar nicht so schlimm, aber sie waren halt brutalst intensiv. Du bist eigentlich jedes Mal nach dem Training pritschenbreit heimgekommen.«

Im Trainingslager im Dezember wird Nerz zudem noch krank, was ihn in seiner Vorbereitung zurückwirft. Es wird auch nicht besser, als er im Januar wieder nach Argentinien zur Tour de San Luis reist und dort geplagt von einer Lebensmittelvergiftung flachliegt. Noch am Start der ersten Etappe hat er Fieber. Doch weil er schon mal dort ist, fährt er das Rennen dennoch. »Da habe ich mich derartig in den Schuh gefahren. Ich war einfach tot nach der Woche«, sagt Nerz. Die dringend benötigte Erholungspause nimmt er sich nicht. Er hat den Ehrgeiz, weiterhin die Pläne zu erfüllen, die Healey ihm schickt. Der Australier erklärt, er habe nicht wissen können, dass Dominik Nerz schon so ausgepowert gewesen sei. Dazu habe die Zeit nicht gereicht. »Daten helfen, aber man muss die Leute richtig kennenlernen, um zu wissen, wozu sie in der Lage sind. Ich schaue durchs Schlüsselloch in einen Raum. Ich kann das Bett sehen, die Möbel. Aber ich kann nicht sehen, was in den Schränken ist und in den Ecken des Raumes.« Doch Daniel Healey merkt bald, dass etwas nicht stimmt. Obwohl er die Belastungen reduziert, kommt Nerz nicht zurecht. Jedes Mal, wenn er die anaerobe Schwelle überschreiten und intensivere Intervalle fahren soll, kann er die Leistung nicht bringen. »Es ging noch nicht einmal darum, ihn auszupowern, es war noch eine Stufe davor und er wurde immer frustrierter«, erinnert sich Healey. »Ich habe dem Fahrer zugehört, der sagt, er macht alles so wie vorgesehen. Und nachdem ich die Trainingsintensität reduziert habe, das Problem aber immer noch bestand, war ich ratlos.«

Was Daniel Healey nicht weiß, ist, dass Dominik Nerz inzwischen ein massives Problem mit seiner Ernährung hat. Er ist fixiert darauf, Gewicht zu verlieren. Am Ende der Vuelta hat er um die 64 Kilogramm gewogen und weil seine Leistungen dort so gut waren, hält er das für sein Idealgewicht. Zu Saisonbeginn wiegt er jedoch wieder rund 68 Kilogramm. Sein damaliger Mitbewohner Patrick Gretsch, erzählt Nerz, habe damals ebenfalls angefangen, ganz besonders auf seine Ernährung zu achten, und da habe er dann eben auch mitgemacht. »Da ging es das erste Mal in Richtung hungern und sich abzehren.«

Das Gewicht ist ein großes Thema im Radsport – und ein problematisches. Je leichter ein Fahrer ist, desto besser kommt er die Berge hoch. Vorausgesetzt, er verliert bei der Gewichtsreduktion nicht auch Kraft. Das Verhältnis von Leistungsstärke und Körpergewicht muss genau ausbalanciert sein. Wie viel Watt ein Radprofi pro Kilogramm Körpergewicht über einen längeren Zeitraum auf die Pedale bringt, ist ein wichtiger Indikator für seine Leistungsfähigkeit. Die Anwärter auf den Toursieg staksen inzwischen oft auf sehr dünnen Beinen durch die Gegend, Körperfett scheinen sie so gut wie keins mehr zu besitzen. Und manch ein Beobachter wundert sich, wie diese ausgemergelten Gestalten dennoch so schnell Rad fahren können. »Seit der Transformation von Wiggins ging das Augenmerk immer stärker auf das Gewicht. Da kommt ein einstiger Bahnfahrer mit 66 Kilogramm bei 1,90 Meter Körpergröße an und gewinnt die Tour. Ab dem Zeitpunkt hat sich mehr und mehr um das Thema Gewicht gedreht. In allen Teams. Egal, mit wem du da gesprochen hast«, erinnert sich Nerz.

Bradley Wiggins, der Toursieger von 2012, erklärt in seiner Autobiografie, dass es in seinem Haushalt weder Zucker noch Weißbrot oder Kekse gegeben habe. Es gehe darum, den Tank nur so viel zu füllen, wie man für die jeweilige Fahrt brauche. Vollgetankt werde nur vor und nach den Rennen. »Das heißt nicht, dass ich meine Nahrungsmittel abwiegen würde. Ganz so schlimm ist es dann doch nicht«, so Wiggins. »Man ist gut beraten, sich bei der Ernährung nicht in eine Obsession hineinzusteigern, bei der man seine ganzen Lebensmittel abwiegt und sich ständig Vorwürfe macht: ›Oh, ein Doughnut ist nicht mehr drin, das könnte meine Leistung beeinträchtigen.‹ So etwas sollte man vermeiden. Man muss seine Grenzen erkennen und vernünftig bleiben.« Dass es möglicherweise noch einen anderen Weg gibt, Gewicht zu verlieren, verschweigt Wiggins allerdings. Im September 2016 veröffentlicht eine russische Hackergruppe, die sich »Fancy Bears« nennt, Daten der WADA, in denen medizinische Ausnahmegenehmigungen für einzelne westliche Top-Athleten aufgeführt sind. Eine solche TUE erlaubt ihnen die Einnahme von auf der Dopingliste stehenden Medikamenten, wenn das für die Behandlung einer Erkrankung notwendig ist. Auch Bradley Wiggins ist darunter. Er hat demnach unter anderem vor der Tour de France 2012 eine TUE für das Kortikosteroid Trimancinolon erhalten, um eine Pollenallergie zu bekämpfen. Der Fall schlägt hohe Wellen, so wie auch weitere Ungereimtheiten rund um das Team Sky. Das britische Parlament installiert einen Sonderausschuss, der im Frühjahr 2018 einen Bericht vorlegt, in dem es heißt, das Ziel sei nicht gewesen, medizinische Probleme zu behandeln, »sondern das Verhältnis von Kraft und Gewicht« vor der Tour zu verbessern. »Dies bedeutet keinen Verstoß gegen die Regeln der Welt-Anti-Doping-Agentur (WADA)«, räumen die Parlamentarier ein. »Aber damit wurde eine ethische Linie überschritten, die (der Teamchef) David Brailsford für die Profis des Teams Sky selbst gezogen hatte.« Wiggins bestreitet das: »Ich weise die Behauptung entschieden zurück, jegliches Medikament ohne medizinische Notwendigkeit eingenommen zu haben.« Dass das Thema Gewichtsreduzierung wie der Gebrauch von

Schmerzmitteln einen Graubereich darstellt, wird auch im Report der unabhängigen Kommission zum Doping im Radsport (CIRC) von 2015 deutlich. »Einige der Befragten berichten von dramatischen Gewichtsverlusten bei manchen Fahrern, die sie nur durch die Einnahme von leistungssteigernden Substanzen erklären könnten«, heißt es darin.

Alles das ist zu Beginn der Saison 2014 noch nicht bekannt, als Dominik Nerz anfängt, sich ebenfalls Gedanken darüber zu machen, wie er weiter abnehmen kann. Wenn er ein guter Rundfahrer sein will, muss er Gewicht verlieren. Davon ist er überzeugt. Einen Plan dafür, wie das gehen soll, hat er allerdings nicht. Er erinnert sich an die Zeit bei Liquigas, wo Dottore Corsetti mit Argusaugen über die Portionen wachte, die die Fahrer abseits der Rennen zu sich nahmen. Deshalb isst er einfach weniger oder auch schon mal gar nichts. Der ausgebildete Ernährungswissenschaftler Daniel Healey merkt das nicht. »Das ist ein bisschen frustrierend, weil ich die wirklich offensichtlichen Zeichen bei Dominik nicht erkannt habe. Aber ich hatte meinen Sportwissenschafts-Hut auf, für Ernährung war ich nicht zuständig«, rechtfertigt sich Healey im Freiburger Bahnhofscafé. »Ich wusste, dass er nicht so gut regeneriert, wie er das tun sollte. Das kann mit seiner Einstellung zur Ernährung zu tun gehabt haben. Aber man sieht das nicht in den Daten.«

Persönlich zu sehen bekommt er Dominik Nerz in dieser Zeit aber auch nicht. Die Kommunikation zwischen Trainer und Athlet findet ausschließlich per Telefon und E-Mail statt. Es geht dabei durchaus auch um das Auffüllen der Energiespeicher, die je nach Intensität der Trainingseinheit neu betankt werden müssen. Ein konkreter Ernährungsplan, meint Nerz, sei das aber nicht gewesen. »Eher so dies und das.« Healey sagt, er habe Nerz nach dessen Trainingseinheiten am Telefon abgefragt: »Hast du Zucker ersetzt? Hast du zu einer bestimmten Zeit Protein zu dir genommen, hattest du zu einer bestimmten Zeit danach eine gemischte Mahlzeit? Isst du so gut, wie du solltest? Ich habe das alles abgehakt, aber die Lücke zwischen dem, was er auf dem Rad erreichen sollte und wie er sich auf dem Rad gefühlt hat, wurde immer größer. Und im Frühjahr sind dann die Räder abgefallen.«

Dominik Nerz wird von Rennen zu Rennen müder und gerät zunehmend in Unruhe. Vor der Saison hat ihm das Team einen Start bei der Tour de France in Aussicht gestellt. Er will dort unbedingt dabei sein. Seine Ergebnisse im Frühjahr sind allerdings durchwachsen. Bei den montäglichen Besprechungen der Sportlichen Leitung ist Nerz' Formzustand immer wieder ein Thema. Nicht allen im Team bleibt verborgen, dass der junge Radprofi ein Problem mit der Ernährung hat und schon zu Saisonbeginn nur noch so viel wiegt wie im Vorjahr nach drei Wochen Radrennen in Spanien. Einer der Teamärzte, Doktor Roger Palfreeman, gibt Nerz zu verstehen, dass sein Essverhalten in keine gute Richtung gehe. Doch der ignoriert den Hinweis. »Ich dachte, ich bin klüger, und die Leute, die vorne gewesen sind – Froome, Wiggins, Valverde, Contador, van Garderen auch – sahen eben so aus.«

Im März startet Dominik Nerz in Italien bei Tirreno-Adriatico. Er beendet das einwöchige Rennen auf Rang 19 mit rund sechseinhalb Minuten Rückstand auf den Sieger Alberto Contador. Das ist in Ordnung für einen Helfer. Nerz fährt dort an der Seite von Cadel Evans. Die beiden kommen nicht klar miteinander. Evans, der seinen Zenit überschritten hat, scheint in dem jungen Deutschen einen Konkurrenten zu sehen. Nerz fühlt sich von dem Australier schikaniert. »Der hat mich ständig abgestellt für irgendeine Scheiße. Wenn der angehalten hat zum Pissen, dann musste ich mit anhalten. Ich weiß nicht, was der für eine Mädchenblase hat, aber der hat gefühlt alle fünf Kilometer zum Pinkeln gemusst«, echauffiert sich Nerz noch Jahre später. »Ich war nur damit beschäftigt, dem irgendwelche Sachen hinterherzutragen.«

Tatsächlich ist Evans kein sehr umgänglicher Kapitän. Marcus Burghardt, der 2011 einer der wichtigsten Helfer des Australiers auf dem Weg zum Toursieg war, sagt, Evans habe es nur schwer ertragen können, wenn jemand ihm den Rang streitig zu machen drohte. »Cadel ist kein einfacher Rennfahrer. Er ist extrem professionell und er war halt der Kapitän. Ihm war es lieber, wenn sich die ganze Mannschaft um ihn dreht«, erklärt Burghardt. »Vielleicht sind die beiden deswegen nicht miteinander klargekommen.« Marcus Burghardt erinnert sich aber auch, dass Dominik Nerz zu dieser Zeit selbst immer dünnhäutiger wird. Die beiden Teamkollegen sind gut befreundet. Bei der WM in Florenz war Burghardt abgestellt, um Nerz zu »beschützen«. Ansonsten fahren sie nur selten gemeinsam Rennen. Burghardt, ein tempoharter Routinier, gehört zum Klassiker-Team, das im Frühjahr in Belgien unterwegs ist, während Nerz den Rundfahrern zugeteilt ist. In der Saison 2013 haben sie 18 Renntage gemeinsam verbracht. Da beide damals in der Schweiz wohnen, trainieren sie jedoch öfter gemeinsam. Ansonsten halten sie via Telefon Kontakt.

Burghardt sagt, Nerz habe in diesen Gesprächen mehr und mehr seine Unzufriedenheit mit vielen Dingen geäußert. »Ich weiß noch, wie wir einmal telefoniert haben und er gesagt hat, dass er keine Unterstützung kriegt und die Mannschaftsleitung kein Vertrauen in ihn hat«, erzählt Burghardt. »Ich habe mir da nur gedacht: ›Ja, aber wenn du nicht vorne bist, dann kannst du auch keine Unterstützung haben. Wenn du deine Leistung nicht bringst, dann ist klar, dass sie für jemand anderes fahren. Gerade wenn du so eine Konkurrenz im Team hast.‹« Auszusprechen wagt er den Gedanken nicht, weil er fürchtet, dass das seinen Freund noch mehr belastet und die Blockade dann noch größer wird.

Dominik Nerz befindet sich zu diesem Zeitpunkt längst in einem Teufelskreis. Weil er nicht mehr richtig regeneriert, kann er nicht seine volle Leistung abrufen. Die Trainingspläne, die Daniel Healey ihm schreibt, versucht er dennoch penibel einzuhalten, weil er das Ziel Tour de France nicht gefährden will. Gleichzeitig verweigert er seinem Körper den nötigen Treibstoff, um Gewicht zu machen, was das Problem der mangelnden Regeneration noch verschärft. Das alles steigert seine Unzufriedenheit. Ulrike Nerz erinnert sich an ein Treffen mit ihrem Sohn in dieser Zeit. Die beiden verabreden sich in einem Shopping-Center in Konstanz. Es ist früher Nachmittag, sie hat Hunger und will etwas essen. »Ich habe gesehen, auch er hat irre Hunger. Aber er wollte überhaupt nichts zu sich nehmen«, erzählt sie. Während sie isst, klagt ihr Dominik sein Leid, erzählt, dass er die vorgegebenen Trainingswerte nicht schafft. Er wirkt mutlos. »Da war eine verzweifelte Hilflosigkeit, auch eine Form der Aggression, er war so frustriert«, sagt Ulrike Nerz.

Gleichzeitig hat sie das Gefühl, sie kann ihren Sohn nicht erreichen. »Ich habe gemerkt, ich komme gar nicht mehr an ihn ran. Das war furchtbar. Er war in einer solchen Schleife drin und er war schon so dünn. Diese Form, wie er seinen Körper und seinen Geist geprügelt hat - das war schlimm.«

Auch ihr Mann macht sich zunehmend Sorgen. Michael Nerz ist als Finanzberater ein Freund von Zahlen, er führt Statistik und er weiß deshalb, dass sein Sohn in der Saison 2013 deutlich mehr Rennkilometer abgespult hat als andere Profis in seinem Alter. Er merkt auch, dass Dominik sich mehr und mehr unter Druck setzt, weil er die Kapitänsrolle bei kleineren Rundfahrten übernehmen will, dass er aber auch mit dem Trainingsprogramm seines neuen Coachs nicht klar kommt. Er rät ihm, wieder mehr auf seine Instinkte zu hören und nicht nur auf den Bordcomputer. Vergeblich. Er müsse neue Akzente setzen, bekommt der Vater zur Antwort. »Der Trainer, das war der Knackpunkt. Der hat ihn kaputtgemacht«, glaubt Michael Nerz.

Nach der Tour de Romandie im Mai fühlt sich Dominik Nerz endgültig leer. Aber auch diesmal gönnt er sich keine Auszeit, bevor er im Juni zur Dauphiné-Rundfahrt reist, dem letzten Vorbereitungsrennen für die Tour. Die Trainingspläne, die Daniel Healey ihm vorgibt, hätten auch keine Pause vorgesehen, behauptet Nerz. »Der hat mich zwischen Romandie und Dauphiné richtig getrieben.« Das sei auch der Grund gewesen, warum das Team letztlich die Zusammenarbeit der beiden beendet hätte. Healey beschreibt die Trennung dagegen als das Ende eines schleichenden Entfremdungsprozesses zwischen Athlet und Trainer. Nerz' Feedback sei im Lauf der Zeit immer dünner geworden. Am Ende, erzählt Daniel Healey, habe er nur noch Ja/Nein-Antworten bekommen oder Nerz habe seine Anrufe gar nicht mehr entgegengenommen.

»Da wird man vom Haupt- zum Nebendarsteller und das ist über Monate passiert.« Er wisse inzwischen, dass Dominik in Bezug auf die Ernährung nicht das getan habe, was er ihm geraten hat. »In einer Verbindung zwischen Coach und Fahrer will man Ehrlichkeit«, betont Healey. Er erzählt von einem Fahrer, der einmal bei Nerz gewesen sei, als der mit seinem Trainer telefonierte. Nerz habe zwar alle Fragen zum Thema Ernährung bejaht, tatsächlich aber die Ratschläge nicht befolgt. »Er hat auf keinen Fall das getan, was du von ihm verlangt hast«, habe dieser Fahrer ihm später berichtet, behauptet Healey. Wer dieser Fahrer ist, verrät er nicht. Ausschlaggebend sei dann aber letztlich ein Tag gewesen, an dem Dominik Nerz ihn weinend vom Straßenrand aus angerufen habe, weil er die Vorgaben nicht schaffte. »Das hat dahin geführt, dass wir uns getrennt haben«, sagt er. »Ich glaube aber, ich hätte wirklich gut sein können für Dominik, wenn wir es ans Laufen gekriegt hätten. Aber so ist das echte Leben oft nicht. Ich habe mich oft hinterfragt in dieser Zeit, habe die Leistungszonen gesenkt, habe nach jedem Strohhalm gegriffen. Aber es hat nicht funktioniert.«

Dominik Nerz' Köper ist inzwischen so geschwächt, dass er anfällig wird für Krankheiten. Am ersten Tag der Dauphiné-Rundfahrt erwischt ihn ein Magen-Darm-Virus. »Die ersten zwei Etappen waren die Hölle«, erinnert sich Nerz. Er quält sich dennoch durch die Tage in der Hoffnung, dass Besserung eintritt. Schließlich ist die Rundfahrt die letzte Chance, es ins Tour-Team zu schaffen. Doch er kommt nicht mehr in Schwung. Die fünfte Etappe fährt Nerz nicht zu Ende. Eine Teilnahme an der Tour de France steht damit außer Frage, aber es geht nicht alleine darum. Sein Vertrag mit BMC läuft zum Saisonende aus und bisher gibt es kein Signal seitens der Teamleitung, dass man weiter mit ihm plant. »Wenn man keine Resultate produziert, ist es schwierig für uns, einen Athleten zu behalten«, sagt Teammanager Jim Ochowicz, wenn man ihn nach der Situation damals fragt.

Doch es gibt andere Interessenten. Das damals noch zweitklassige deutsche Team Bora-Argon18 etwa hat schon länger bekundet, dass man die deutsche Rundfahrt-Hoffnung gerne verpflichten würde. Dominik Nerz möchte aber eigentlich lieber weiter in der WorldTour fahren. Dafür muss es allerdings sportlich wieder besser laufen. In seiner Not wendet sich Nerz nun wieder an seinen alten Trainer. Hartmut Täumler hat seinen Schützling aus der Ferne beobachtet und gemerkt, dass es nicht mehr richtig läuft. Der Kontakt zwischen beiden ist nie ganz abgerissen. Aber jetzt erlebt auch Täumler einen zutiefst frustrierten Sportler: »Das war das Schlimmste, was ihm passieren konnte. Er konnte kein Radrennen fahren, wenn er gefrustet war.« Täumler kennt auch das Programm, das Daniel Healey für Nerz ausgearbeitet hat. Es gefällt ihm nicht. »Die denken, es ist profimäßig trainiert worden, weil es sehr intensiv war. Aber es fehlte einfach die Basis. Man musste mal ein bisschen Luft ranlassen.« Das ist es, was Täumler nun, mitten in der Saison, versucht. Er will eine Basis schaffen, doch dafür muss er erst mal herausfinden, wo Nerz steht. Er habe sich herantasten müssen, sagt Täumler. »Das war nicht ohne. Ich musste viel mit ihm sprechen. Er musste mir viel Feedback geben.« Im Grunde arbeitet er mit Dominik Nerz, als würde er ihn auf eine neue Saison vorbereiten. Nur, dass diese zu dem Zeitpunkt schon voll im Gange ist.

Die Arbeit trägt schon bald Früchte. Auch seine Ernährung hat Nerz in dieser Phase wieder etwas besser im Griff. Ende Juli kehrt er bei der Wallonien-Rundfahrt ins Renngeschehen zurück. »Da habe ich gemerkt, der Bumms kommt zurück«, sagt er. Die Polen-Rundfahrt Anfang August beendet er mit 1:42 Minute Rückstand auf dem neunten Platz der Gesamtwertung. Es geht deutlich aufwärts und Dominik Nerz wird von BMC in den Kader für die Vuelta berufen. Was seine generelle Zukunft im Team betrifft, herrscht allerdings weiter Unklarheit. Christian Baumer, der als sein Manager eigentlich dafür zuständig gewesen wäre, wird nicht aktiv, um seinem Fahrer eine Vertragsverlängerung bei BMC oder einen Vertrag bei einem neuen Team zu verschaffen. So jedenfalls schildern es Nerz und sein Vater Michael.

Ende Juli beginnt Nerz deshalb selbst bei der Teamleitung von BMC nachzuhaken, ob er mit einem neuen Kontrakt rechnen kann. Doch Sportdirektor Allan Peiper hält ihn hin. Auch nach seiner guten Leistung in Polen kommen keine Signale von BMC, ob das Team weiter mit ihm plant oder nicht. Inzwischen hat Nerz ein konkretes Angebot von Ralph Denk, dem Teamchef von Bora-Argon18, vorliegen. Das allerdings findet er finanziell nicht attraktiv. Dominik Nerz selbst, nicht sein Manager, führt jetzt die Verhandlungen. Er trifft sich mit Denk an einer Autobahn-Raststätte bei Lindau, um die offenen Fragen zu klären. Nerz nennt seinen Preis, für den er bereit wäre, vom Superteam BMC ins deutschen Pro-Continental-Team zu wechseln. »Das habe ich dann mit den Sponsoren abgestimmt. Das hat auch nicht lange gedauert«, sagt Denk. Und so unterschreibt Nerz noch vor dem Start der Vuelta einen Vertrag bei Bora-Argon18. Sein Manager Baumer, behauptet Nerz, habe nur noch den Papierkram erledigen müssen.

Ohne Zukunftssorgen reist Dominik Nerz nach Spanien. Dass er nun nicht mehr den Druck hat, sich beweisen zu müssen, dass die Form wieder stimmt, lässt ihn in den kommenden drei Wochen befreit auffahren. »Ich wusste, ich habe einen Bombenvertrag in der Tasche. Ich dachte, ich kann die Welt einreißen. Mit diesem Gefühl zur Vuelta zu kommen, ist natürlich geil. Ich bin aufgeblüht und habe ein Rennen abgeliefert vom Feinsten«, schwärmt Nerz. »Ich weiß nicht, wie es gelaufen wäre, wenn ich den Druck gehabt hätte, ich muss abliefern.«

Anders als im Jahr zuvor reist das Team BMC diesmal mit zwei Fahrern für die Gesamtwertung an: Neben Evans als Co-Leader soll das Team vor allem den Spanier Samuel Sanchez unterstützen. Für einen Helfer wie Dominik Nerz heißt das, er darf diesmal nicht einfach in Ausreißergruppen springen wie im Jahr zuvor. Er muss bei seinen Kapitänen bleiben. Umso erstaunlicher ist es, dass er am Ende wieder unter die Top 20 im Gesamtklassement fährt. Zumal er schon in der ersten Woche, bei einer Etappe, die im Sprint entschieden wird, mehr als sechs Minuten eingebüßt hat.

Der Grund dafür ist ein Reifendefekt seines Kapitäns Cadel Evans etwa 20 Kilometer vor dem Ziel in Cordoba. Das Tempo ist hoch, weil Mitfavorit Alejandro Valverde kurz zuvor am Alto del Catorce por Ciento, einem Anstieg der zweiten Kategorie, attackiert hat. Das Peloton ist bereits in viele Teile zerrissen.

Dominik Nerz überlässt seinem australischen Kapitän sein Hinterrad und muss lange auf sein Teamfahrzeug warten. So zumindest erklärt er den Zeitverlust damals in seinem »Vuelta-Tagebuch« für das Internetportal *radsportnews.com*. Vier Jahre später erzählt Nerz eine andere Geschichte: »Wir sind über die Kuppe gefahren, und auf einmal höre ich im Funk: ›Defekt, Defekt, Hinterrad.‹ Da steht Evans auch schon rechts am Streckenrand und sagt über Funk: ›Nerz stehen bleiben.‹ Das habe ich gemacht.« Evans habe beim Radtausch dann sein vermeintlich defektes Hinterrad ins Gebüsch geschmissen, behauptet Nerz. Er habe das Hinterrad wieder eingesammelt und festgestellt, dass es gar keinen Defekt hatte. »Ich habe das Hinterrad eingebaut und bin weitergefahren.«

Verifizieren lässt sich diese Geschichte nicht. Die TV-Bilder zeigen lediglich, wie Cadel Evans von hinten durch die Autos wieder ans Feld heranfährt. Dominik Nerz sagt, er habe sich danach bei der Sportlichen Leitung beschwert, aber man habe ihm lapidar erklärt, dass Evans vielleicht nur angenommen habe, dass sein Hinterrad kaputt gewesen sei. In dem Moment habe er entschieden, nur noch Sanchez zu helfen, erzählt Nerz.

Der Olympiasieger von 2008 ist tatsächlich deutlich besser in Form als Evans, der die Vuelta mit über zwei Stunden Rückstand als 52. beendet. Samuel Sanchez wird mit 9:30 Minuten Rückstand auf den Gesamtsieger Alberto Contador Sechster, was er auch den Helferdiensten seines deutschen Kollegen zu verdanken hat, der die Rundfahrt auf Rang 18 abschließt. Nach seinen guten Leistungen in Spanien kommt BMC auf Nerz' Manager Christian Baumer zu, um eine Vertragsverlängerung anzubieten. Doch dafür ist es zu spät.

## IX

# ANFÜHRER

Für die Etappensieger bei der Tour de France gibt es nach ihrer Ankunft im Ziel ein strenges Protokoll. Sobald sie dem Trubel hinter der Ziellinie entkommen sind, wo sie von Mitarbeitern der Tour aus einem Pulk von Fotografen und TV-Kameraleuten befreit werden müssen, führt man sie hinter das Podium. In dem von blickdichten Zäunen abgesperrten Bereich geben sie ein erstes Fernseh-Interview. Dann verschwinden sie kurz in einem Camper, um sich ein wenig frisch zu machen für die Siegerehrung. Nachdem sie auf dem Podium den obligatorischen Blumenstrauß und die zumindest bis 2018 üblichen Wangenküsschen der Hostessen entgegengenommen haben, werden sie durch die Mixed Zone geleitet. Dort warten die Reporter der TV- und Radiosender mit ihren Fragen. Danach betreten sie einen silbergrauen Lastwagen, in dessen Inneren ein paar Stühle und ein Tisch stehen. Dort wird die Pressekonferenz für die schreibenden Journalisten abgehalten, die ihre Fragen auch per Videoschaltung aus dem Pressezentrum stellen können. Anschließend kommen die Dopingkontrolleure zu ihrem Recht. Ebenso sicher wie dieser Tag für Tag gleiche Ablauf nach der Etappe wiederholt sich jedes Mal auch der Dank des Siegers an seine Mannschaftskollegen. Und das gilt nicht nur bei der Tour de France, sondern bei allen Radrennen. »Ich muss meinem Team danken.« »Mein Team hat heute großartige Arbeit geleistet.« »Dieser Erfolg wäre ohne mein Team nicht möglich gewesen.« Es mag Varianten dieser Danksagung geben, aber der Kern der Botschaft ist immer derselbe: Radsport ist ein Mannschaftssport. Mit dem Unterschied, dass anders als in anderen Teamsportarten ein Einzelner die Lorbeeren erntet. Außer beim Mannschaftszeitfahren steht nur derjenige auf dem Podium, der nach vier oder gar fünf Stunden im Sattel als Erster über den Zielstrich gefahren ist. Diejenigen, die ihm diesen Erfolg mit ihrer Arbeit ermöglicht haben, die Helfer, wie Dominik Nerz in den ersten Jahren seiner Karriere, verschwinden meist ungefragt und unerkannt im Mannschaftsbus, während sich der Sieger feiern lässt.

Das war nicht immer so. Radsport war ursprünglich nicht als Mannschaftssport gedacht. Er hat sich erst dazu entwickelt. Am Anfang war jeder Fahrer auf sich gestellt. Angesichts der Strapazen, die Radrennen den Sportlern abverlangen, bildeten sich jedoch schon bald Teams um jene Fahrer mit den besten Chancen auf den Sieg. Einer der ersten Akteure, der sich ganz offensichtlich nicht allein auf seine eigene Muskelkraft verlassen wollte und wohl auch nicht konnte, war allerdings kein Sieger. Henri Pepin beendete seine erste Tour 1905 bereits nach sieben Etappen. Für seine zweite Teilnahme heuerte er dann zwei Fahrer an, die ihn gegen Bezahlung bei seiner Fahrt durch Frankreich unterstützen sollten. Auf der fünften Etappe hatte Pepin, den die Journalisten fälschlicherweise als Aristokraten bezeichneten, dann allerdings schon wieder genug. Er zahlte seinen Helfern den vereinbarten Lohn und nahm die Eisenbahn nach Hause.

So grotesk die Anekdote von Pepin und seinen Helfern auch sein mag, die Idee, ein Radrennen nicht auf sich alleine gestellt zu bewerkstelligen, setzte sich schon bald durch. Bereits 1909 gingen bei der Tour erstmals offiziell organisierte Werksmannschaften an den Start, bei denen die Hierarchie zwischen den Helfern und ihrem Chef, den sie mit Nahrung und Getränken versorgten, ganz offen zutage trat. Zwar fuhren damals auch noch »Isolés«, also Einzelfahrer, mit, doch von diesen einsamen Kämpfern konnte keiner mehr die Tour gewinnen.

Dem damaligen Tourdirektor Henri Desgrange war der Gedanke einer weitergehenden Aufgabenteilung unerträglich. Lange untersagte das Reglement der Tour, dass sich die Fahrer gegenseitig unterstützten und sich die Favoriten von Tempomachern helfen ließen, als so etwas in anderen Rennen längst üblich war. Desgrange fürchtete, dass dies den Charakter seines Rennens zerstören würde. Als der französische Radprofi Maurice Brocco 1911 seine Hoffnung auf den Gesamtsieg bei der Tour fahren lassen musste, weil sein Rückstand schon zu groß war, offerierte er dem in Schwierigkeiten geratenen Mitfavoriten François Faber aus Luxemburg auf einer Etappe seine Hilfe und geleitete ihn bis ins Ziel. Desgrange war außer sich und nannte Brocco in einem seiner gefürchteten Leitartikel für *L'Auto* einen »Domestiken«, einen Hausdiener. Brocco wurde einen Tag später trotz seines Etappensieges in Bayonne aus der Tour geschmissen. Der Begriff »Domestik« hat sich bis heute im Radsport gehalten. Nur wird er längst nicht mehr als Schimpfwort verstanden.

Im Italienischen heißen die Domestiken der großen Radsport-Stars »Gregario«, ein Begriff, der ursprünglich einen einfachen

Soldaten beschreibt, sich aber zudem sowohl als »Mitglied« als auch als »Mitläufer« übersetzen lässt. Einer der Ersten, der seine »Gregari« tatsächlich taktisch dirigierte, war Fausto Coppi. Der Italiener ließ sich von seinen Helfern nicht nur versorgen, sondern setzte sie vielseitig ein. Er ließ sie als »Relaisstation« vorne weg fahren und nutzte dann ihren Windschatten, um noch ein wenig Kräfte zu sparen, bevor er seine legendären Solofluchten startete. Für ihre Loyalität und ihre Dienste wurden Coppis »Gregari« gut bezahlt, besser als die meisten ihrer Kollegen in anderen Teams. Im Gegenzug erwiesen sie dem »Campionissimo« dafür ihre bedingungslose Hingabe.

»Diese Gruppe ähnelte eher einer Familie«, schreibt John Foot in »Pedalare, Pedalare«. »Es war eine Art Sekte, in der jeder für die Interessen eines Mannes arbeitete, 365 Tage im Jahr.« Dass aus dieser Gruppe ein anderer Fahrer als Coppi den Sieg davontragen könnte, war nicht vorgesehen. Als Coppis Helfer Andrea »Sandrino« Carrera 1952 auf der neunten Etappe der Tour de France aus purem Zufall ins Gelbe Trikot fuhr, brach er vor Scham in Tränen aus und entschuldigte sich anschließend bei seinem Teamkapitän. Carrera empfand es als anmaßend, sich das doch eigentlich für seinen Chef reservierte Trikot überzustreifen. Als Coppi am nächsten Tag die Etappe nach L'Alpe d'Huez gewann und die Führung im Gesamtklassement übernahm, war die »natürliche« Hierarchie wiederhergestellt. Und auch für Carrera war die Welt wieder in Ordnung.

Tränen fließen auch heute noch bei den »Wasserträgern« des Radsports, wenn sie unverhofft ins Rampenlicht fahren. Wenn auch nicht mehr aus Scham, sondern aus Freude über ein unverhofftes Glück, das Fahrern wie ihnen nicht oft, den meisten sogar niemals vergönnt ist. Auch der deutsche Radprofi Simon Geschke, ein guter Bergfahrer, der meist als Helfer arbeitet, brach nach seinem Tour-Etappensieg in Pra Loup im Jahr 2015 in Tränen aus. Die Grundordnung infrage zu stellen, war aber auch für ihn danach kein Thema. »Meine Rolle im Team bleibt die gleiche. Es ist ja nicht so, dass ich jetzt auf einmal Kapitän bei Rennen bin, bei denen ich vorher nur Helfer war«, erklärte er ein Jahr später in einem Interview.

Der Sportphilosoph Gunter Gebauer erkennt in der anachronistisch anmutenden Sozialstruktur des Pelotons mit seinen Anführern und Domestiken Grundzüge eines feudalen Systems, in dem die Knechte für ihren Herren arbeiten müssen, bis dieser schließlich in den Ring tritt, wenn es zur Entscheidung kommt. »Es gibt zwar eine Lastenverteilung, aber einer ist derjenige, der alles davonträgt. Die anderen müssen alles dafür tun, dass es so weit kommt. Wenn der Herr verantwortungsvoll mit seinen Knechten umgeht, dann beteiligt er sie stärker, dann lässt er sie stärker teilhaben an seinem Ruhm und gibt ihnen auch mal eine Chance«, erläutert Gebauer, als das Gespräch in Berlin auf diese besondere Form der Hierarchie kommt. »Das passiert ja auch im Radsport: Man lässt die Knechte arbeiten, wohl wissend, dass man auch manchmal etwas für die Knechte tun muss. Das gehört zum Feudalismus dazu. Feudalismus heißt ja nicht Sklaverei. Der Herr ist auch verantwortlich dafür, dass es den Knechten gut geht. Er muss Geld abgeben, aber er ist der Herr. Und die Knechte erwarten auch, dass er der Herr ist.«

Bezeichnenderweise werden die Radsport-Helfer in den Niederlanden tatsächlich auch »Knechte« genannt. Der Herr und seine Knechte – diese Grundordnung hat im Radsport Bestand, aber dennoch hat sich das Verhältnis von Domestiken und Teamkapitänen im Laufe der Jahrzehnte gewandelt, ist moderner geworden. Das hängt mit einer Spezialisierung der Profis zusammen, die den Radsport seit den 1980er-Jahren verändert hat. Anders als früher gibt es heute nicht mehr den einen Kapitän, der über die ganze Saison hinweg von den Frühjahrsklassikern über die großen Rundfahrten im Sommer bis hin zur Lombardei-Rundfahrt im Herbst Rennen gewinnt.

Der letzte Fahrer dieser Art war wohl der Franzose Bernard Hinault, der seine Karriere 1986 beendete. Heute hat ein WorldTour-Team in der Regel mehr als nur einen Kapitän. Es gibt Anführer für die Klassiker, die großen Rundfahrten, die kleineren Etappenrennen, weshalb die Rollenverteilung im Laufe des Jahres durchaus wechseln kann. Ein Fahrer, der im Frühjahr der Kapitän des Teams ist, kann im Sommer einem anderen Profi seiner Mannschaft zuarbeiten müssen. So gewann der Pole Michał Kwiatkowski, Weltmeister von 2015, in der Saison 2017 den Frühjahrsklassiker Mailand–Sanremo und gehörte im Juli dann zu den wichtigsten Helfern von Christopher Froome auf dessen Weg zum vierten Toursieg. Zudem hat die Globalisierung des Radsports traditionelle, feudale Muster des europäisch geprägten Radsports aufgebrochen und flachere, eher angelsächsisch geprägte Hierarchien geschaffen. Auch Dominik Nerz wollte immer mehr sein als ein reiner Domestik. Obschon er sich in seine Rolle als Helfer fügte, hatte er stets auch die Vorstellung, dass seine Teams Liquigas und später BMC ihm bei manchen Rennen die Gelegenheit geben würden, selbst auf Sieg zu fahren.

Die Helfer sind jedoch längst nicht mehr nur die »Wasserträger«. Auch innerhalb der Gruppe der Helfer gibt es unterschiedliche Aufgabenverteilungen. Die einen sind für die Versorgung mit Nahrung und Getränken zuständig, die anderen halten den Kapitän aus dem Wind, damit der sich die Kräfte für das Finale aufsparen kann, wenn die Preise verteilt werden. Die Helfer stehen parat, wenn ihr Kapitän einen Defekt hat, um ihm ihr Rad zu geben, damit er den Anschluss nicht verpasst, oder ihn in ihrem Windschatten schnell wieder zurück ins Feld zu fahren, wenn der Mechaniker den Schaden behoben hat. Sie besetzen Ausreißergruppen oder setzen hinterher, wenn der Mannschaft die Konstellation in der Fluchtgruppe nicht passt. Sie forcieren das Tempo am Berg, um die Konkurrenten des eigenen Kapitäns zu isolieren und dessen Angriff vorzubereiten. So wie Dominik Nerz es am Port de Balès bei der Tour de France 2012 für Vincenzo Nibali machte. Dann gibt es die Edelhelfer, die selbst Kapitän sein könnten und die erst ganz zum Schluss einer Etappe in den Dienst ihres Leaders treten. Für die Umsetzung der taktischen Vorgaben im Rennen ist derweil der »Capitaine de Route« verantwortlich: ein Fahrer, der das Rennen lesen können muss, der das Team zusammenhält und dafür sorgt, dass alle anderen den Anweisungen der Sportlichen Leitung folgen. Auch er ist ein Helfer seines Chefs, aber einer, der im Zweifel selbst Entscheidungen trifft, wenn die Rennsituation das erfordert.

Die finanzstärksten Teams können sich die besten Helfer für ihre Kapitäne leisten. Das Team Sky etwa schart eine Gruppe von Fahrern um seine Anführer, die, wie das Beispiel Kwiatkowski zeigt, selbst große Rennen gewinnen können.

Dafür werden sie fürstlich entlohnt. Aber nach wie vor gibt es auch bei Sky die reinen Arbeiter, die Domestiken. So wie den deutschen Radprofi Christian Knees, der oft stundenlang an der Spitze des Feldes zu sehen ist, wo er seine Teamkollegen aus dem Wind und die Ausreißer in Schach hält. Der finanzielle Ausgleich für die harte Arbeit ist ein Ansporn, diese Frondienste zu leisten. Es ist ein gut bezahlter Job. Aber nach wie vor braucht es auch Hingabe für den Kapitän. Wenn Dominik Nerz auch Jahre später noch schwärmt, dass er für Vincenzo Nibali, seinen Kapitän bei Liquigas, »gestorben« wäre, klingt genau diese Hingabe durch.

Die Persönlichkeit eines Teamleaders ist mitentscheidend dafür, welche Opfer seine Domestiken bereit sind zu erbringen. Dabei geht es manchmal um ganz profane Dinge wie ein einfaches Dankeschön. »Es gibt Rennfahrer, für die du dir den Arsch aufreißt und denen es dann schwerfällt, auch nur ›Danke‹ zu sagen«, sagt Marcus Burghardt, der während seiner Karriere als Capitaine de Route für viele »Herren« seine Dienste erledigt hat. Für solche Kapitäne zu arbeiten, wird dann zu einem Job, den es zu erledigen gilt, weil man dafür bezahlt wird, mehr nicht. Dominik Nerz sagt, er habe Cadel Evans nicht ausstehen können, weil der Australier nicht nur seine Teamkollegen, sondern auch das Personal schlecht behandelt habe. Bei der Vuelta 2014 habe er irgendwann einfach keine Flaschen mehr für den Australier geholt und dessen Anweisungen schlicht ignoriert.

Die wichtigste Voraussetzung dafür, dass die Helfer hart arbeiten, ist aber der Glaube daran, dass der Kapitän die Arbeit auch erfolgreich beenden kann. Die Helfer müssen sicher sein, dass sich ihre Arbeit lohnt. »Ich glaube, Führung muss man zeigen und sich verdienen«, sagt Nerz' ehemaliger Teamkollege Vincenzo Nibali auf die Frage, was aus seiner Sicht einen guten Kapitän ausmacht. »Die Resultate sind entscheidend. Die Teamkollegen helfen dem Kapitän, aber dann muss er alles dafür tun, um zu gewinnen.« Natürlich wird das nicht immer gelingen, aber es sollte regelmäßig passieren.

Mark Cavendish, mit 30 Etappensiegen bei der Tour de France der erfolgreichste Sprinter in der Geschichte des Radsports, sagt, er hasse es, einen Sprint zu verlieren. Vor allem dann, wenn er in der perfekten Position für seinen Schlussspurt gewesen sei. »Ich übertreibe nicht: Wenn ich einen Sprint verliere, kann ich in der darauffolgenden Nacht nicht schlafen. Und das liegt daran, dass ich mich schuldig fühle, weil ich meine Teamkollegen im Stich gelassen habe. Dieses Schuldgefühl frisst mich auf«, erklärt Cavendish in seiner ersten Autobiografie »Boy Racer«.

Wie ein Teamleader sein Team führt, hängt von dessen Charakter ab. Es gibt die Lauten, Bestimmten, die klare Ansagen machen und auch bei der Frage der Teambesetzung für »ihre« Rennen mit einbezogen werden wollen. Es gibt die Diktatoren wie Lance Armstrong, der seine Mannschaft seiner Herrschaft unterwarf und sie in sein System zwang, auch in sein Dopingsystem. Und dann gibt es jene, die eher wenig sagen, sich dankbar zeigen und ihre Führungsrolle dezent besetzen. Zu dieser Kategorie gehört Vincenzo Nibali. »Wenn du bescheiden bist, tun sie alles für dich und sie wissen, dass du ihre Arbeit zu schätzen weißt. Wenn du sie schlecht behandelst, werden sie dich hassen«, hat Nibali einmal in einem Interview über das Verhältnis zu seinen Teamkollegen gesagt.

Für die Helfer gilt es, sich an die Arbeitsweise und Bedürfnisse des jeweiligen Kapitäns anzupassen. Auch für Philippe Gilbert und Tejay van Garderen ist Dominik Nerz bei BMC gerne in die Rolle des Domestiken geschlüpft. Aber als er ins Team kam, musste er sich erst neu orientieren. Wo Nibalis Schweigen eine gelassene Souveränität zum Ausdruck brachte, hatte van Garderens Schweigen eher etwas Eigenbrötlerisches und Zurückgezogenes. »Ich glaube, er war teilweise selbst unsicher. Er war eher der Typ, der gerne ständig gefragt worden wäre: ›Was brauchst du, was kann man tun?‹ Und da ich das von Nibali nicht so gewohnt war, habe ich es im ersten Moment auch nicht gemacht«, sagt Nerz. »Wenn es geheißen hat, fahr, ist der Nerz auch gefahren. Aber ich hatte zu van Garderen nie diese Bindung oder das Bedürfnis, mich komplett für ihn aufzuopfern, wie bei Nibali. Ich habe halt meinen Job gemacht, immer versucht, das Beste rauszuholen. Aber noch mal über den toten Punkt gehen, das habe ich für ihn nicht gemacht.«

Tejay van Garderen hat die Hoffnungen, die BMC in ihn als Kronprinz von Cadel Evans gesetzt hat, nie ganz erfüllen können. Als er bei der Tour de France 2012 Fünfter wurde, war er für Evans in die Bresche gesprungen, der ein Jahr nach seinem Triumph auf den Champs Élysées schlichtweg nicht die Form hatte, um noch einmal um den Sieg mitzufahren. Doch die Kapitänsrolle dann tatsächlich ganz offiziell auszufüllen, ist eine gewaltige Aufgabe. Selbst für einen einstigen Edelhelfer. Von einem Kapitän wird erwartet, dass er das Team führt und Ergebnisse liefert. Das bedeutet auch mental eine ganz andere Belastung. Während des Rennens wird dem Kapitän so viel Arbeit abgenommen wie möglich. Doch wenn es ernst wird, steht er alleine unter Druck, während sich seine Helfer nach getaner Arbeit zurückziehen können. Anführer zu sein, ist darum nicht nur eine Frage der Beine, sondern auch eine des Kopfes.

»Es gibt jene, die geboren sind, um mit Leichtigkeit die Berge hinaufzufahren, jene, die bereit sind zu sprinten, jene, die in die Pedale treten wie ein Schweizer Uhrwerk, und jene, die dazu bestimmt sind, ›Gregari‹ zu sein. Es ist ein Fehler, etwas sein zu wollen, was man nicht ist«, hat Biagio Cavanna, der Pfleger von Fausto Coppi, einmal gesagt. Diese Weisheit hat Bestand. Dominik Nerz meint, im Rückblick wäre es vielleicht besser gewesen, noch eine Weile als Helfer zu reifen, als schon zur Saison 2015 bei Bora-Argon18 Kapitän zu werden. Auch sein Trainer Hartmut Täumler ist der Überzeugung, dass sein Schützling »noch auf die Weide« gehört habe. Doch nun rückt Nerz in die Rolle des Anführers. In einem kleinen Team, das enorme Erwartungen an ihn hat.

X

# DER NÄCHSTE SCHRITT

Im November 2014 besucht der Direktor der Tour de France die Gemeinde Raubling in Bayern. Christian Prudhomme ist nicht gekommen, um das idyllische oberbayrische Alpenvorland zu genießen. Dafür ist der graue, regnerische November wohl auch nicht die richtige Zeit. Der Tourdirektor ist beruflich unterwegs in dem 11.000-Einwohner-Ort im Inntal wenige Kilometer südlich von Rosenheim: Prudhomme ist Ehrengast bei der Teamvorstellung von Bora-Argon18, der ambitionierten deutschen Pro-Continental-Mannschaft von Teammanager Ralph Denk, der in Raubling zu Hause ist.

Die Anwesenheit des Chefs des größten und wichtigsten Radrennens der Welt ist eine große Ehre und ein Fingerzeig. Denks Team hat als Zweitdivisonär anders als die WorldTour-Teams kein automatisches Startrecht bei der Tour, sondern ist angewiesen auf eine Wild Card des Veranstalters. Vier Monate zuvor ist die Mannschaft unter dem Namen NetApp erstmals auf Einladung in Frankreich dabei gewesen. Das Team belebte das Rennen und hat mit dem Tschechen Leopold König am Ende überraschend einen Fahrer auf Rang sieben der Gesamtwertung platzieren können. Dass Christian Prudhomme der Equipe nun einen Besuch abstattet, darf man als sicheres Indiz dafür werten, dass Denks Mannschaft auch im Juli 2015 wieder am Start stehen wird.

Tatsächlich lässt der Tourdirektor daran dann auch keinen Zweifel. »Das Team Bora hat sich Schritt für Schritt weiterentwickelt und gezeigt, dass es einen Platz bei der Tour verdient hat«, sagt Prudhomme. Danach stimmt er ein Loblied auf den Teamchef an, weil Ralph Denk durchgehalten hat, als der Radsport in Deutschland am Boden lag nach all den Dopingskandalen. Das ist auch für Prudhommes Arbeitgeber, die Amaury Sport Organisation, wichtig. Denn nach dem Rückzug der öffentlich-rechtlichen Fernsehsender ARD und ZDF aus der Live-Berichterstattung von der Tour liegt einer der wichtigsten europäische Märkte für den Tourveranstalter seit drei Jahren brach. Aber 2015 wird zumindest die ARD wieder Livebilder aus Frankreich senden. Darum ist es wichtig, dass ein deutsches Team bei der Tour dabei ist. Ein Team, das zudem auch noch den talentiertesten deutschen Rundfahrer als Kapitän mitbringen wird: Dominik Nerz.

Einen Tag nach dem Ende der Vuelta hat Denks Team Mitte September per Pressemitteilung die Verpflichtung des inzwischen 25 Jahre alten Dominik Nerz bekanntgegeben. Dieser solle die Kapitänsrolle bei den anspruchsvollen Etappenrennen und den dreiwöchigen Landesrundfahrten übernehmen, heißt es darin. »Ich sehe im neuen Team eine Riesen-Chance für mich. Mir wird das Vertrauen entgegengebracht, mein gesamtes Potenzial auszuschöpfen«, wird Nerz in der Mitteilung zitiert. Auch Teamchef Ralph Denk kommt zu Wort: »Mit Dominik haben wir den Wunschkandidaten für unser neues Team gewonnen. Er ist der beste deutsche Rundfahrer, hat die erfolgreichsten Jahre noch vor sich und ist bereit für eine Führungsposition.«

Doch dabei belässt er es nicht. Denk formuliert auch noch eine klare Zielvorgabe für seinen neuen Kapitän. »Ich bin zuversichtlich, dass sich Deutschland bald nicht nur über seine erfolgreichen Sprinter und Zeitfahrer, sondern auch über Erfolge in den Klassements freuen wird. Denn das Ziel ist klar: Dominik ist ein Kandidat für die Top Ten einer Grand Tour.« Welche der großen Rundfahrten damit gemeint ist und wann dieses Ziel erreicht werden soll, lässt Ralph Denk offen. Aber mit der fast sicheren Einladung zur Tour de France gilt fortan: Dominik Nerz soll bei der Tour auf einen Platz unter den ersten zehn fahren.

Das ist ein sehr ambitioniertes Ziel. Nerz behauptet, dieser Teil der Pressemitteilung sei mit ihm nicht abgesprochen gewesen. Auch in den Gesprächen, die man vorher miteinander geführt habe, sei davon nie die Rede gewesen. »Es gab nie ein explizites Gespräch, in dem wir meine Aufgaben detailliert festgelegt haben«, erklärt Nerz. Es habe zwar während der Vertragsverhandlungen einen vagen Austausch darüber gegeben, was sich beide Seiten so vorstellten, aber ein konkretes Ziel habe man dabei nicht benannt. »In den Vorgesprächen mit Ralph hat sich alles toll angehört. Das war der Grund dafür, dass ich dort hingewechselt bin«, sagt Nerz. »Ab dem Moment, als ich den Vertrag unterschrieben hatte, ging es dann plötzlich nur noch um die Tour.« Anders als Dominik Nerz ist Ralph Denk der Meinung, dass es zwischen den beiden sehr wohl eine Art Einverständnis über die Zielsetzung für die Saison 2015 gegeben habe. Vielleicht habe man das nicht »Face to Face« besprochen, räumt er ein. »Aber irgendwas haben wir ja raushauen müssen.«

Klappern, das weiß Denk, gehört zum Handwerk. Schließlich hat er es damit weit gebracht. Das Gespräch mit ihm über Dominik Nerz findet im Frühjahr 2018 in einem modernen, funktional eingerichteten Business-Hotel unweit der Autobahn in Roeselare in Belgien statt. Ralph Denk, dessen dunkler Haarschopf genau wie der verwegen wirkende Dreitagebart von ersten grauen Strähnen durchzogen ist, wirkt selbstbewusst. Zweifel scheinen ihm fremd zu sein. Er hat auch keinen Grund für Unsicherheit. Zwei Tage vor der Flandern-Rundfahrt, einem der fünf wichtigsten Eintagesrennen des Radsports, herrscht in dem Hotel in Roeselare großer Trubel. Mit Weltmeister Peter Sagan logiert in dem Hotel einer der großen Favoriten auf den Sieg bei diesem Klassiker. 2016 hat er die Flandern-Rundfahrt schon einmal gewonnen. Und nun hat Sagan in Roeselare gerade eine unter seinem Namen vertriebene Sonderkollektion des Herstellers präsentiert, auf dessen Produkten er seine Siege einfährt: Rennräder mit goldglitzernden Rahmen.

Sagan ist der größte Star des Radsports. Kein anderer Radsportler hat eine derart große mediale Reichweite, keiner kann und lässt sich so gut vermarkten wie er. Und dieser Mann fährt seit 2017 für den Rennstall von Ralph Denk. Achteinhalb Jahre zuvor schien es undenkbar, dass das deutsche Team einmal den Superstar des Radsports in seinem Kader haben werde. Damals präsentierte Denk am Rande der Straßenrad-WM 2009 in Mendrisio in der Schweiz der Öffentlichkeit erstmals seine Radsport-Mannschaft. Für diese Präsentation hat man eine mondäne Villa mit Blick auf den im Tal liegenden Luganer See ausgesucht. Kein schlechtes Ambiente für die Vorstellung eines drittklassigen Continental-Teams mit dem Ziel, junge deutsche

Fahrer zu fördern. Aber Zeit und Ort sind gut gewählt, denn am Rande der Weltmeisterschaften ist maximale Aufmerksamkeit gewährleistet. Zumal Ralph Denk auch noch ankündigt, man wolle schon in drei Jahren eine Lizenz lösen für die ProTour, wie die höchste Klasse für Radsport-Teams damals noch heißt. So schnell wird es nicht gehen, aber nicht nur deswegen halten nicht wenige Beobachter Denk in diesem Moment für verrückt.

Radsport ist in Deutschland damals geächtet, die Sponsoren haben sich abgewendet, Rennen sind aus dem Kalender verschwunden. Denk aber lässt sich davon nicht beirren. Er hat mit NetApp ein amerikanisches Unternehmen an seiner Seite und schon ein Jahr später erklimmt sein Team tatsächlich die nächste Stufe und fährt ab 2011 als Pro-Continental-Team. Es folgen Einladungen zum Frühjahrsklassiker Paris–Roubaix (2011), zum Giro d'Italia (2012), zur Vuelta a España (2013) und schließlich 2014 auch zur Tour de France. Dort hat Denk am ersten Ruhetag mit dem ebenfalls in Raubling ansässigen, mittelständischen Unternehmen Bora einen neuen Geld- und Namensgeber für die folgenden Jahre präsentieren können.

Es geht also seit Jahren stetig voran für Ralph Denk und sein Team. Die Verpflichtung von Dominik Nerz für die Saison 2015 ist ein weiterer Schritt auf diesem Weg. Zumindest glaubt Denk das damals. »Ein deutscher Fahrer kam uns gerade recht als deutsches Team. Dominik war frei, hatte gute Leistungen gebracht in der Helferrolle und wir haben ihm zugetraut, das erste Mal die Kapitänsbinde so wirklich an sich reißen und Verantwortung übernehmen zu können«, sagt Denk in Roeselare. »Das Ganze ist dann nicht so gestartet, wie wir uns das vorgestellt haben.«

Dominik Nerz fühlt sich von der Zielvorgabe, die Ralph Denk öffentlich gemacht hat, unter Druck gesetzt. Der Teammanager meint, es hätte Nerz doch egal sein können, was für eine Platzierung er da vorgegeben habe. »Mir persönlich würde das am Arsch vorbeigehen, wenn ich gesagt hätte, ich werde Zehnter, und werde dann Sechzehnter.« Aber sein neuer Kapitän tickt da anders. Er nimmt die Zielsetzung ernst. Er will ein guter Kapitän sein und liefern. Er ist ehrgeizig und gleichzeitig voller Zweifel, ob er das Ziel erreichen kann. Es ist das bekannte Muster. An jenem Tag, als Tourdirektor Christian Prudhomme dem Team in Raubling seine Aufwartung macht, fragen auch die Journalisten nur nach den Ambitionen des kommenden deutschen Rundfahrers für die Tour. »Da ist ihm vielleicht schon ein bisschen angst und bange geworden«, vermutet Denk.

In Wahrheit ist es noch schlimmer: Dominik Nerz macht sich deswegen verrückt. Anfangs habe Nerz noch geglaubt, dass er das Ziel packen könne, erinnert sich sein Trainer Hartmut Täumler. »Aber dann ist ihm bewusst geworden, was das heißt«, sagt er. »Unter Druck ist er immer schon sehr anfällig gewesen. Das Ziel hat ihn richtig runtergezogen. Wenn sie mit ihm gesprochen hätten, dann hätte er gesagt: Ich traue mir schon zu, vorne reinzufahren. Aber gar nicht mit ihm zu sprechen und ihm das vor den Latz zu knallen, das konnte er nicht wegstecken. Er hat vier Profijahre verbracht ohne eine Ansage und dann sollte er Zehnter der Tour werden. Wer verkraftet denn das? Das war völlig illusorisch, aber da hat keiner drüber nachgedacht.«

Dominik Nerz hat Ende 2014 wieder eine lange Saison hinter sich, auch wenn es diesmal rund 20 Renntage weniger gewesen sind als im Jahr davor. Nach der Vuelta hat er noch am WM-Straßenrennen in Ponferrada in Spanien teilgenommen und ist Mitte Oktober auch wieder bei der Tour of Beijing in China gestartet. Wie schon nach der Saison 2013 gönnt er sich auch diesmal keine ausreichende Pause. Obwohl ihm auch Enrico Poitschke, der Sportliche Leiter seines neuen Teams, rät, sich nun erst mal zu erholen, um danach dann gemeinsam das »Projekt Tour« anzugehen.

Doch Dominik Nerz kann nicht entspannen. Im Dezember bucht er auf eigene Kosten ein Trainingslager auf Mallorca, um die ersten Grundlagen für die neue Saison zu legen. Eine Struktur hat er dafür nicht. »Er hat alles in einen Topf geschmissen, was er kannte«, sagt Hartmut Täumler. Vor allem aber ist Nerz besessen davon, Gewicht zu verlieren. Er dreht seine Trainingsrunden auf der liebsten Ferieninsel der Deutschen. Das auch. Aber vor allem hungert er sich leichter. Morgens rührt er sich ein paar Gramm Haferflocken mit heißem Wasser an, unter die er anfangs noch ein paar Trockenfrüchte oder einen Apfel mischt. Bald lässt er auch das bleiben. Wenn er trainiert, verzichtet er soweit es geht auf Energiezufuhr. Fünf, sechs Stunden dauern seine Grundlagenausdauer-Einheiten auf dem Rad. »Nur wenn es mir die Augen zugedrückt hat, habe ich mir ein halbes Gel reingeschoben«, erzählt Nerz. Nach dem Training auf dem Rad geht er oft noch in den Fitnessraum des Hotels und arbeitet eine Viertelstunde auf dem Rudergerät, um noch ein paar Kalorien zu verbrennen. Abends isst er dann ein kleines Stück Fleisch und etwas Salat. Selbst an den Tagen, an denen er regenerieren soll, geht er joggen, in der Hoffnung, noch ein paar Gramm zu verlieren.

Kurz vor Weihnachten fliegt Dominik Nerz zurück nach Hause. Er wiegt 62 Kilogramm, sechs Kilogramm weniger als in den Jahren zuvor im Winter und sogar zwei Kilo weniger als nach drei Wochen Höchstleistungen bei der Vuelta. Seine Eltern und seine Schwester sind entsetzt, als sie ihn über die Feiertage bei sich zu Hause haben. »Das war unterirdisch«, erinnert sich Michael Nerz. Der ständige Hunger macht seinen Sohn zudem unausgeglichen. »Er hat sich verändert, war sehr gereizt, bis hin zu Aggressivität«, beschreibt Ulrike Nerz die Stimmungen ihres Sohnes in jener Zeit. Auch der sagt, damals habe sich sein Wesen verändert: »Ich habe ständig unter Strom gestanden.«

Die Fixierung auf das Thema Gewicht ist da schon krankhaft geworden. Nerz hat das Gefühl, er nimmt schon zu, wenn er Essen nur anschaut. Gleichzeitig schämt er sich für sein Essverhalten und versucht, das Problem zu vertuschen. Während er sich bei seiner Familie aufhält, verzichtet er ganz auf das Frühstück vor dem Training, um abends gemeinsam mit der Familie ein bisschen mehr essen zu können. Bemerkungen, die auf sein geringes Gewicht abzielen, versteht er eher als Bestätigung, denn als Kritik. Dominik Nerz merkt zwar, dass er sein Trainingspensum nur mit Mühe absolvieren kann, weil er seinen Körper nicht mehr auftankt. Dennoch wähnt er sich auf dem richtigen Weg. »Ich habe mir gesagt: ›Wenn du das Gewicht einmal hast, kannst du wieder normal essen und das Training wieder fahren. Dann hast du genau das, was du wolltest. Dann hast du dein Gewicht plus gutes Training.‹« Im ersten gemeinsamen Trainingslager mit seinem neuen Team im Januar wird er eines Besseren belehrt. Er kann nicht mithalten, schon das Grundtempo seiner Kollegen ist zu schnell für ihn.

»Selbst ich habe ihn abgehängt«, erinnert sich Ralph Denk, der als einstiger Amateurradrennfahrer und mehrmaliger Bayrischer Meister gerne mal eine Runde mit seinen Profis dreht. »Er war in einem desolaten Zustand«, sagt Enrico Poitschke, der Sportliche Leiter. Poitschke empfängt einen in seinem kleinen Radgeschäft in Leipzig, das er gemeinsam mit André Schulze betreibt, der ebenfalls als Sportlicher Leiter für das Team von Ralph Denk tätig ist. Vom Verkaufsraum geht es eine schmale, geschwungene und sehr steile Holztreppe hinauf ins Büro. Enrico Poitschke, dessen Stirn das mittelbraune, kurzgeschnittene Haar schon weit zurückgedrängt hat, tastet sich vorsichtig voran, wenn es um die Probleme von Dominik Nerz geht. Er wartet ab, was das Gegenüber schon weiß, so als wolle er keinesfalls zu viel preisgeben. »Die ersten Tage haben wir noch gedacht: ›Mein Gott, er war eben motiviert und ist schon extrem dünn. Schauen wir mal, wie es läuft.‹ Aber dann hat man schon in den ersten Trainingseinheiten festgestellt, dass er nicht mal in der Lage war, normales Training zu absolvieren«, schildert er seine Eindrücke aus dem Trainingslager auf Mallorca. Inzwischen ist Dominik Nerz bei einem Gewicht von 60 Kilogramm angelangt. Ein Infekt schwächt den ohnehin schon ausgezehrten Körper noch weiter. Die Teamleitung beschließt, ihn nach Hause zu schicken, damit er sich auskurieren kann. Der Hoffnungsträger ist für sie noch vor dem Start der Saison zum Problemfall geworden.

In Sachen Ernährung hat Dominik Nerz im Laufe der Jahre seinen Kompass komplett verloren. Im Peloton kursieren verschiedene »Diäten«. Low Carb, High Protein, High Carb, Low Fat – Nerz hat dies und das aufgeschnappt. Das so erfolgreiche

Team Sky fahre nur auf Protein, heißt es zum Beispiel. Nerz erinnert sich auch an die Mini-Portionen Pasta mit Olivenöl bei Liquigas und an Versatzstücke dessen, was sein Kurzzeit-Trainer Daniel Healey ihm in seiner Zeit bei BMC mitgegeben hat. Aber einen Plan hat er nicht. Er kennt auch die Gerüchte, die innerhalb des Fahrerfeldes kursieren, über ein Mittel, das einen stark abnehmen lässt, einen dennoch stärker macht und auch noch entzündungshemmend wirkt. Aber niemand, so sagt Nerz, habe etwas Genaues gewusst. Möglicherweise ist dabei die Rede von Triamcinolon, jenem Kortikosteroid, das Bradley Wiggins vor der Tour 2012 mit einer medizinischen Ausnahmegenehmigung eingenommen hat. Der ehemalige britische Radprofi David Millar, der während seiner Karriere wegen Dopings selbst einmal zwei Jahre gesperrt war und danach geläutert zurückkehrte, beschreibt die Wirkung des unter dem Namen Kenacort geläufigen Medikaments in einem Beitrag für die *New York Times* im Oktober 2016 mit drastischen Worten: »Die drei Male, die ich Kenacort nahm, war ich so leicht wie nie während meiner Karriere, trotzdem büßte ich keine Kraft ein – was oft die Strafe ist, wenn ein Fahrer Gewicht los wird. Physisch sah ich aus wie eine Maschine, Muskelfasern waren sichtbar, eine Straßenkarte aus Venen zeichnete sich kreuz und quer auf meinem Körper ab. Aber die Nachteile überwogen die Vorteile. Ich bin ohnehin schon eine angespannte Persönlichkeit und das Kortikoid machte mich noch gereizter. Es veränderte meinen mentalen Zustand, meine Schlafstörungen wurden schlimmer und meine Stimmungsschwankungen ausgeprägter.«

Dominik Nerz sieht ähnlich aus, als er Mitte Februar zu seinem ersten Renneinsatz für Bora-Argon18 bei der Tour of Oman fliegt. Er wiegt nur noch 58 Kilogramm. Seiner Schwester Annika, einer lebensfrohen, positiven jungen Frau mit mittelblonden, schulterlangen Haaren, schießen noch drei Jahre später Tränen in die Augen, wenn sie an jene Zeit zurückdenkt. »Er war blass, fast durchsichtig, quasi nur noch eine Hülle von sich«, beschreibt sie den Anblick ihres Bruders damals. Jeder, der ihn sieht, ist entsetzt. Aber sein Spiegel sagt ihm etwas anderes. »Der Spiegel hat gesagt: Ich fühle mich wohl«, erzählt Nerz. Er kennt den Verlauf der Landkarte aus Adern an seinem Körper inzwischen ganz genau. »Und wenn ich eine mal nicht mehr gesehen habe, war das gleich ein Anzeichen dafür: ›Aha, du hast wieder ein bisschen zugenommen.‹« Ist das der Fall, steuert er gegen und isst noch weniger. Die Blicke seiner Teamkollegen, die ihn anstarren, interpretiert er nicht als Entsetzen, sondern als Anerkennung. Er ist ihr Kapitän und er gleicht jetzt den anderen dürren Klassementfahrern wie dem Toursieger Christopher Froome. »Ich habe ausgesehen wie einer, der die Tour gewinnen kann«, sagt Nerz.

Nur auf dem Rad ist er weiter davon entfernt, ein Toursieger in spe zu sein, als jemals zuvor. Kraft hat er keine. In dieser Phase, berichtet Nerz, habe er auf dem Rad auch nichts mehr getrunken, um auszuschwitzen und Gewicht zu reduzieren. Selbst im Rennen habe er gedacht, er müsse auf sein Gewicht achten. Die Quittung dafür bekommt er am Green Mountain, wo die sechste Etappe der Oman-Rundfahrt mit einer Bergankunft endet. Dominik Nerz gibt alles, aber das ist nicht mehr viel. Obwohl er am Anschlag fährt, erreicht er das Ziel mit mehr als viereinhalb Minuten Rückstand auf die Besten. Auch seine Teamkollegen Bartosz Huzarski und Patrick Konrad sind drei

Minuten schneller als er. Nerz beruhigt sich damit, dass dies ja sein erstes Rennen in dieser Saison ist. Er sei ein Wettkampftyp, der sich seine Form über die Rennen holt, denkt er.

Niemand nimmt ihm diese Illusion. Kaum jemand wagt, ihn auf seinen Zustand anzusprechen. Lediglich sein Teamkollege Ralf Matzka sagt ihm ins Gesicht, dass er glaubt, Nerz habe ein massives Problem. Erstmals fällt das Wort Magersucht. Auch Fahrer anderer Teams sind alarmiert. Einer wendet sich an den gemeinsamen Manager Christian Baumer, weil Nerz abgemagert und in schlechter Verfassung ist. Nerz' Teamkollegen sprechen ihren Sportlichen Leiter an, weil auch sie das Gefühl haben, dass ihr Kapitän nicht gesund ist. Enrico Poitschke sieht das allerdings auch selbst. »Man hat gemerkt, dass etwas komplett falsch läuft«, erinnert er sich, »dass er psychisch unter einem enormen Druck steht und auch ein Essproblem hat.«

Poitschke sucht Hilfe. Einen Teamarzt beschäftigt das zweitklassige Team damals nur auf Teilzeitbasis. In den Oman ist die Mannschaft ohne medizinische Betreuung gereist. Aber zur Entourage des Teams Sky gehört auch der frühere BMC-Arzt Roger Palfreeman. Dominik Nerz hat immer ein gutes Verhältnis zu dem britischen Doktor gehabt. Er vertraut ihm. Auch Doktor Palfreeman bleibt nicht verborgen, dass sich Nerz' Essstörung, für die es schon bei BMC erste Anzeichen gab, inzwischen zu einer schweren Krise entwickelt hat. Bei BMC hat Palfreeman Nerz prophezeit, dass er nur noch rückwärts fahren werde, solle er einmal so aussehen wie Christopher Froome. Nun bittet er seinen ehemaligen Fahrer wieder zu einem Gespräch. In den Tagen darauf geht er mit Nerz gemeinsam ans

Buffet, gibt ihm genaue Anweisungen, was er essen soll, und in welcher Menge. Einmal bringt der Arzt ihm sogar etwas Essen aufs Zimmer. »Ich hatte zu dieser Zeit komplett die Relation verloren und wusste nicht mehr, was ist viel, was ist wenig, was ist normal, was ist unnormal«, erklärt Nerz. Nur am Tisch sitzen kann Palfreeman nicht mit ihm. Er bekommt deshalb nicht mit, dass Dominik Nerz die Portionen nicht immer aufisst, die er unter Anleitung des Arztes auf den Teller gehäuft hat.

Nach der Oman-Rundfahrt, die Nerz weit abgeschlagen auf Rang 83 beendet, streckt es ihn wieder nieder. Sein ausgezehrter Körper hat die Belastung nicht verkraftet. Enrico Poitschke macht sich inzwischen ernsthafte Sorgen. Er knüpft Kontakt zu einem Arzt und Psychologen in seiner Heimatstadt Leipzig, bei dem er einen Termin für Nerz vereinbart. Nach dem Gespräch mit Palfreeman in Oman dämmert auch Nerz langsam, dass sein Verhältnis zum Essen gestört ist. »Im Innern wusste ich, er hat recht«, sagt Nerz. Deswegen willigt er ein, nach Leipzig zu kommen. Gemeinsam mit seiner Schwester reist er Ende Februar dorthin. Drei Tage lang wird Dominik Nerz in Leipzig untersucht. Die Diagnose ist eindeutig: Magersucht. Der Arzt macht ihm in drastischen Worten klar, auf was für einem gefährlichen Weg er sich befindet. »Herr Nerz, wenn Sie noch einen Monat so weitermachen, sind Sie tot«, habe der Arzt ihm erklärt, berichtet Nerz. Seine Schwester bestätigt diese Aussage. Der Arzt hätte ihn am liebsten in eine Klinik eingewiesen, erzählt Nerz, das habe er aber abgelehnt.

Bei Enrico Poitschke ist vor allem hängengeblieben, dass der Arzt ihm erklärt habe, Druck von außen bringe nichts. Nerz müsse selbst an den Punkt kommen, dass er erkenne, wie es um ihn stehe. »Das war für mich ein harter Tag«, sagt Poitschke, »weil man weiß, man kann eigentlich nichts machen.«

Hilflosigkeit ist das Gefühl, das alle erfasst, die in dieser Zeit mit Dominik Nerz zu tun haben. Niemand ist gewappnet für so einen Fall. Obwohl allen klar ist, dass Nerz krank ist, weiß niemand, was zu tun ist. Niemand kommt auf die Idee, die Notbremse zu ziehen, Nerz vor sich selbst zu schützen, ihn erst mal aus dem Profisport zu nehmen, damit er seine Krankheit in den Griff bekommen kann. »Im Nachhinein wäre das vernünftig gewesen«, räumt sein Trainer Hartmut Täumler ein. »Er war krank. Und die sinnvollste Entscheidung wäre gewesen: raus, Klinik, gesund werden und dann über die weitere Karriere nachdenken. Aber da hat das Leistungssport-Denken überwogen. Ich wollte dem Jungen helfen, aber nicht helfen im eigentlichen Sinne, sondern helfen, seinen leistungssportlichen Traum zu verwirklichen.« Auch allen anderen geht es vor allem darum, dass Dominik Nerz wieder fit wird. Teammanager Ralph Denk sagt, er habe die Sache ein wenig auf die leichte Schulter genommen. Er habe das nicht so sehr unter dem Aspekt Krankheit gesehen, sondern als Problem. Er sei kein Arzt, deswegen habe er die Dimension nicht beurteilen können. »Mei«, seufzt er, »vielleicht bin ich dafür auch zu tief in Bayern aufgewachsen. Viele solcher sogenannten ›Krankheiten‹, die kennt man bei uns nicht.«

Ralph Denk überweist Dominik Nerz damals monatlich viel Geld und er erwartet dafür eine Gegenleistung. Diese bleibt nun aus und Denk mag das nicht akzeptieren. Er selbst sei ein mental starker Mensch, erklärt er. »Und wenn du selbst nicht so abdriftest, dann tust du dich schwer damit, das ein bisschen ernster zu nehmen.« Auch Enrico Poitschke, den die Diagnose des Arztes mitnimmt, weil er, wie er betont, große Sympathien für Nerz hegt, denkt vor allem in leistungssportlichen Kategorien. »Man weiß, er ist jetzt schwer krank. Man hat zusammen Ziele gehabt. Das ist nicht schön«, sagt er. Aber Nerz ist ja ein Spitzenathlet. Deshalb setzt Poitschke auf dessen über Jahre antrainierte Willensstärke, als sei der Weg aus der Krankheit ein Wettkampf. »Leitungssportler können unglaubliche Leistungen vollbringen und deshalb geht das, was bei normalen Menschen Monate oder Jahre dauert, vielleicht viel schneller«, beschreibt Poitschke seine Hoffnungen damals. »Wir wollten ihm natürlich Zeit lassen. Aber gehofft haben wir, dass er das verhältnismäßig schnell überwinden kann.«

Hilfe können sie ihm innerhalb des Teams dafür aber nicht zur Verfügung stellen, weil die finanziellen Mittel fehlen. So jedenfalls schildert es Ralph Denk. Für den Teammanager und seinen Sportlichen Leiter ist es eine Situation, der sie nicht gewachsen sind, nicht gewachsen sein können. Beide betonen, dass sie Dominik Nerz mögen. Aber Empathie ist keine Kategorie im Leistungssport. Den Beteiligten fehlen nicht nur die Mittel, sondern sie kommen mit der Art der Krankheit grundsätzlich nicht klar. »Das war für mich ganz schwer begreifbar«, sagt Enrico Poitschke. »Was geht im Kopf von so einem Menschen vor? Wie kann es sein, dass er nichts mehr essen will und denkt, er ist zu dick?«

Auch Nerz' Eltern sind hilflos. Sie müssen mit ansehen, wie ihr Sohn in diese gefährliche Spirale geraten ist und sich nun nicht mehr befreien kann. Aber sie haben die Erfahrung gemacht, dass ihr Sohn, seit dem Moment, als er Radprofi geworden ist, in einer anderen Welt lebt, zu der sie keinen Zutritt haben. »Wir sind da außen vor gewesen«, erklärt sein Vater. Ulrike Nerz zeigt auf einen Ordner mit Fotos von ihrem Sohn als jungem Radsportler auf dem Weg nach oben. »Es gibt Bilder, da sprüht er, und ich habe mir immer gedacht, wo ist diese Begeisterung geblieben?« Vieles aus dieser Zeit der schweren Krise damals habe sie inzwischen einfach verdrängt, stellt sie fest. Magersucht habe im Raum gestanden, aber dann sei wieder die Rede von Essstörungen gewesen, dann wieder sei es die Notwendigkeit gewesen abzunehmen, um die Berge besser hochzukommen. Ihr Mann sagt, er wisse bis heute nicht, was genau in Leipzig diagnostiziert worden sei. Die Eltern hoffen, dass Dominik Hilfe aus seiner Welt bekommt, vom Team. »Die waren es, die ihn noch erreicht haben, wenn es um Leistung ging«, meint Ulrike Nerz. »Aber es hat dann immer nur geheißen: Du bist nichts mehr wert, du hast es nicht geschafft, du kannst die Erwartung nicht erfüllen. Das ist gnadenlos. Der Mensch, der da dahintersteckt, interessiert überhaupt nicht und ist im Notfall auch noch selber schuld, weil er sich nun noch fast zu Tode hungert. Aber dass das alles ein Puzzle aus vielen, vielen Momenten, aus vielen Einflüssen und vor allen Dingen vielen Menschen ist, die einen Einfluss darauf nehmen, und dass irgendwann dieses Gewebe so drückend eng wird, dass man nicht mehr rauskommt, das sieht keiner.«

Die Eltern holen sich in dieser Phase selbst professionellen Rat, weil sie das Gefühl haben, der Situation nicht mehr gewachsen zu sein. »Wir haben uns aus verschiedenen Informationen ein Bild gemacht, haben versucht, an ihn ranzukommen, aber irgendwann gemerkt: Es gibt Themen, da lässt sich von uns nichts mehr regeln.« Dominiks Probleme werden in dieser Zeit zu einer großen familiären Belastung. Die Familie bekommt die volle Wucht seiner Schwierigkeiten zu spüren. Zu seinen Freunden außerhalb des Radsports hat Dominik Nerz in dieser Zeit kaum Kontakt. Er lebt inzwischen alleine, eine Freundin hat er damals nicht. Er leidet unter einer mit der Magersucht einhergehenden Depression. Selbst wenn ihr Bruder nicht zu Hause gewesen sei, sei die Situation immer angespannt gewesen, erinnert sich Annika Nerz. »Obwohl wir ja über viele Sachen geredet haben, hat nie jemand richtig ausgesprochen, was hätte ausgesprochen werden müssen. Es hätte einfach mal jemand auf den Tisch hauen und sagen müssen: ›So geht's jetzt nicht mehr.‹ Das fand ich so schlimm, keiner wusste, wie gehen wir das Thema jetzt an. Deswegen war es für mich eine große Erleichterung, als dann endlich mal ein Arzt gesagt hat: ›Das geht so nicht mehr.‹«

Die klare Ansage des Arztes in Leipzig bewirkt bei Dominik Nerz immerhin eine gewisse Einsicht. »Das war ein Schock. Bis zu dem Punkt war mir das Ausmaß nicht klar. Ich habe gedacht, ich bin auf einem guten Weg«, sagt er. »Das hat mich hart erwischt. Da wusste ich, es geht so nicht weiter.« Nerz sucht danach einen Therapeuten in Konstanz auf, mit dem er ein paar Sitzungen absolviert. Doch die Chemie zwischen beiden stimmt nicht, es bleibt ein Intermezzo. Eine Weile arbeitet er auch mit dem Schweizer Ernährungsberater Jürg Hösli zusammen, der ihm einen Ernährungsplan an die Hand gibt. Die Folgen der Mangelernährung sind fatal. Der Körper regeneriert schlechter, es kommt zu Schlaflosigkeit, psychischen Problemen. Durch das Abhungern und den Gewichtsverlust hat Nerz zudem seiner

Lungenfunktion geschadet. »Er konnte praktisch seine Sauerstoffaufnahme gar nicht voll ausnutzen«, erinnert sich Hartmut Täumler. »Das hat ihn erschrocken. Er hat gesehen, dass er sich verrannt hatte, und hat nach einem Ausweg gesucht.«

Aber auch mit Hösli arbeitet Dominik Nerz nicht lange zusammen. Er zieht sich, wenn er nicht trainiert, weitgehend in seine Wohnung in Kreuzlingen zurück und beginnt sich selbst mit dem Thema Magersucht auseinanderzusetzen. Er schaut Dokumentationen im Internet, liest über die Krankheit und mögliche Krankheitsverläufe. Nerz zwingt sich, etwas mehr zu essen. Zumindest während der Rennen und im Training achtet er nun darauf, seinem Körper die nötige Energie zuzuführen. Wie ein Fahrer in der Schülerklasse habe er erst einmal die Basics wieder lernen müssen, sagt Nerz. Er sorgt dafür, dass er immer Flaschen mit isotonischen Getränken am Rad hat, von denen er jede Stunde eine trinkt. Er isst seine Energieriegel, schluckt seine Energie-Gels. Schwerer fallen ihm die Mahlzeiten vor und nach dem Training. Er muss sich überwinden, zu essen, und sich zwingen, Gewicht zuzulegen.

Auch der Blick in den Spiegel bleibt wichtig. Manchmal verbringt Dominik Nerz eine Viertelstunde davor und mustert seinen ausgezehrten Körper. Mit Daumen und Zeigefinger kneift er die kaum noch vorhandenen Hautfalten zusammen, so wie einst Dottore Corsetti mit der Fettzange in seiner Zeit bei Liquigas. Er versucht zu überschlagen, wie hoch sein Körperfettanteil ist. Er weiß, er muss zunehmen, aber er empfindet jedes zusätzliche Gramm als Niederlage, weiterhin. Denn er will leicht sein, wenn er bei der Tour de France startet. Nerz ist weiter gefangen in seinem inneren Teufelskreis. Manchmal ist sein Hunger so groß, dass er es nicht mehr aushält. Dann überkommen ihn Fressattacken. Er stopft so viel in sich hinein, dass sein entwöhnter Magen überfordert ist. Anschließend kotzt er alles wieder raus.

Auf die Waage stellt er sich in dieser Zeit nicht mehr. Er will nicht wissen, wie viel er wiegt. Aber er legt an Gewicht zu, zumindest ein wenig. Sein Team fordert Rückmeldungen ein, aber Dominik Nerz kommt dieser Aufforderung nur sporadisch nach. Seine depressive Stimmung verstärkt den inneren Wunsch nach Rückzug. Er fühlt sich von den Aufforderungen des Teams unter Druck gesetzt und kontrolliert, was das Unverständnis und die Ratlosigkeit bei der Teamleitung weiter steigert. »Der Enrico und ich haben uns manchmal angeschaut und gesagt: ›Das gibt's doch nicht.‹ Die banalen Sachen: Schick mal fünf Sätze per E-Mail, ein Protokoll. Nichts. Das war ein Desaster. Er hat es nicht gemacht, weil er so zu uns gemacht hat«, sagt Ralph Denk und schlägt die linke Hand in die rechte Armbeuge. »Er hat lieber seine Vespa geputzt oder über neue Felgen für sein Auto nachgedacht, damit er ja nicht an Radsport denken muss.« Immer habe Nerz irgendwelche Ausreden gehabt, sagt Denk. Aber er nehme das nicht persönlich.

Das Verhältnis zwischen Teamleitung und Kapitän ist zu diesem Zeitpunkt angespannt, aber noch nicht zerrüttet. Zumal Dominik Nerz sportlich trotz allem langsam zurück in die Spur zu finden scheint. Seine Ergebnisse im Frühjahr sind nicht berauschend, aber er fühlt sich körperlich stabiler. Auch die gemeinsamen Mahlzeiten mit den Teamkollegen versetzen ihn anders als vorher nun nicht mehr in Panik. Sein erstes Rennen nach dem Arztbesuch in Leipzig ist die Classica Corsica am 27. März. Das Rennen beginnt in Ajaccio und führt zunächst über zwei Anstiege, ist auf den letzten 70 Kilometern Richtung Ziel nach Bastia aber weitgehend flach. Am Berg habe er sogar ein »bisschen spielen« können, erinnert sich Nerz, erst hinten raus sei der Akku dann leer gewesen. Auch die Sportliche Leitung hat das Gefühl, dass der Kapitän langsam wieder auf Kurs kommt. »Es war schon zu sehen, dass er körperlich wieder anders aufgestellt war«, sagt Enrico Poitschke. »Aber wie weit er die Krankheit überwunden hatte, das konnte ich nicht beurteilen.«

Dominik Nerz wundert sich im Rückblick, dass niemand vom Team mal ernsthaft mit ihm über seine Probleme gesprochen habe. Es komme ihm vor, als hätten alle das Thema verdrängt. Die Annahme, die Krankheit sei nach einem Monat komplett weg gewesen, sei dilettantisch gewesen, findet er. Das mag stimmen. Andererseits hat die Teamleitung wie auch seine Eltern zu dieser Zeit den Eindruck, dass er gar nicht mehr zu erreichen ist, dass er sich sperrt, wenn das Gespräch auf seine Magersucht kommt. »Man hat gemerkt, dass ihm das Thema unangenehm ist und er es am liebsten einfach wegwischen will«, erinnert sich Poitschke. »Da hat er vielleicht auch für sich gedacht, dass er das viel besser im Griff hat, als es dann schlussendlich war.« Tatsächlich hat Dominik Nerz nach der Bayern-Rundfahrt im Mai selbst wieder den Eindruck, auf dem richtigen Weg zu sein. »Da habe ich Mut geschöpft, dass es doch noch funktionieren kann«, sagt Nerz. Auch er ist weiterhin im Prinzip Leitungssport gefangen, von dem er heute sagt, dass ein kranker Sportler darin nicht vorgesehen ist. Die Tour de France bleibt das erklärte Ziel. Niemand will davon abrücken, weder er noch sein Team. Auch jetzt nicht.

# XI

# IN DER FALLE

»Der Dominik hat Talent. Du wirst nicht einfach mal so 14. bei der Vuelta«, sagt Marcus Burghardt und zupft an seiner Mütze herum, während er über seinen Freund und ehemaligen Teamkollegen bei BMC spricht. Burghardt ist ein erfahrener Radprofi, dem man seine Herkunft aus dem Erzgebirge anhört. Er ist fast 1,90 Meter groß und mit seiner Statur ein typischer Fahrer für die schweren Eintagesrennen im Frühjahr. Zu seinen größten Erfolgen zählen ein Etappensieg bei der Tour de France und ein Sieg beim belgischen Klassiker Gent-Wevelgem. Auch Deutscher Meister war er schon. Doch vor allem ist Burghardt ein wichtiger Helfer gewesen für Kapitäne wie Cadel Evans, den er 2011 zum Toursieg geleitete. »Ich könnte machen, was ich will, ich würde nie 14. bei der Vuelta werden«, stellt er klar. »Also fehlt bei Dominik nicht das Talent, es muss am Kopf liegen.«

Ein Radsportler muss beides haben, um erfolgreich zu sein: die Beine und den Kopf. Und Dominik Nerz hatte die Beine, aber nicht den Kopf. Eine stabile Psyche – daran hat es letztlich gefehlt. So sehen das seine ehemaligen Begleiter im Radsport. »Da war körperlich ein wahnsinniges Talent vorhanden, aber schon ganz banale Dinge haben ihn gestresst«, sagt auch der

Teammanager Ralph Denk. »Im Endeffekt muss beides passen, um ein echter Champion zu werden.« Doch um welchen Preis?

Leistungssportlern wird viel abverlangt. Sie werden mit Erwartungen überfrachtet, sie erwarten selbst sehr viel von sich und sie müssen sich öffentlich erklären, wenn sie diesen Erwartungen nicht entsprechen. Der Leistungsdruck ist enorm. Spitzenathleten müssen lernen, damit umzugehen, oder sie können daran zerbrechen. Selbst die Champions leiden darunter. Im Frühjahr 2018 hat der ehemalige Fußball-Nationalspieler Per Mertesacker im Nachrichtenmagazin *Der Spiegel* geschildert, was dieser permanente Druck bedeutet. »Irgendwann realisierst du, dass das alles eine Belastung ist, körperlich und mental, die es auch erst mal zu verarbeiten, wegzustecken gilt. Dass es null mehr um Spaß geht, sondern dass du abliefern musst, ohne Wenn und Aber. Selbst wenn du verletzt bist.« Mertesacker schildert den Brechreiz unmittelbar vor dem Anpfiff, erzählt von regelmäßigem Durchfall, nervösem Schlaf vor den Spieltagen. Per Mertesacker ist ohne Zweifel ein Champion, er wurde mit der deutschen Nationalmannschaft 2014 in Brasilien Weltmeister. Auch Sven Hannawald ist ein Champion. Er beendete seine Karriere zwei Jahre nachdem er im Winter 2001/2002 als erster Skispringer alle vier Springen der Vierschanzentournee gewonnen hatte wegen eines Burn-outs. Hannawald wandelte damals ebenfalls am Rande zur Magersucht.

Gerade Athleten in Sportarten, bei denen das Gewicht ein Faktor ist, laufen Gefahr, eine Essstörung zu entwickeln oder magersüchtig zu werden. Das passiert nicht selten: In manchen

Sportarten beträgt das Risiko, eine Essstörung zu entwickeln, laut dem Amerikanischen College für Sportmedizin (ACSM) bis zu 60 Prozent. Eine Studie in Norwegen unter Topathleten kam 2004 zu dem Ergebnis, dass insgesamt 13,5 Prozent der Sportler an einer Essstörung litten, während der Anteil in der Normalbevölkerung außerhalb des Sports nur bei rund 4,5 Prozent lag. Eine ebenfalls in Norwegen durchgeführte Studie, die Untersuchungen aus verschiedenen Ländern zusammenführte, kam 2013 zu dem Schluss, dass disziplinübergreifend bis zu 45 Prozent der Hochleistungssportlerinnen ein gestörtes Essverhalten aufweisen. Bei den Männern betrage der Anteil bis zu 19 Prozent.

Der Radsport gehört wie andere Ausdauersportarten zu den besonders gefährdeten Disziplinen, weil hier die Leistungserwartungen eng an die Frage des Gewichts geknüpft sind. »Ich habe geglaubt: Je leichter ich bin, desto schneller werde ich«, erzählt der amerikanische Radprofi Ben King in einem YouTube-Video, in dem er seine Magersucht als jugendlicher Radsportler öffentlich gemacht hat. Das Bundesinstitut für Sportwissenschaften hat schon 2004 einen Leitfaden zum Thema Essstörungen im Leistungssport herausgegeben. Die Broschüre liest sich, als habe Nerz' Geschichte als Vorlage gedient. »Der Druck auf Athletinnen und Athleten, ihre Leistungsfähigkeit zu steigern, einer ästhetischen Norm zu entsprechen oder eine Gewichtsklasse zu erreichen, führt immer häufiger zu Anstrengungen, ein oft unrealistisch niedriges Körpergewicht zu erreichen und zu behalten«, heißt es darin. »Daraus resultieren Veränderungen im Essverhalten. Kalorien werden gezählt, bestimmte kalorienreiche Lebensmittel vermieden oder chronisch Diät gehalten.« Bis dahin kann man ein solches Verhalten noch als normales Verhalten für Berufsathleten beschreiben. Doch der Grat ist schmal, wie die Broschüre weiter ausführt. Es passiere nicht selten, dass dieses Optimum im Bestreben, die Leistungsfähigkeit noch weiter zu verbessern, überschritten werde und sich die zunächst positiven Effekte umkehrten. »Die Leistung wird wieder schlechter. Hieraus entsteht eine Unzufriedenheit, der innere und äußere Leistungsdruck nimmt zu und es wird weiter versucht, Gewicht zu verlieren.« Das sei der Moment, an dem es beginne gefährlich zu werden, warnen die Autoren des BISp: »Ab diesem Punkt kann sich das zunächst nur leicht veränderte Essverhalten verselbständigen, ein Teufelskreis beginnt. Im weiteren Verlauf entstehen so genannte Übergangsformen zwischen subklinischen und klinischen Ess-Störungen. Bei entsprechender Disposition – meist unbemerkt aufgrund der sportlichen Legitimation – entgleist das Essverhalten in schwere krankhafte Formen, wie der Magersucht oder der Ess-Brech-Sucht.« Experten haben für dieses Krankheitsbild bei Sportlern den Begriff der Anorexia athletica geprägt, um dieses von der herkömmlichen Magersucht (Anorexia nervosa) abzugrenzen, weil es Besonderheiten gibt, die vor allem Athleten betreffen.

Der Schweizer Ernährungswissenschaftler Jürg Hösli, der im Frühjahr 2015 für kurze Zeit mit Dominik Nerz zusammengearbeitet hat, sagt, Nerz habe ganz eindeutig an einer Anorexia athletica gelitten. Nerz' Geschichte sei »eine typische Geschichte aus dem Radsport«, erklärt Hösli während eines Telefongesprächs. »Der Umgang mit dem Thema Ernährung und Gewicht ist im Radsport zum Teil schockierend«, findet er.

Häufig würden Radsportler zu ihm geschickt, deren Trainer ihn aufforderten, dem Athleten zu sagen, er solle weniger essen. Doch wenn er die Sportler dann untersuche, stelle er häufig fest, dass diese schon ausgezehrt seien. »Wer fünf, sechs Stunden trainiert, verbraucht das Äquivalent von sieben bis acht Mahlzeiten in einem Restaurant«, macht Hösli deutlich. »Und dann trinken sie nur Wasser.« Das belaste nicht nur den Körper, sondern auch die Psyche. »Wer zu wenig isst, wird sensibel. Und diese Übersensibilität führt dann oft dazu, dass man das Gefühl hat, man sei zu dick. Und schon steckt man in diesem Teufelskreis.«

Dominik Nerz tappt im Winter 2014/15 genau in diese Falle aus äußeren Einflüssen und inneren Ansprüchen. Mit seinem Wechsel zu Bora-Argon18 und seiner neuen Rolle als Kapitän ist er überfordert. Der Zielvorgabe »Top Ten« bei einer großen Rundfahrt ist er nicht gewachsen. Sein eigener Ehrgeiz führt dazu, dass er die Erwartungen unbedingt erfüllen will. So kennt er das auch von zu Hause. »Als Familie haben wir eigentlich die Grundlosung: Am langen Ende wollen wir gewinnen«, sagt sein Vater Michael Nerz. »Und das ist eigentlich bei allen bisher aufgegangen. Ich denke, es wäre auch bei Dominik aufgegangen, wenn gesundheitlich nichts dazwischengekommen wäre.«

Der innere, selbst gemachte Druck wird durch die Vorstellung vom »Idealbild« eines mageren Rundfahrers verstärkt. »Typische Charaktereigenschaften von Menschen, bei denen das Risiko für die Entstehung einer Ess-Störung besteht, sind Zielstrebigkeit, Perfektionismus, Zwanghaftigkeit und Selbstkontrolle«, heißt es in der Broschüre des BISp. »Dies sind typische Wesenszüge, die gerade Leistungssportlerinnen und

-sportler auszeichnen.« Alle diese Eigenschaften sind auch bei Dominik Nerz stark ausgeprägt. Er neige zur »Übermotivation«, sagt er selbst. Das war schon als Jugendlicher so. »Er war schon als Schüler und Jugendfahrer außergewöhnlich zielstrebig. Ich musste manchmal seinen Ehrgeiz etwas bremsen, um ihn nicht zu überfordern«, hat Nerz' Jugendtrainer Werner Huber einmal der Zeitschrift *Radsport* erzählt. Ernährungswissenschaftler Jürg Hösli sagt, dass die Anlagen für eine Anorexia athletica häufig schon in der Jugend verwurzelt seien. Vor allem wenn das Umfeld und man selbst sich über Leistung definiere und man das Gefühl habe, immer mehr leisten zu müssen. »Viele geben sich selbst dann nicht die nötigen Emotionen«, hat Hösli festgestellt. »Und Essen ist Emotion. Sie nehmen sich auch nicht die Zeit dafür.«

Es ist diese Kombination aus äußeren und inneren Einflüssen, die den Leistungsdruck im Spitzensport ausmachen. Bei Radsportlern kommt häufig noch der Aspekt der Zukunftssicherung hinzu. Denn Verträge werden in der Regel nur für zwei Jahre abgeschlossen. Wer bis Oktober noch keine neue Vereinbarung getroffen hat, muss damit rechnen, seinen Job als Radprofi zu verlieren. Für die Fahrer bedeutet das, sie kämpfen praktisch permanent um ihren Arbeitsplatz, dessen Sicherheit von entsprechenden Leistungen abhängig ist. »Selbst nach einem harten Training, dem ich mich unterzog, war an ein normales Einschlafen nicht zu denken. Was machst du, wenn du es nicht packst, nächste Woche in Frankreich? Was wird, wenn du keinen Vertrag mehr bekommst? Dass ich in dieser Saison schon fünf Rennen gewonnen hatte, war zwar ein kleiner Trost, aber was, wenn sich keiner mehr daran erinnern würde, was vor der Tour passiert war?«, schildert der ehemalige Radprofi Marcel Wüst diese permanente Existenzangst in seiner Autobiografie »Sprinterjahre«. Die Dopingskandale und der damit verbundene Rückzug von Sponsoren haben diesen Aspekt noch verschärft. Zahlreiche Teams mussten aufgeben, was die Zahl der Arbeitsplätze gerade unterhalb der WorldTour noch verknappt hat. Das wiederum lässt, das ist die Ironie an der Geschichte, manch einen Fahrer zu Dopingmitteln greifen in der Hoffnung, mit der so manipulierten Leistungsfähigkeit die Chancen auf einen neuen Vertrag zu erhöhen.

Auch Dominik Nerz kennt diese Form der Zukunftsangst, wenn ein Vertrag ausläuft. In seinem zweiten Jahr bei BMC, in dem er beginnt den Faden zu verlieren, geht es auch für ihn um einen neuen Kontrakt. Als der BMC-Sportchef Allan Peiper ihm damals telefonisch mitteilt, dass er nicht zum Aufgebot für die Tour de France 2014 gehört, zieht es ihm auch deshalb den Boden unter den Füßen weg. »Da war ich fertig mit der Welt. Ich habe Rotz und Wasser geheult. Ich war körperlich fix und fertig. Und auch seelisch war ich an einem Punkt, an dem ich nicht mehr konnte. Ich habe gedacht: ›Hey, ich reiße mir das ganze Jahr den Arsch auf, fahre mit Fieber Rennen, quäl mich irgendwie durch, nur um am Ende doch nicht die Tour zu fahren‹«, sagt Nerz. »Es ging ja auch um einen neuen Vertrag. Ich wusste, die Leute, die die Tour fahren, haben gute Chancen, einen Vertrag zu bekommen.«

Dieser Aspekt fällt mit der Vertragsunterschrift bei Bora-Argon18 zwar weg, dafür kommt eine andere Komponente hinzu: die Aufmerksamkeit der Medien. Bis dahin war Dominik Nerz nur einigen Fachjournalisten bekannt. Auch in Wangen im Allgäu, wo die *Schwäbische Zeitung* regelmäßig über seinen Werdegang berichtet, hat Nerz einen gewissen Bekanntheitsgrad. Insgesamt fünf Mal wird er zum Wangener Sportler des Jahres gewählt. Als Nerz an der Seite von Vincenzo Nibali die Tour bestreitet und mit guten Leistungen auf sich aufmerksam macht, wird das Interesse zwar für einen Moment auch überregional etwas größer. Doch schon bald stehen wieder andere Radprofis im Fokus. Jene, die Siege einfahren. Die Sprinter wie André Greipel und Marcel Kittel, der viermalige Zeitfahr-Weltmeister Tony Martin sowie John Degenkolb, der Etappen bei der Vuelta und Paris-Nizza gewinnt und 2015 mit seinen Siegen bei Mailand-Sanremo und Paris-Roubaix den Durchbruch als Klassikerfahrer erlebt. Dominik Nerz bleibt im Vergleich dazu eine Randfigur. Doch das ändert sich jetzt.

Die deutsche Sportkultur ist abseits des Fußballs sehr stark auf nationale Helden fixiert. Der deutsche Tennis-Boom ab Mitte der 1980er-Jahre war mit den Namen Boris Becker und Steffi Graf verknüpft und ebbte genauso schnell wieder ab, als beide ihre Karrieren beendeten. Nicht anders ist es im Radsport, der allerdings zusätzlich noch mit einem bestimmten Rennen, der Tour de France, in Verbindung gebracht wird. Andere Rennen wie die Frühjahrsklassiker, der Giro d'Italia oder die Lombardei-Rundfahrt sind hierzulande der breiten Öffentlichkeit kaum bekannt. Allenfalls die anachronistische Kopfsteinpflaster-Prüfung Paris-Roubaix, die »Hölle des Nordens«, erreicht noch einen gewissen Bekanntheitsgrad. Aber ein außerordentliches Interesse des deutschen Publikums am Radsport besteht immer nur dann, wenn ein deutscher Radprofi bei der Tour de France vorne im Gesamtklassement mitfährt. Das war bei Dietrich »Didi« Thurau so, der mit seinen 15 Tagen im Gelben Trikot bei der Tour 1977 große Begeisterung hervorrief. Und es war erst recht so bei Jan Ullrich, der als erster Deutscher 1997 in Frankreich die Tour gewann und damit ähnlich wie Becker/Graf im Tennis einen Radsport-Boom auslöste, den er mit seiner Verwicklung in die Fuentes-Affäre dann selbst wieder beendete.

Anfang 2015 hat sich der deutsche Radsport dank der Erfolge von Greipel, Kittel, Martin und Degenkolb und deren klarer öffentlicher Positionierung gegen Doping konsolidiert. Was fehlt ist ein Rundfahrer, der bei der Tour im Gesamtklassement eine Rolle spielen kann. Die Ankündigung, dass da nun jemand ist, der bei der Tour de France unter die ersten zehn fahren soll, sorgt für mediales Interesse. Nerz wird den Medien von seinem Team als Hoffnungsträger verkauft. »Auf einmal sollte ich der Retter des deutschen Radsports sein«, sagt Nerz.

Je näher die Tour rückt, desto größer wird das Interesse am Kapitän des deutschen Teams, das erwartungsgemäß wieder eine Einladung nach Frankreich bekommen hat. Er habe das Gefühl gehabt, dass jedes Dorfblatt seine Nummer bekommen und etwas von ihm habe wissen wollen, erzählt Nerz. »Das hat mich teilweise an den Rand der Verzweiflung gebracht. Ich war zu der Zeit ein psychisches Wrack. Meine körperliche Konstitution war bezogen auf das Gewicht sicherlich noch nicht perfekt, aber meine Leistung war ansprechend. Was mir aber zugesetzt hat und dann auch leistungsmindernd war, das war der psychische Druck, der mir von außen auferlegt wurde.«

An einem Morgen Ende Mai, Anfang Juni 2015, kurz vor Beginn der Dauphiné-Rundfahrt, bricht er unter dieser Last zusammen. Nerz sitzt in seiner Wohnung in der Schweiz und hat wieder eine jener periodisch auftretenden Fressattacken, als das Telefon klingelt. Wieder ist ein Journalist am Apparat. Er stellt seine Fragen: nach dem Ziel Top Ten bei der Tour, nach der Form, nach den eher schwachen Ergebnissen im Verlauf der bisherigen Saison und ob und wie das alles denn zusammenpasst. Auch um das Thema Gewicht geht es in dem Interview, denn Nerz müsse ja sicher leicht sein, um gut die Berge hochzukommen. Dominik Nerz hat sich für die immer gleichen Fragen inzwischen Standardantworten zurechtgelegt. Er müsse erst in die Rolle des Kapitäns hineinwachsen, erklärt er. Er mache den Erfolg bei der Tour nicht an einer Platzierung fest. Er sei in Sachen Formaufbau auf einem guten Weg. Nerz muss sich zusammenreißen. Als das Gespräch beendet ist, kann er nicht mehr. »Ich lag da, habe Heulkrämpfe bekommen und wusste einfach nicht mehr, wohin. Da ist irgendwas explodiert, was ich wahrscheinlich eine lange Zeit nicht an mich rangelassen habe«, glaubt er. »Ich habe dann, als ich mich ein bisschen beruhigt hatte, meine Eltern angerufen und habe gesagt: ›Ich schaff's nicht. Ich weiß nicht, wie ich da rauskommen soll.‹ Meine Schwester und meine Mom kamen dann zu mir und haben versucht, mich auf andere Gedanken zu bringen. Aber ich war gefangen und sie konnten mich ja auch gar nicht vor dem Einfluss von außen schützen.«

Leistungsdruck wird von Sportlern unterschiedlich wahrgenommen. Manch ein Athlet empfindet einen gewissen Druck sogar als Ansporn. Anderen bereitet der Umgang damit Probleme. Im Radsport sind die Kapitäne einem größeren Druck ausgesetzt als ihre Helfer. Sie sind es, die an Ergebnissen gemessen werden und sich rechtfertigen müssen, wenn sie diese nicht liefern. Dominik Nerz ist dieser Art von Leistungsdruck Anfang 2015 zum ersten Mal ausgesetzt. Ein beklemmendes Gefühl. »Das ist, als wenn dich jemand einschnüren würde. Ich hatte das Gefühl, nicht mehr frei leben zu können, sondern dritten Personen gerecht werden zu müssen«, sagt er. »Ich hatte immer Bilder im Kopf von irgendwelchen kleinen Fans, die da stehen und einen bewundern. Dann bin ich abgehängt worden, habe versagt und hatte die Kinder vor Augen, die enttäuscht sind.«

Der Umgang mit Leistungsdruck ist ebenso individuell wie dessen Wahrnehmung. Ralph Denk kann immer noch nicht verstehen, warum Dominik Nerz sich damals derartig hat aus dem Konzept bringen lassen von der öffentlich geäußerten Zielvorgabe. Er zieht einen Vergleich zu seinem neuen Star Peter Sagan. »Wenn du so was mit Peter diskutierst, der weiß das fünf Minuten später schon gar nicht mehr«, hat Denk festgestellt. Marcus Burghardt behauptet, er habe schon geahnt, dass Nerz Schwierigkeiten bekommen werde mit der Rolle als Leader und den damit verbundenen Erwartungen. »Das war schon eine große Verpflichtung. Für Dominik hat es mich gefreut, weil er es sich verdient gehabt hat. Er ist ein guter Rennfahrer. Aber ich habe auch gewusst, als Leader hast du Druck und der ist enorm hoch«, sagt Burghardt. »Ich habe in den Jahren bei BMC schon gemerkt, dass Dominik damit nicht umgehen kann, das stresst ihn zu sehr und dann kann er die Leistung nicht abrufen. Wenn er keinen Druck gehabt hat, dann ging's.«

Viele Athleten bauen heutzutage auf die Hilfe von Sportpsychologen, wenn es darum geht, den richtigen Umgang mit den inneren und äußeren Erwartungen zu finden. Die meisten sprechen nicht gerne darüber, weil sie Angst davor haben, dass man ihnen dann psychische Probleme nachsagt. Dabei ist im Spitzensport längst bekannt, dass nicht nur die Physis, sondern auch die Psyche trainiert werden kann. Auch Dominik Nerz arbeitet schon seit seiner Jugend mit einem Mentalcoach zusammen.

Thomas Stocker ist ein Freund seines Vaters. Die beiden haben eine Zeit lang beruflich miteinander zu tun gehabt. Stocker ist kein Sportpsychologe, sondern Bankkaufmann und Betriebswirt. Er hat verschiedene Führungspositionen innegehabt, war im Bankensektor auch für Motivation und Personalentwicklung zuständig. Er hat als Dozent und Schulleiter in beruflichen Bildungszentren gearbeitet, unter anderem bei der Deutschen Angestellten Akademie. Im Jahr 2000 hat Thomas Stocker sich als Coach, Trainer und Berater selbstständig gemacht. Er arbeitet mit der Chinesischen Quantum Methode (CQM) und nennt sich CQM-Master-Coach. Die Begründerin dieser Methode ist Gabriele Eckert, die nach eigenen Angaben in den neunziger Jahren Software an die Chipindustrie im Silicon Valley verkauft hat und in dieser Zeit auch mit der Bewusstseinsforschung in Kontakt gekommen ist, wie sie in einem im März 2016 auf YouTube veröffentlichten Video erzählt. Auf ihrer Homepage *www.cqm-hypervoyage.de* heißt es: »Gabriele Eckert war bereits als Teenager auf der Suche nach der Wahrheit und den Geheimnissen des Lebens. Sie hat sich über einen Zeitraum von mehr als 20 Jahren mit den verschiedensten Schulen und Lehren beschäftigt. Die Summe all dieser Erfahrungen ergab die Chinesische Quantum Methode (CQM).«

Im Kern geht es darum, dass der Mensch nach Eckerts Vorstellung mehr ist als der sichtbare Körper, sondern zusätzlich von einem Informationsfeld umgeben sei, in dem »alles abgespeichert ist, was wir erleben, nichts davon geht verloren«. Es gebe Verfahren, mit denen man dieses Feld sichtbar machen könne, erklärt sie. In diesem Informationsfeld gelte es, Muster aufzuspüren, »die dazu beigetragen haben, dass im Alltag etwas nicht so rund läuft«. Diese Muster sollen dann mental sofort aufgelöst, »korrigiert« werden. Korrigieren sei dabei aber nur »ein Codewort für die ganz klare Absicht, durch mein Bewusstsein neue Gedanken loszuschicken in das Feld [...]. Und der (Gedanke) hat die Absicht, ein vorgefundenes, störendes, schwächendes Informationsmuster [...] aufzulösen, zu neutralisieren und in eine Stärke umzuwandeln«. Das klingt nach Esoterik. Und tatsächlich findet man das Angebot für CQM-Seminare unter anderem auch auf entsprechenden Websites. Doch Dominik Nerz' Mentalcoach bestreitet, dass er sich in einer irrationalen, spirituellen Welt bewegt.

Thomas Stocker ist ein viel beschäftigter Mann. Mehrere E-Mails bleiben unbeantwortet, doch dann meldet er sich plötzlich telefonisch. Er sei in China gewesen, entschuldigt er sich. Stocker spricht mit einer angenehm ruhigen Stimme mit schwäbischem Einschlag. Er sei mehr als nur ein Mentalcoach, stellt er klar. Er könne mit bestimmten Techniken auch auf den körperlichen Zustand einwirken, so dass sich Schmerzen lindern. Das gehe auch aus der Distanz per Telefon, indem er auf der metaphysischen Ebene auf dieses Feld zugreife. Er heile aber nicht, sondern gebe nur Impulse. »Das klingt spooky, verrückt«, muss selbst Stocker zugeben. Es sei aber letztlich nur ein Handwerk, das jeder lernen könne und das man trainieren müsse. Stocker ist viel unterwegs, er veranstaltet zahlreiche Coachings. Er behauptet, er arbeite auch mit Fußballern und Trainern aus der Bundesliga zusammen, die das aber nicht öffentlich machen wollten, was er verstehe und respektiere.

Michael Nerz sagt, er und seine Familie seien überzeugt von CQM. Für ihn sei die Methode »legales Doping«. Auch sein Sohn ist sicher, CQM habe ihm geholfen. »Für die allermeisten Leute ist das Hokuspokus. Da muss man wirklich dran glauben«, erklärt er. Müsse man nicht, widerspricht Stocker. Einer, der nicht daran glaubt, weil er Thomas Stocker in all den Jahren zwar einmal kurz zu Gesicht bekommt, aber nie mit ihm sprechen kann, ist Hartmut Täumler. »Dieser ›Guru‹, der bleibt ein dickes Fragezeichen für mich«, sagt der Trainer. Bei den Deutschen Meisterschaften in Wangen 2013 habe es einmal eine kurze Begegnung gegeben. Stocker sei ihm damals vorgekommen wie ein »überkandidelter Fan«.

Auch Nerz' Manager Christian Baumer habe dem Mentalcoach kritisch gegenübergestanden. »Aber ich war nicht in der Lage, ihm den auszureden«, erzählt Hartmut Täumler. Alle seine Versuche, Kontakt mit Thomas Stocker aufzunehmen, sind vergeblich. Er hat das Gefühl, dass sein Sportler das auch gar nicht will, sondern ein Gespräch zwischen Trainer und Mentalcoach blockiert. Irgendwann habe er es dann gelassen, räumt Täumler ein. »Ich habe gemerkt, das ist eine Stelle, da lassen sie niemanden ran. Ich habe zu den Eltern einen guten Kontakt. Aber das ist ein wunder Punkt geblieben. Ich glaube nach wie vor, der war nicht gut für ihn. Aber das würde Dominik nie zugeben.« Stocker habe ein »falsches Spiel« gespielt, glaubt

Täumler. Der Trainer hat das Gefühl, dass Michael Nerz immer latent unzufrieden war mit dem Verlauf der Profikarriere seines Sohns. »Er wollte immer ein bisschen mehr und hat auch selbst versucht, Einfluss zu nehmen«, schildert er seinen Eindruck. »Ich habe manchmal das Gefühl, dass der Vater auf der einen Seite sehr stolz ist, was der Junge für einen Weg hinter sich hat, auf der anderen Seite aber auch ein bisschen schuld an Dominiks Unzufriedenheit war, weil er der Meinung war, dass es schneller gehen sollte. Und ich glaube, dass dieser ›Guru‹ an der Stellschraube mitgedreht hat.«

Der Vorwurf treffe ihn nicht, sagt Thomas Stocker. »Ich gebe keine Ratschläge und werde niemals jemandem vorschreiben, wie er sein Leben gestalten soll.« Mit CQM gehe man niemals über jemandes Willen hinweg, sondern man stelle lediglich Fragen. »Es geht darum, selbst zu reflektieren. Diese Informationen helfen dann dabei, dass man korrigieren kann.« Stocker arbeitet mit Dominik Nerz zusammen, seit dieser als Junior angefangen hat, seinen Sport immer intensiver zu betreiben. Der Kontakt zwischen den beiden ist im Laufe der Jahre mal mehr, mal weniger intensiv. Als Nerz dann für Bora-Argon18 gefahren sei, hätten sie so gut wie jeden Tag miteinander telefoniert, erzählt Stocker. Nerz sei im Verlauf seiner Profijahre die Unbeschwertheit abhandengekommen. Die Balance habe nicht mehr gestimmt. »Es ist zunehmend Druck reingekommen. Es gab großen Druck von außen und den Druck, den er sich selbst gemacht hat, weil er sehr ehrgeizig, zielorientiert und diszipliniert ist.«

Auch das Thema Ernährung sei bei ihm immer wieder aufgetaucht, berichtet Thomas Stocker. Aber wenn er Nerz danach gefragt habe, habe der ihn stets beruhigt. »Ich habe gedacht: ›Klar, das muss er wissen.‹ Was das betrifft, bin ich kein Experte. Ich habe immer wieder geäußert, wie ich das empfinde, aber letztlich war ich überfragt«, gibt Stocker zu. »Ich bin davon ausgegangen, dass es im Team Experten dafür gibt, aber das war nicht so, da habe ich mich blenden lassen.« Dass Dominik Nerz an einer Magersucht leidet, realisiert Stocker auch erst, nachdem Nerz in Leipzig war. »Ich bin kein Arzt, darum wäre es fahrlässig, wenn ich eine Diagnose gestellt hätte, und ein hohes Maß an Selbstüberschätzung«, stellt er klar.

Als die Krise seines Sohnes im Frühjahr 2015 immer schwerer wird, wendet sich auch Michael Nerz immer wieder an seinen Freund. Er hat das Gefühl, Stocker ist näher dran an seinem Sohn als er selbst. Michael Nerz glaubt auch, dass weder der Psychologe in Konstanz noch Ernährungsberater Hösli wirklich helfen können. »Wir haben den Eindruck gehabt, da haben dann so viele Leute mitgeredet, aber keiner war kompetent. Und dann kamen immer irgendwelche Horrormeldungen, wieder ein Ausfall oder die Leistung hat nicht gestimmt. Ich habe den Thomas immer angerufen und gesagt: ›Irgendwas stimmt nicht, irgendwas passt nicht‹«, erzählt Michael Nerz. Doch Stocker habe ihn beruhigt: Sie seien auf einem guten Weg. Dominik arbeite gut mit.

Sportlich geht es Ende Mai tatsächlich langsam wieder aufwärts. Noch sind es knapp vier Wochen bis zur Tour. Aber niemand weiß, ob Dominik Nerz bis zum Grand Départ in Utrecht das nötige Niveau erreichen kann, das es braucht, um eine Drei-Wochen-Rundfahrt zu bestehen. Während in den Medien weiter davon ausgegangen wird, dass der Bora-Kapitän in der

Gesamtwertung weit vorne landen soll, versuchen intern alle Beteiligten, den Druck rauszunehmen.

»Es war eine positive Tendenz da«, sagt Hartmut Täumler. »Das Problem war, dass ihm die Selbstbestätigung gefehlt hat, dass er auf diesem Level fahren kann. Dadurch wurde er immer nervöser, je näher die Tour kam. Wir haben nie über diese Platzierung in der Einzelwertung gesprochen, immer nur von einer akzeptablen, vernünftigen Tour. Um mehr ging es erst mal nicht. Es ging wirklich nur noch darum, sich gut aus der Affäre zu ziehen.« Die Daten, die Täumler zur Verfügung hat, sprechen ebenfalls für eine solide Form. Er setzt auch darauf, dass Dominik Nerz in der dritten Woche der Tour seinen Formhöhepunkt erreichen kann. So wie in den Jahren zuvor bei der Vuelta und 2012 in Frankreich. Bei der Dauphiné-Rundfahrt im Juni soll er sich den letzten Schliff holen für eine Tour, von der niemand weiß, wie er sie nach der Vorgeschichte im Winter und Frühjahr verkraften wird.

## XII

# DER TUNNEL

Das Bild ist verstörend. Selbst wenn man Dominik Nerz gut kennt, erkennt man ihn auf diesem Foto nicht sofort. Sein Gesicht ist aufgedunsen, der Kopf leicht nach hinten geneigt. Die Beine ein wenig angewinkelt, das linke etwas stärker als das rechte, sitzt er vor einer weiß getünchten Wand. Blut fließt seinen rechten Arm hinab. Er stützt sich leicht ab damit, fast behutsam. Auch das rechte Bein blutet, kleinere Schürf- und Schnittwunden um und am Knie sind zu erkennen. Das Rennrad liegt hinter ihm auf dem mit Splitt übersäten Asphalt. Der Lichtkegel eines Scheinwerfers beleuchtet die Szene von hinten und wirft den Schatten des Vorderrades an die Wand, vor der Nerz sitzt. Er schreit. Man kann den Schrei nicht hören, aber man spürt ihn, wenn man das Bild betrachtet. Es ist ein Schrei der Seele.

Es gibt noch ein weiteres Foto. Es muss kurze Zeit später entstanden sein. Der zweite Fotograf hat eine andere Perspektive. Er steht vor Dominik Nerz und blickt auf ihn hinunter. Der Rennarzt beugt sich über den immer noch schreienden Radprofi, betastet die mageren Beine. Irgendjemand hat inzwischen das Rad aufgehoben, es lehnt jetzt hinter Nerz an der Wand. Was die Fotos nicht zeigen, nicht zeigen können, sind die

Folgen des Sturzes für den Kopf, der einen schweren Schlag abbekommen hat. Außer Nerz wird auch sonst niemand merken, dass dies eigentlich das Schlimmste ist an diesem Unfall. Schlimmer als die Verletzungen am Knie, um die sich zunächst alle sorgen. Kein Wort verliert Dominik Nerz über das Brummen im Schädel, das ihn noch Wochen danach begleitet.

Die siebte Etappe der Dauphiné-Rundfahrt 2015 gilt als die Königsetappe. Das 155 Kilometer lange Teilstück von Montmélian durch die Savoyer Alpen nach Saint-Gervais Mont Blanc führt über sechs Anstiege. Fünf davon gehören der ersten Kategorie an, einer ist der Kategorie drei zugeordnet. Es ist ein frühsommerlicher Tag mit angenehmen Temperaturen, der Himmel hat ein frisches Blau und ist von Quellwolken durchzogen. Dominik Nerz hat sich viel vorgenommen, nachdem er die Etappe am Tag zuvor bei strömendem Regen im Gruppetto beendet hat. »Das hat mich derartig angekotzt, dass ich gesagt habe: ›Morgen greife ich an.‹«

Der Kampf um die Spitzengruppe beginnt schon auf den ersten Kilometern. Bevor es nach knapp 27,5 Kilometern in den ersten Anstieg zum Col de Tamié geht, kann sich eine kleine Gruppe absetzen. Ihr Vorsprung ist nicht sehr groß am Fuß des Anstiegs, weil das Team Astana an der Spitze des Feldes das Tempo hochhält. Die kasachische Equipe hat mit ihrem Kapitän Vincenzo Nibali den Führenden in der Gesamtwertung in ihren Reihen und will frühe Angriffe auf dessen Position schon im Keim ersticken. Doch im ersten Anstieg gibt es weitere Attacken aus dem Feld heraus. Nerz hat sich bis dahin zurückgehalten, er hat sich hinter Astana und seinem ehemaligen Teamkollegen Nibali positioniert. Er wartet auf den richtigen Moment. Er fühlt sich gut, spürt, dass sein Instinkt als Rennfahrer zurück ist. Das erste Mal in diesem Jahr hat Dominik Nerz den Eindruck, wieder konkurrenzfähig zu sein. »Und dann habe ich gedacht: ›So, jetzt probiere ich es einfach, fahre einfach los.‹ Und bin losgefahren.« Seine Beine antworten. Nerz setzt sich ab und der Spitzengruppe hinterher. Um ihn herum bildet sich eine Verfolgergruppe, die nach etwa 50 Kilometern am Fuß des Col de la Forclaz, des zweiten Anstiegs des Tages, noch knapp zwei Minuten Rückstand auf die Fahrer an der Spitze hat. Das Feld mit den Favoriten auf den Gesamtsieg hat inzwischen ein wenig das Tempo gedrosselt. »Wir sind dann den Berg da hochgeschmettert und ich habe einen Großteil der Führungsarbeit übernommen, weil ich mich megastark gefühlt habe«, erinnert sich Nerz.

Auf dem Gipfel des Forclaz haben die Verfolger zur Spitzengruppe aufgeschlossen. Zu den nun insgesamt 26 Ausreißern an der Spitze gehören auch Nerz' Teamkollegen Bartosz Huzarski und Björn Thurau, die ihren Kapitän unterstützen können. Am Col de Croix Fry, dem dritten Anstieg des Tages, zerlegt es die Gruppe in ihre Einzelteile. Doch Nerz bleibt vorne dabei. Nach einer kurzen Abfahrt wartet mit dem Col des Aravis schon der nächste Berg: 4,3 Kilometer mit einer durchschnittlichen Steigung von 5,8 Prozent, Kategorie drei – der einzige leichtere Anstieg des Tages. Vom Gipfel sind es noch 52 Kilometer bis ins Ziel und Dominik Nerz fühlt sich immer noch stark. »Ich habe da ernsthaft über den Etappensieg nachgedacht. Ich war so beflügelt, so befreit«, sagt er. »Dann kam der Tunnel.«

Der Tunnel befindet sich etwa einen Kilometer unterhalb des Gipfels des Col des Aravis in Richtung Flumet. Im Innern macht die Straße eine ganz leichte Rechtskurve. Dominik Nerz liegt an zweiter Position in der Spitzengruppe, als diese sich mit circa Tempo 70 dem Tunnel nähert. Der Fahrer vor ihm greift noch einmal zur Flasche am Rahmen seines Rades, um einen Schluck zu trinken. Als er die Flasche wieder zurück in die Halterung stecken will, gleitet sie ihm aus der Hand und rollt über die Straße. Nerz weicht aus, um nicht zu stürzen. Er muss die Ideallinie verlassen und ist plötzlich ganz vorne in der Gruppe. Er ist der erste Fahrer im Tunnel. Aus dem grellen Sonnenlicht rast er hinein ins Dunkel. Als er wieder zu sich kommt, schrillt eine Trillerpfeife in seinen Ohren – und ein Schrei. Mit der Trillerpfeife warnt ein Gendarm die nachfolgenden Autos und Radfahrer vor der Unfallstelle. Der Schrei kommt tief aus seinem Inneren.

»Ich hatte einen Schmerz in meinem Körper, den ich gar nicht richtig definieren konnte«, erzählt Nerz. »Es war auch ein seelischer Schmerz.« Sein erster Gedanke damals gilt nicht seiner körperlichen Verfassung, sondern dem Saisonhöhepunkt wenige Wochen später: »Oh mein Gott, was ist mit der Tour?« Im Rückblick erschrecke es ihn, dass er nur diesen einen Gedanken gehabt habe, sagt er. Dominik Nerz wird nach einer Erstversorgung durch den Rennarzt mit dem Krankenwagen in ein nahe gelegenes Krankenhaus gebracht. Er ist in Panik. Er hat starke Schmerzen im linken Knie, kann den linken Fuß nicht bewegen und sein Schädel brummt. Der Krankenwagen fährt über die Strecke, überholt das Peloton, die Spitzengruppe, in der er sich kurz zuvor selbst noch befunden hat. Nerz ist verzweifelt. »Du hast dich doch gut gefühlt«, denkt er. Im Krankenhaus werden zunächst die großflächigen Schürfwunden am Rücken, am linken Arm und an der Hüfte versorgt. Mit der Pinzette pflücken die Krankenschwestern einzelne Steinchen aus dem offenen Fleisch. Noch heute hat Dominik Nerz an der linken Hüfte eine Narbe, die von diesem Sturz erzählt.

Die Schürfwunden sind aber nichts Besonderes, Radprofi-Alltag sozusagen. Größere Sorgen bereitet das Knie. Doch die Röntgenaufnahmen zeigen keine Brüche, nur eine schwere Prellung. »Die Ärzte haben kein Englisch gekonnt, deshalb: nichts gebrochen, raus, passt«, sagt Ralph Denk, der Nerz ins Krankenhaus begleitet hat. Auch er hat in diesem Moment nur die Tour de France im Sinn. Die Leistung seines Kapitäns an diesem Tag bis zu dem fatalen Sturz hat ihn Hoffnung schöpfen lassen. »Da hatte ich den Eindruck, es wird doch noch«, erinnert sich Denk. Die Ärzte im Krankenhaus fragen Nerz noch, ob er sich an alles erinnern könne. Nerz weiß, worauf sie hinauswollen. Wenn er sagt, er sei kurz weg gewesen, werden sie ihn mindestens eine Nacht zur Beobachtung in der Klinik behalten. Das will er auf keinen Fall riskieren. Also sagt er ihnen nicht die Wahrheit, verschweigt das Schwindelgefühl und das Schädelbrummen. »Natürlich kann ich mich an alles erinnern, alles gut soweit«, erklärt er den Medizinern. »Danach haben sie mich dann auch relativ schnell gehen lassen.«

Ralph Denk, der noch am selben Abend mit dem Auto aus Frankreich zurück nach Raubling fährt, nimmt Nerz gleich mit. Knapp sechs Stunden dauert die gemeinsame Fahrt. Der Teammanager erinnert sich, dass die beiden unterwegs gute Gespräche geführt haben. »Wir haben uns über die Tour unterhalten, über Ernährung, über Blutwerte. Ich habe ihm sogar noch so ein Kräuterextrakt empfohlen, das die Eisenwerte ein bisschen hochfährt«, erzählt Denk. »Er hat einen stabilen Eindruck gemacht.« Dominik Nerz sei trotz des Sturzes positiv gewesen, habe nach vorne geschaut und sich auf die Tour gefreut. Das Brummen im Kopf habe er auch ihm gegenüber »null Komma null« erwähnt, sagt Denk.

In den Tagen, nachdem er im Tunnel gegen die Wand gekracht ist, leidet Nerz an Übelkeit. Immer wieder ist ihm schwindelig. Alles deutet darauf hin, dass er eine Gehirnerschütterung erlitten hat. Aber auch dem Arzt in Wangen, der seine Wunden nachversorgt, erzählt er nichts. Lediglich der Teamärztin gegenüber habe er die Symptome einmal erwähnt, aber diese habe ihm nur geraten, es ein wenig ruhiger angehen zu lassen, erzählt Nerz. Auch sein Mentalcoach Thomas Stocker weiß von den Folgen des Sturzes. »Er wollte das nicht abklären lassen«, erklärt Stocker. Es sind nur noch zwei Wochen bis zum Tourstart. Dazwischen liegt noch die Deutsche Straßen-Radmeisterschaft in Bensheim. Dominik Nerz sagt, wegen der Kopfschmerzen habe er in den nächsten Tagen nur im Grundlagenausdauer-Bereich trainieren können. »Sobald ich in höhere Belastungsbereiche gegangen bin, habe ich gemerkt, wie es auf einmal anfängt zu klopfen im Kopf. Einmal bin ich meine übliche Vorbelastung gefahren, da ist mir so schwarz vor Augen geworden und auf einmal wieder so kotzübel, dass ich abbrechen musste.« Nach Bensheim reist er mit einem unguten Gefühl.

Die Deutschen Meisterschaften 2015 enden mit einer großen Überraschung. Der erst 22 Jahre alte Emanuel Buchmann düpiert die Favoriten mit einer Attacke fünf Kilometer vor dem Ziel und gewinnt als Solist. Buchmanns Sieg ist ein Riesenerfolg für Bora-Argon18. Der neue Deutsche Meister wird das weiße Meistertrikot mit dem schwarz-rot-goldenen Brustring nun auch gut sichtbar durch Frankreich tragen. Buchmann gibt dort sein Tour-Debüt. Er gilt als talentierter Kletterer und soll seinen Kapitän Dominik Nerz im Hochgebirge unterstützen. Für den ist das 204,8 Kilometer lange Rundstrecken-Rennen in Bensheim nicht so gut gelaufen. Nerz erreicht das Ziel mit fast neun Minuten Rückstand auf seinen Teamkollegen und empfindet seinen Auftritt selbst als »Katastrophe«.

Eine Woche vor dem Start der Tour de France übermannt ihn wieder die Furcht, der Aufgabe nicht gewachsen zu sein. Schon unmittelbar nach dem Rennen erleidet er einen psychischen Zusammenbruch. Während das Team am Mannschaftsbus Buchmanns Titelgewinn feiert, bricht er etwas abseits davon in Tränen aus. Seine Schwester, die mit den Eltern nach Bensheim gereist ist, nimmt ihn zur Seite. »Ich wusste einfach nicht, wie ich das schaffen soll. Ich wusste, dass diese Top-Ten-Platzierung in meiner Verfassung komplett unrealistisch ist. Trotzdem musste ich nach außen immer die Fahnen hochhalten und habe versucht, meinen Teamkollegen das Gefühl zu vermitteln, dass ich immer noch voll hinter dem Projekt stehe und alles gut werden wird.«

Teamchef Ralph Denk hat dagegen auch drei Jahre später noch kein Verständnis für das Verhalten seines damaligen Kapitäns. Die Szene nach dem Meisterschaftsrennen in Bensheim findet er bezeichnend für das, was aus seiner Sicht bei Nerz nicht hingehauen hat. »Die Euphorie bei uns war super, und dann siehst du den Dominik«, sagt Denk. »Wenn ich im Rennen nix auf die Reihe gekriegt hätte, hätte ich das mit mir selbst ausgemacht. Da braucht mir meine Schwester nicht über den Kopf fahren. Und dann sage ich mir: ›Komm, scheiß drauf. In drei oder vier Tagen beginnt die Tour. Los jetzt, hake das Rennen ab!‹« Es ist das erste Mal, dass Denk innerlich abrückt von jenem Mann, auf den er seine Hoffnungen gesetzt hat. Die Freude über Buchmanns Sieg ist groß und er hat jetzt endgültig das Gefühl, Nerz nicht mehr erreichen zu können. Gleichzeitig glaubt er immer noch, dass die Tour doch noch ein Erfolg werden kann. »Ich habe gedacht: ›Hak die DM ab. Der war bei der Dauphiné stark, der wird auch bei der Tour stark sein.‹« Es gibt ja auch keine Alternative. Drei Tage nach den Deutschen Meisterschaften reist das Team in die Niederlande zum Grand Départ der Tour de France.

Von der gelben Rampe hinab schweift der Blick über die Kulisse, die vielen Menschen, einzelne Gesichter, die Schilder mit dem geschwungenen schwarzen Schriftzug »Le Tour de France«. Es knistert im Ohrstöpsel, der Sportliche Leiter meldet sich noch einmal über Funk, aber man kann ihm nicht antworten, weil das Mikrofon irgendwo tief unten im eng anliegenden Zeitfahranzug steckt. Wahrscheinlich ist der Mann im Auto einfach nur genauso nervös wie man selbst. Dann verengt sich der Blick: die ausgestreckte Hand des Kommissärs, alle fünf Finger abgespreizt; die rückwärts laufende Uhr. Der Kommissär beginnt zu zählen: »Fünf, vier, drei, zwei, eins …« Die Hand verschwindet aus dem Blickfeld. »Und dann fahre ich los.«

Es ist der 4. Juli 2015, 16.36 Uhr, als Nerz in Utrecht von der Startrampe hinunterrollt, hinein in die Tour de France 2015. Alles hat sich in den vergangenen Monaten nur um diesen Moment gedreht. Er ist darüber krank geworden, hat gehungert, Zusammenbrüche erlebt. All das schießt ihm in der knappen Minute, die er dort oben auf der Rampe steht, noch einmal durch den Kopf. In den Tagen davor hat er einen wiederkehrenden Traum gehabt. Er sitzt auf dem Rad, ein Rennen. Er ist in einer aussichtsreichen Position, tritt in die Pedale. Aber egal, wie kräftig er auch tritt, es ist, als klebten die Reifen an der Straße fest. »Ich bin gefahren, gefahren, gefahren, aber das ganze Peloton ist an mir vorbeigezogen und ich bin alleine hinten raus.« Auch in der Nacht vor der Abreise nach Utrecht träumt er wieder diesen Traum. Auf der Fahrt in die Niederlande fühlt er sich »wie ein Gladiator, der in die Arena zieht und nicht weiß, ob er da lebend wieder herauskommt«.

Dann jedoch sei etwas Seltsames passiert, sagt Dominik Nerz. »Als ich in Utrecht angekommen bin, habe ich auf einmal richtig Motivation geschöpft. Auf einmal war ich wieder der Rennfahrer. Irgendwie sind mir die Dinge viel leichter gefallen.« Die Kopfschmerzen haben sich inzwischen ebenfalls gelegt. In den Tagen vor dem Start bittet die Teamärztin zur Gewichtskontrolle und zur Körperfettmessung. Aber selbst das bringt Nerz jetzt nicht aus der Ruhe. Er habe einfach die Augen geschlossen, als er auf der Waage gestanden habe, erzählt er. Die Werte will er nicht wissen. Auch der Sportliche Leiter Enrico Poitschke merkt, dass sein Kapitän gut drauf ist. »Mein Eindruck war, dass er sich gefreut hat, dass es jetzt endlich losgeht, dass diese ewige Vorbereitung, das Warten und auf etwas hin Trainieren vorbei ist. Da ist so ein bisschen was von ihm abgefallen.«

Poitschke bespricht mit Nerz, wie das Team ihn in den kommenden drei Wochen unterstützen soll, ohne zu sehr in taktische Details zu gehen. Sie wollen erst einmal schauen, wie es läuft, und sich nicht auf etwas fokussieren, was dann wieder Druck aufbauen könnte. Auch gegenüber den Journalisten legen sie Zurückhaltung an den Tag. Von einem Top-Ten-Platz ist nicht mehr die Rede. Man verweist auf das durchwachsene Frühjahr, den Infekt im ersten Trainingslager, den Sturz bei der Dauphiné. »Das ist kein Einjahresprojekt, das muss jetzt nicht durchgepresst werden«, erklärt Dominik Nerz gegenüber der *Frankfurter Allgemeinen Zeitung*. In einem anderen Interview sagt er: »Natürlich wäre es schön, wenn ich alle Erwartungen, Hoffnungen und Träume erfüllen kann. Aber letztlich werde ich mich bei niemandem entschuldigen, falls es nicht klappt.«

Vor dem 13,8 Kilometer langen Zeitfahren durch die Innenstadt von Utrecht durchläuft Nerz die übliche Routine. Am Mittag besichtigt das Team die Strecke. Zwei Mal fährt Nerz die Runde ab. Das erste Mal dient dazu, den Kurs kennenzulernen. Beim zweiten Mal nimmt er schon ein bisschen Speed auf, um zu testen, wie schnell man die Kurven anfahren kann, achtet auf etwaige Schlaglöcher in der Straße, die Windrichtung. Er merkt da schon, dass er Zug auf dem Pedal hat. Er fühlt sich bereit. Zurück im Teambus versucht er sich abzulenken, spielt »Candy Crush« auf dem Smartphone. Eine gute Stunde bevor er dran ist, beginnt die Aufwärmphase auf der Rolle. Dominik Nerz hat dafür das Programm übernommen, das er schon bei BMC vor Zeitfahren angewendet hat: eine Viertelstunde im Bereich Grundlagenausdauer eins zwischen 150 und 200 Watt, dann fünf Minuten mit einer hohen Trittfrequenz bei einer Leistung zwischen 250 und 280 Watt, anschließend fünf Minuten ganz ruhig. Danach steigt er vom Rad, macht sich komplett rennfertig, dann geht es noch einmal auf die Rolle. Wieder werden drei Minuten im Bereich Grundlagenausdauer eins absolviert. Es folgt ein fünfminütiger Block im sogenannten Entwicklungsbereich oberhalb von 300 Watt, mit dem der

Organismus auf die Wettkampfsituation vorbereitet werden soll. Dabei wird jede Minute ein schwererer Gang eingelegt. Zum Abschluss rollt er fünf Minuten locker aus. Dann geht es Richtung Startrampe.

Nerz findet schnell seinen Rhythmus, nachdem er von der Rampe gerollt ist. Unter dem aerodynamischen Zeifahrhelm hört er seinen Atem lauter als sonst, auch das »Ruch, Ruch, Ruch« seines Scheibenrades ist zu vernehmen. Trotz des ohrenbetäubenden Geschreis der Zuschauer. Rund 1,5 Millionen Menschen sind nach Utrecht gekommen, um beim Auftakt der Tour de France dabei zu sein. Die Kulisse ist atemberaubend. Nerz beginnt das Rennen schnell. Das Display seines Bordcomputers hat er abgeklebt. Er will sich zunächst nur auf sein Gefühl verlassen und das meldet ihm wie schon bei der Besichtigung des Kurses nur Gutes zurück. Irgendwann reißt er den Klebestreifen vom Display und was er dort sieht, bestätigt sein Empfinden. Er tritt konstant über 400 Watt.

»Ich war im Flow, bin die Kurven gut gefahren. Auch die Zwischenzeit war gut. Ich war richtig schnell.« Doch nach etwa drei, vier Kilometern merkt er, dass mit seinem Zeitfahrlenker etwas nicht stimmt. Die Holme, auf denen er sich mit den Unterarmen abstützt, um möglichst wenig Windwiderstand zu bieten, sitzen nicht richtig fest. Als er über eine Fahrbahnschwelle fährt, rutschen sie leicht nach vorne. Nerz versucht, die Auflieger zurückzubewegen, aber das funktioniert nicht. Auf einer kurzen Kopfsteinpflasterpassage lösen sie sich endgültig aus der Verankerung. Nur mit Mühe kann er verhindern, dass sich die herabgefallenen Holme in seinem Vorderrad verhaken. Dabei reißt ihm allerdings der Schaltzug, so dass er auf den letzten Kilometern den Gang nicht mehr wechseln kann. Enrico Poitschke sagt, hinten im Auto habe man das alles erst gar nicht so richtig mitbekommen. Kurz bevor Dominik Nerz das Ziel erreicht, zeigt das französische Fernsehen, wie er die Auflieger mit der rechten Hand am Lenker festklemmt. Eine aerodynamische Position kann Nerz nicht mehr einnehmen. Im Ziel hat er 1:31 Minute Rückstand auf den Tagessieger, den Australier Rohan Dennis. Es ist unmöglich zu sagen, wie viel Zeit ihn das Problem gekostet hat. Nerz selbst schätzt am Tag danach, dass er dadurch zwischen einer halben und einer Minute verloren hat. Warum die Holme sich gelöst haben, bleibt unklar. Am wahrscheinlichsten ist, dass die Mechaniker die Schrauben nicht richtig festgedreht haben. Sie haben insgesamt offenbar keinen guten Tag gehabt. »Bei dem Zeitfahren ging nicht nur bei Dominik etwas schief, sondern da hatten wir extrem viele Probleme«, erinnert sich Enrico Poitschke.

Rund sechs Kilometer hat Nerz mit dem kaputten Lenker zurückgelegt. Er hat zwar Zeit verloren, aber einen Sturz vermieden und kommt unversehrt ins Ziel. Ein Zuschauer hält mit seinem Smartphone fest, was danach passiert: Langsam rollt Dominik Nerz durch den nur noch spärlich abgesperrten Bereich hinter dem Ziel. Ein Betreuer des Teams läuft neben ihm her, will ihn mit Getränken versorgen. Die beiden Holme baumeln jetzt rechts und links neben dem Lenker herab. Nerz hebt eine Hand. Man hat den Eindruck, er schimpft über das, was er da gerade auf der Strecke erlebt hat. Kaum hat er beide Hände wieder am Lenker, verhakt sich einer der Auflieger im Vorderrad. Der Sturz, den Nerz auf dem Kurs hat vermeiden können, ist nun unausweichlich. Es hebelt ihn aus dem Sattel.

Nerz stürzt über den Lenker, sein Kopf prallt kurz auf die Straße. Kamerateams kommen angelaufen, während Nerz einen Moment braucht, um sich dann mit Hilfe des Betreuers wieder aufzurappeln. »Ich war zum Glück nicht so schnell und trotzdem war es ein schwerer Aufprall. Vor allem war ich vollkommen unvorbereitet. Ich bin da einfach runtergefallen wie ein nasser Sack«, sagt Nerz. Beim Team bekommt außer dem Betreuer niemand etwas mit von dem neuerlichen Sturz auf den Kopf. Nachdem die erste Wut verraucht ist, nimmt Dominik Nerz die Sache fatalistisch zur Kenntnis. »Ich war da so gottergeben, ich habe mich nicht drüber geärgert, mir einfach gesagt: ›Weitermachen, kannst eh nichts dran ändern.‹« Körperlich allerdings geht es ihm nun wieder schlecht. Die Wunden und Prellungen von seinem Sturz im Tunnel bei der Dauphiné sind noch nicht vollständig verheilt, jetzt ist er erneut darauf gefallen. Und auch das Brummen im Kopf ist zurück, der Nacken schmerzt. »Jede Bewegung hat wehgetan«, erzählt Nerz.

Die zweite Etappe der Tour führt von Utrecht Richtung Nordseeküste nach Neeltje Jans. Die ohnehin große Nervosität im Peloton wird durch den Seitenwind in Küstennähe noch gesteigert. An der Windkante droht das Feld in viele Teile zu zerfallen, weshalb sämtliche Sportlichen Leiter ihre Teams noch dringlicher nach vorne beordern. Es entsteht ein ständiger Kampf um die begrenzten Positionen an der Spitze des Feldes. Das ist purer Stress für alle Beteiligten, es werden Ellenbogen eingesetzt, es wird in Lücken gedrängt, die zu klein sind. Die Sturzgefahr ist enorm. »Du kannst die Anspannung förmlich spüren. Jeder weiß, in jeder Minute kann was passieren. Du solltest deswegen immer aufmerksam sein, vorne fahren. Jeder ist nervös, weil jeder Druck von seinem Team bekommt«, erklärt Dominik Nerz.

Auch die Fahrer von Bora-Argon18 bekommen von ihrem Sportlichen Leiter im Teamauto ständig zu hören, dass sie weiter vorne fahren sollen. Doch das ist leichter gesagt als getan – zumal für eine zweitklassige Equipe. Denn im Peloton herrscht eine klare Hierarchie. Die Top-Mannschaften wie Sky, Etixx-Quick Step, BMC oder Astana beanspruchen die Plätze an der Spitze und setzen ihren Anspruch auch vehement durch. Nerz berichtet, seine Kollegen und er seien deshalb genervt gewesen von der ständigen Aufforderung weiter vorne zu fahren, denn das sei unmöglich gewesen. Auch Enrico Poitschke ist sich bewusst, dass seine Fahrer die Ansagen, die er über Funk macht, kaum umsetzen können. »Natürlich sagen wir als Sportliche Leitung immer: ›Jungs, wir müssen zusammenfahren, wir müssen schauen, wo unser Leader ist, wir müssen in guter Position fahren.‹ Aber wir wissen natürlich auch, wie schwierig es ist, das als kleines Team umzusetzen, weil der Respekt der großen Mannschaften nicht da ist und man einfach zur Seite geschubst wird«, erläutert er. »Aber eine Alternative dazu gibt es nicht, man muss die Jungs immer wieder motivieren, sagen, wie wichtig das ist, und hoffen, dass sie ihr Bestes geben.« Doch selbst Poitschke muss zugeben, dass er damals gar nicht die Fahrer im Team gehabt hat, die eine vordere Position erobern und halten können. Körperlich seien sie dazu vielleicht in der Lage gewesen, aber den Kopf dafür hätten sie nicht gehabt. »Ich glaube, dass Dominik da verhältnismäßig schlecht unterstützt worden ist«, sagt er.

Nerz hadert allerdings eher mit der taktischen Vorgabe, die er bis heute nicht versteht. Aber mit seinen Versuchen, die

Teamleitung zu einer anderen Strategie zu bewegen, dringt er nicht durch. »In der ersten Woche hat Dominik schon gesagt: ›Das bringt so nichts, ihr merkt doch, die fahren uns alle um die Ohren, wir verschleißen uns. So kommen wir nicht an.‹ Aber es wurde vom Team nichts geändert. Die haben sich da so verschlissen und ihn mit«, meint Hartmut Täumler, der mit Nerz während der ersten Tage der Tour in Kontakt steht. Enrico Poitschke wiederum bestreitet, dass Dominik Nerz sich bei ihm über die Taktik beschwert habe.

Auf der zweiten Etappe zerreißt das Feld irgendwann tatsächlich im Seitenwind. Nerz und seine Teamkollegen befinden sich in der zweiten Gruppe, sind dabei allerdings in prominenter Gesellschaft. Auch der Kolumbianer Nairo Quintana, einer der Mitfavoriten auf den Gesamtsieg, gehört mit seinen Helfern zu den abgehängten Fahrern, während das Team Sky und dessen Kapitän Christopher Froome sich in der vorderen Gruppe befinden. 1:28 Minute liegen im Ziel zwischen den beiden Teilen des Pelotons. Quintanas Rückstand auf den Toursieger Froome wird drei Wochen später in Paris nur 1:12 Minute betragen. Die Windkante am zweiten Tag der Tour kostet ihn also womöglich den Gesamtsieg. Für Nerz ist der Zeitverlust nicht so entscheidend. Er ist vor allem heil durch den Tag gekommen.

Die Helikopterkamera erfasst den bunten Lindwurm des Pelotons von der Seite. Das Tempo im Feld ist zu diesem Zeitpunkt der dritten Etappe sehr hoch. Auf einer breiten Straße geht es hinab in eine Senke. Der Franzose William Bonnet vom Team FDJ verliert die Kontrolle über sein Rad, weil sein Vorderrad das Hinterrad eines überholenden Konkurrenten touchiert. Bonnet stürzt zur Seite und rutscht mehrere Meter über den Asphalt gegen den Pfahl einer Straßenlaterne. Sein Sturz löst eine Kettenreaktion aus, rund 20 weitere Fahrer kommen dadurch zu Fall. Auf den TV-Bildern des Helikopters sieht es aus, als habe jemand eine Bowlingkugel ins Feld geschleudert. Der Schweizer Fabian Cancellara im Gelben Trikot versucht auszuweichen und stürzt kopfüber in den Straßengraben. An der Laterne entsteht ein Knäuel aus Rädern und gestürzten Fahrern. Es ist ein Gemetzel. »Erst habe ich einen Knall gehört, dann waren da nur noch Staub, fliegende Körper und Räder«, sagt Dominik Nerz, der sich zum Zeitpunkt des Sturzes etwa drei Positionen hinter Bonnet befunden hat. »Dann war erst mal nichts mehr.«

Nerz vermutet, dass er erneut für einen Moment das Bewusstsein verloren hat. Genau weiß er das nicht. Aber er kann sich noch an die Bilder erinnern, die er irgendwann wahrnimmt. »Du hast überall nur Verletzte gesehen, überall auf der Straße war Blut, Leute haben geschrien und es hat nach verbranntem Gummi gestunken.« Er versucht aufzustehen. Doch das geht nicht so leicht. Er muss sich zur Seite rollen, um hochzukommen, weil er sich auf seinem schmerzenden Handgelenk nicht abstützen kann. Die Schürfwunden brennen wie Feuer. Sein Rad ist nach dem Sturz komplett unbrauchbar, er bekommt vom herbeieilenden Mechaniker Ersatz gereicht. Tourdirektor Christian Prudhomme hat das Rennen inzwischen neutralisiert. Er hält das gesamte Feld an, weil alle Rennärzte an der Sturzstelle gebraucht werden, um die vielen verletzten Fahrer zu versorgen. Zudem hat es zwei Kilometer später einen weiteren Sturz gegeben, in den zwei Fahrer verwickelt sind. Es dauert etwa zehn Minuten, bis die dritte Etappe fortgesetzt werden kann. Dominik Nerz hat inzwischen zum auf der Straße stehenden Feld aufgeschlossen. Sein Körper ist mit offenen Wunden übersät. Als sich die Fahrer wieder in Bewegung setzen, stellt er fest, dass die elektronische Schaltung an seinem Ersatzrad nicht funktioniert. Der Akku ist offenbar nicht aufgeladen. Man reicht ihm das Ersatzrad seines Teamkollegen Emanuel Buchmann, auf dem er aber nicht richtig sitzen kann. Schließlich wechselt er im Finale der Etappe noch einmal das Rad. Im Ziel in Huy hat er 1:25 Minute Rückstand auf den Tagessieger Joaquim Rodríguez. »Mit solchen Verletzungen nur so wenig Zeit zu verlieren, ist eine starke Leistung«, sagt Enrico Poitschke den wartenden Journalisten am Mannschaftsbus.

Im Teamhotel werden am Abend die Wunden versorgt. Dominik Nerz hat starke Schmerzen im Brustbereich. Es stellt sich heraus, dass er sich bei dem Sturz eine Rippe angebrochen hat. Jeder Atemzug bereitet ihm Probleme. Die Physiotherapeutin weiß bei der Massage gar nicht mehr, wo sie noch ansetzen soll. Nerz hat fast überall am Körper Wunden oder Prellungen, die bei jeder Berührung schmerzen. Auch der Kopf tut weh. »Der Dauerkopfschmerz hat sich noch mal verstärkt«, sagt Nerz. »Das war ein Gefühl, als ob dir jemand ständig mit dem Presslufthammer auf die Birne klopft. Ziemlich ungut.«

Als der Sportliche Leiter Enrico Poitschke am Abend seine Runde dreht, um mit den Fahrern zu sprechen, hat er den Eindruck, dass Nerz resigniert hat. »Man hat in seinen Augen gesehen, dass er komplett leer war, weil es ihn schon wieder erwischt hatte«, erinnert sich Poitschke. Die Teamärztin verabreicht Dominik Nerz Schmerzmittel und entzündungshemmende Medikamente. In der Nacht kann er dennoch kaum schlafen, weil er nicht weiß, wie er sich hinlegen soll. Doch ans Aufgeben denkt er nicht. Zu tief hat er die Lektionen in Schmerz gelernt, die einen Radsportler immer weitermachen lassen. Es fragt ihn auch niemand, ob er weitermachen kann. »Ich denke, ich hätte jeden Tag gesagt: ›Ich versuche es.‹ Ich will immer mein Bestes geben. Wenn das nicht reichen sollte, dann ist das so. Aber ich könnte nicht von vornherein sagen: ›Ich probiere es nicht.‹«

Die vierte Etappe führt den Tour-Tross nach Frankreich. Von Seraing in der Nähe von Lüttich geht es über 223,5 Kilometer nach Cambrai. Es ist aber nicht nur die längste Etappe der Tour. 13,3 Kilometer führen über Kopfsteinpflaster, die Pavés. Von den sieben Abschnitten befindet sich einer noch in Belgien nach knapp der Hälfte der Distanz. Die anderen sechs sind auf den letzten 46 Kilometern verteilt. Es sind Sektoren, die auch beim Frühjahrsklassiker Paris-Roubaix befahren werden. Das Kopfsteinpflaster dort ist nicht akkurat verlegt. Es sieht eher so aus, als habe dort jemand recht wahllos einen Haufen Steine verteilt. Die Fahrt über die Pavés ist auch ohne Verletzungen eine Tortur. Mit einer Rippenprellung und zahlreichen Wunden wird sie zu einer höllischen Qual. »Die Schmerzen, die ich auf dieser Etappe erlitten habe, wünsche ich niemandem«, sagt Dominik Nerz. Damit er den Tag überhaupt einigermaßen übersteht, nimmt er starke Schmerzmittel, auf die er auch in den kommenden Tagen nicht mehr verzichten kann.

Für die Favoriten auf den Gesamtsieg ist dieser Tag von großer Bedeutung. Sie können die Tour hier nicht gewinnen, aber ein Sturz kann ihre Hoffnungen platzen lassen, ein Defekt zu empfindlichen Zeitverlusten führen. Immerhin ist es trocken, was die Gefahr etwas reduziert. Den Etappensieg und damit auch das Gelbe Trikot holt sich Tony Martin, der sich kurz nach dem letzten Pavé-Sektor aus der Spitzengruppe mit den Topfahrern absetzt und drei Sekunden Vorsprung ins Ziel rettet. Dominik Nerz erreicht Cambrai nur 57 Sekunden später als Martin. Das ist angesichts seines körperlichen Zustands eine außergewöhnliche Leistung, die auch der Sportlichen Leitung wieder Hoffnung macht. Auch wenn sie das Thema Gesamtwertung nun erst mal haben fallen lassen. Es geht jetzt darum, Tag für Tag zu überstehen. Enrico Poitschke versucht zu motivieren: »Ich habe ihm gesagt, dass wir schauen müssen, dass er regeneriert, dass aber noch nichts verloren ist. Es ist die Tour de France und wir müssen und wollen weiter kämpfen.«

Die nächsten Etappen bis zum ersten Ruhetag sind weitgehend flach. Und Dominik Nerz ist bereit zu kämpfen, so wie es der Sport von ihm verlangt. Auch wenn er morgens oft nicht weiß, wie er den Tag überstehen soll. Sein Köper, der Energie für den Heilungsprozess aufwenden muss, regeneriert nicht mehr richtig und ist zusätzlich durch die monatelange Mangelernährung geschwächt. Selbst während der Tour lädt Nerz seinen Tank nicht ausreichend auf. Auf den ersten Etappen hält er seinen Körper auf Low-Carb, versucht also möglichst wenig Kohlenhydrate zu sich zu nehmen, die er aber dringend bräuchte, auch für den Heilungsprozess. »Ich war immer noch der Meinung, ich muss aufs Essen achten«, erzählt Nerz. Entkräftet schleppt er sich bis zum ersten Ruhetag. Das hügelige Mannschaftszeitfahren der neunten Etappe am Tag zuvor hat das Team auf Rang 13 beendet. Dominik Nerz liegt in der Gesamtwertung auf Platz 26. Sein Rückstand auf Christopher Froome, den Träger des Gelben Trikots, beträgt 6:28 Minuten. Aber der Brite ist nicht der Maßstab, sondern jene Fahrer, die sich um Platz zehn herum aufhalten. Die sind nicht weit entfernt und nun kommt das Terrain, auf dem Nerz sich im Normalfall noch weiter nach vorne schieben kann, die Berge. Doch normal ist die Situation nicht.

Am Ruhetag bemüht man sich bei Bora-Argon18 dennoch, die Fassade aufrechtzuerhalten. Man gibt sich optimistisch, als die Journalisten zum Pressegespräch im Teamhotel »La Palmeraie« am Stadtrand von Pau am Fuße der Pyrenäen anrücken. »Dominik liegt komplett im Plan. Wie im letzten Jahr war unsere Maßgabe, vor den ersten Bergetappen in den Top 30 zu sein und den Zeitabstand zu den Top Ten der Klassementfahrer auf drei Minuten zu begrenzen. Beides ist erreicht«, zieht Teamchef Ralph Denk eine positive Zwischenbilanz. »Jetzt geht es in die Berge und dafür sind unsere Voraussetzungen sehr gut, so dass wir optimistisch auf die Pyrenäen und Alpen blicken. Natürlich hoffen wir, dass Dominik mit der Unterstützung des Teams unsere Erwartungen erfüllen kann.«

Dann erscheint auch sein Kapitän selbst auf der kleinen Terrasse vor dem Hotel, wo sich die Medienvertreter versammelt haben. Dominik Nerz spricht leise, seine Worte sollen positiv klingen. So wie er sich das vorgenommen hat vorher, als er auf der Massagebank gelegen und sich mental auf die Begegnung mit den Journalisten vorbereitet hat. »Ich wollte das gelöst und locker rüberbringen, weil ich keinen Bock hatte, den armen Gestürzten darzustellen«, sagt Nerz. Natürlich sei bis hierhin nicht alles optimal gelaufen, erklärt er den Reportern. Durch die Sturzverletzungen sei auch die mentale Belastung höher, weil man täglich »110 Prozent« geben müsse, aber sein Team habe großartige Arbeit geleistet. »Und wenn wir so weitermachen, wird es ein gutes Ende nehmen.« Die Gesamtwertung habe er noch nicht aus den Augen verloren. Sollte er aber noch mehr Zeit verlieren, würde er versuchen, in eine Fluchtgruppe zu gelangen, um Boden gutzumachen oder eine Etappe zu gewinnen. »Mir war wichtig, den Schein zu wahren. Das hatte ich von meinen Kapitänen gelernt, die immer zu mir gesagt haben: ›Es muss nach außen immer aussehen, als ob du alles unter Kontrolle hast. Du musst Stärke zeigen, denn wenn du es nicht tust, werden deine Gegner das ausnutzen.‹ Das habe ich verinnerlicht.« Also spielt Nerz das Spiel mit, solange es geht.

In der Nacht vor der zehnten Etappe, die mit der ersten Bergankunft auf dem Col de la Pierre Saint-Martin endet, schläft Dominik Nerz unruhig. Es ist heiß im Zimmer, draußen brummt der Generator eines Team-LKW. Auch der Traum, in dem das ganze Feld an ihm vorbeizieht, kehrt in dieser Nacht zurück. Außerdem beginnt sein Magen zu rebellieren. Er hat in der Nacht schon Durchfall. Am nächsten Morgen gibt ihm die Teamärztin Kohletabletten. Die Etappe ist bis hin zum 15,3 Kilometer langen Schlussanstieg wellig, aber ohne größere Schwierigkeiten. Die Mannschaftstaktik ist die gleiche wie immer: Ein Fahrer des Teams soll es in die Spitzengruppe schaffen, die anderen den Kapitän beschützen bis ins Finale. Dort soll Dominik Nerz dann so lange bei den Besten bleiben wie möglich. Es ist ein heißer Tag, was er normalerweise gerne hat, aber diesmal leidet sein malträtierter Körper unter der Hitze. Wegen des gereizten Magens trinkt er zu wenig. Immer wieder hat er das unangenehme Gefühl, dass er den Inhalt seines Darms nicht halten kann.

Der Schlussanstieg verläuft auf einer breiten Straße. Nach etwa zwei Kilometern erreicht die Steigung mehr als zehn Prozent, danach ist es wieder etwas flacher, bevor nach ungefähr sechs Kilometern wieder eine Steigung zwischen neun und zehn Prozent erreicht wird. Schon früh müssen einige Fahrer dem hohen Tempo des Teams Sky an der Spitze des Feldes Tribut zollen. Einer nach dem anderen verliert den Anschluss, darunter auch die beiden Franzosen Romain Bardet und Thibaut Pinot. Nerz hält noch ein wenig länger durch als Frankreichs Hoffnungsträger auf einen vorderen Platz in der Gesamtwertung, dann fällt auch er zurück, weil sein Köper keine Energiereserven mehr hat. »Ich bin voll in einen Hungerast reingefahren. Und dann gingen halt die Lichter aus«, erzählt Nerz. Er schluckt noch zwei »Notgels« und trinkt eine Cola. Das allerdings schlägt ihm auf den Magen. »Auf dieser Etappe hat man gemerkt, dass er schon die ganze Zeit am oder sogar über dem Limit gefahren ist«, sagt Enrico Poitschke. Gemeinsam mit seinem Teamkollegen Emanuel »Emu« Buchmann erreicht Nerz das Ziel 6:28 Minuten hinter dem Etappensieger Christopher Froome, der seine Führung in der Gesamtwertung zementiert.

»Wenn er die erste Pyrenäenetappe gut gefahren wäre, hätte ihm das wahrscheinlich Moral gegeben«, glaubt Teammanager Ralph Denk, »aber dass Emu auf ihn warten muss, das hat ihn mental komplett fertiggemacht. Da war er komplett im Arsch«. Buchmann erklärt im Ziel, dass er durchaus hätte schneller fahren können, aber Nerz sei eben der Kapitän. Auch auf Dominik Nerz wartet auf dem Col de la Pierre Saint-Martin ein ARD-Reporter für ein Live-Interview. »Es war heute leider nicht mehr drin. Mir ging die ganze Zeit etwas im Bauch rum. Wenn ich jetzt nicht gleich im Bus verschwinde, passiert ein Unglück«, kann Nerz noch mitteilen, dann steigt er in den Bus. »Ab da hing ich nur noch auf der Schüssel. Mir ging es richtig schlecht.«

Den nächsten Tag wird Dominik Nerz nicht mehr überstehen. Nach etwas mehr als 50 Kilometern der elften Etappe steigt er entkräftet vom Rad. Zuvor hat er verzweifelt versucht, den Anschluss nicht zu verlieren. Vergeblich. Er hat das Gefühl, er taumelt auf dem Rad. »Ich hatte keine Energie mehr.« Am ersten kategorisierten Anstieg des Tages kann Nerz das Tempo des Feldes nicht mehr mitgehen, er fällt zurück in die Wagenkolonne. Irgendwie schafft er es noch, die zwei Kilometer bis zur Bergwertung durchzuhalten, doch selbst in der Abfahrt kommt er nicht mehr an das Feld heran. »Dann bin ich rechts rangefahren an den Straßenrand und habe gesagt: ›So, das war's.‹ Ich konnte einfach nicht mehr.« Jemand reißt seine Startnummer ab. Das ist eine dieser Demütigungen, die zum Radsport, zur Tour de France, dazugehören. »Das war psychisch der schlimmste Moment für mich in meiner gesamten Radsportkarriere«, sagt Nerz. »Der ganze Stress, die ganze Arbeit, all die Entbehrungen, für gar nichts. Du hast nichts erreicht.«

Er heult Rotz und Wasser, als er ins Teamfahrzeug einsteigt. Gleichzeitig hat er das Gefühl, der Druck ist von ihm genommen. In der Verpflegungszone steigt er um in einen anderen Wagen, der ihn mit ins Ziel nimmt. Dort duscht er im Teambus und legt sich auf die Rückbank. Immer wieder kommen die Tränen. Irgendwann knackt es in seinem Funkgerät, das noch eingeschaltet zwischen seinen Klamotten liegt. Die Etappe nähert sich ihrem Ende und der Funk meldet Erstaunliches. Emanuel Buchmann, sein Team- und Zimmerkollege, der Deutsche Meister, fährt noch immer in der Spitzengruppe. Es ist ein großer

Tag für den 22-Jährigen. Er beendet die Etappe über den Col d'Aspin und den Tourmalet als Dritter. Danach sitzt er ausgepumpt an einem Gitter hinter dem Ziel und gibt erste Interviews, während Dominik Nerz im Teambus seine Fassung wiederzufinden versucht.

Die Freude über Buchmanns Auftritt überlagert beim Team Bora-Argon18 das Aus des Kapitäns, dem man den aufstrebenden Jungprofi schon am Morgen nicht mehr als Helfer zur Seite stellen wollte. »Wir wollten Emanuel Buchmann nicht noch mal blockieren«, erklärt Teamchef Ralph Denk am Abend. »Wir wussten, dass er in Top-Form ist. Und wenn es einem so schlecht geht wie Dominik heute, können die anderen ihm auch nicht viel helfen. Da wäre es vermessen, Emanuel nicht fahren zu lassen.«

Auch Dominik Nerz schwärmt abends im Hotel in die Kameras, wie toll sein Kumpel »Emu« gefahren sei und dass Buchmann eine große Karriere bevorstehe. Er hat wieder eine Fassade errichtet. Doch diesmal ist das, was das Publikum zu sehen bekommt, durchaus auch echt. Nerz steht abends in der mobilen Küche, in der für die Mannschaft das Abendessen zubereitet wird. Er hilft der Teamköchin, schneidet Gemüse, macht Scherze. »Er war wie ausgewechselt. Man hat richtig gemerkt, er ist froh, dass der Druck jetzt weg ist«, sagt Teammanager Denk. Sein Eindruck ist nicht falsch, auch Nerz selbst spürt, dass eine Last von ihm abgefallen ist. Auf seinen Mentalcoach Thomas Stocker, der mit ihm telefoniert, wirkt Nerz ebenfalls erleichtert. Ralph Denk ist irritiert. Er rückt in diesem Moment noch weiter ab von seinem Kapitän. »Da habe ich gemerkt«, sagt er und tippt sich an den Kopf, »dass es hier fehlt. Ich war angepisst. Entweder bist du tot, liegst auf dem Bett, aber du machst nicht im Küchentrakt noch den Pizzabäcker.«

Dominik Nerz ist innerlich zerrissen. Er fühlt sich leer, spürt einen großen Hunger in sich, den er nicht stillen kann. Schon im Teamfahrzeug auf dem Weg ins Ziel hat er sich über die übrig gebliebenen Verpflegungsbeutel hergemacht und gegessen, bis ihm schlecht war. Aber das Hungergefühl ist geblieben. Abends plagt ihn deswegen dann ein schlechtes Gewissen, so dass er nur ein bisschen Salat isst. Die gute Laune, sagt er, habe er vor allem für Emanuel Buchmann an den Tag gelegt, dem er den Abend, den Erfolg nicht habe verderben wollen. »Am liebsten wäre ich direkt abgereist«, sagt er. Doch auch davor fürchtet er sich. Er habe Angst gehabt vor den Reaktionen zu Hause. »Ich habe mich so geschämt.« Seine Eltern haben, nachdem sie vor dem Fernseher mitbekommen, dass ihr Sohn ausgestiegen ist, mehrfach versucht, ihn zu erreichen. Sie machen sich Sorgen. Doch erst abends fasst Nerz den Mut, seinen Vater zurückzurufen.

Am nächsten Morgen fliegt Dominik Nerz von Bordeaux zurück in die Schweiz. Dort wird er von seinem Vater abgeholt und nach Wangen gebracht. Die meiste Zeit, erzählt Nerz, habe er dort nur rumgehangen. Er trainiert ein bisschen, weil er ohne Bewegung nicht kann. Aber sein Körper ist so geschwächt, dass ihn selbst ein Spaziergang mit seiner Mutter anstrengt. Er hat permanent Hunger, aber essen kann er nicht richtig. »Er war zerschlagen an Geist und Körper. Das war fürchterlich. Ich konnte es kaum ertragen, ihn so leiden zu sehen«, sagt Ulrike Nerz. Sie nimmt ihren Sohn mit ins Hotel, in dem sie damals arbeitet, damit er nicht alleine daheim sitzen muss.

Es gibt auch ein paar Freunde, die sich in jener Zeit um Nerz kümmern. Sie gehen mit ihm Golfen, um ihn ein bisschen abzulenken von seinem Frust, in den sich zunehmend ganz grundsätzliche Zweifel mischen. Sein Mentalcoach Thomas Stocker erinnert sich, dass Nerz in dieser Phase angefangen habe, sich die Frage zu stellen, ob das alles noch richtig sei oder ob seine Stürze nicht viel mehr eine Art Fingerzeig seien. Die Balance zwischen dem Spaß am Radsport und den Anforderungen und Zwängen des Profitums, die schon seit seiner Zeit bei Liquigas fragil ist, droht nun endgültig zu kippen. Aber Aufgeben kommt auch nicht in Frage. »Dominik ist ein Mensch, der die Aufgabe, die man ihm stellt, erfüllen will, weil er diejenigen, die ihre Hoffnungen in ihn gesetzt haben, nicht enttäuschen will«, sagt Stocker.

Von seinem Team hört Nerz in dieser Zeit kaum etwas. Anfangs hat er noch ein bisschen Kontakt zu Emanuel Buchmann, der nun plötzlich im Fokus steht. Vor jeder Bergetappe wollen die Journalisten wissen, ob er noch einmal versuchen wird, eine Etappe mitzugestalten. Dabei hat auch ihn in der dritten Woche längst die Kraft verlassen. Ralph Denk und Enrico Poitschke melden sich ebenfalls noch mal bei Nerz, aber auch sie sind gefangen in der Blase Tour de France, die kaum einen anderen Gedanken als den an das Rennen selbst zulässt.

Die Tour endet am 26. Juli 2015 mit dem Gesamtsieg von Christopher Froome in Paris. In den Tagen danach verdienen sich die Radprofis noch ein bisschen Geld dazu bei den sogenannten Nach-Tour-Kriterien. Showrennen, bei denen sich die Stars der Branche auf kleinen Rundkursen den Fans präsentieren. Aufgestockt wird das Feld durch Fahrer aus

Continental-Teams, die das Rennen ein bisschen animieren sollen. Doch der Sieger steht oft schon vorher fest. In der Regel ein Radprofi aus der jeweiligen Region. Allen ist klar, dass niemand ein Risiko eingehen will.

Dominik Nerz startet am 29. Juli bei der Tour de Neuss. Auch Emanuel Buchmann und ein paar andere deutsche Tourstarter sind in Neuss dabei. Zu Beginn des Rennens setzt sich eine Gruppe von Fahrern ab, die sich aber – so schildert es Nerz – nicht an das vereinbarte Szenario halten: Die Gruppe fährt richtig schnell. Also erhöhen die Profis im Hauptfeld ebenfalls das Tempo, um die Ausreißer einzuholen. Plötzlich ist es ein richtiges Radrennen. In einer Kurve vor der Zielgeraden schießt ein Fahrer quer und touchiert den WorldTour-Profi Paul Martens. Nerz fährt direkt hinter Martens und stürzt ebenfalls. Auch Buchmann geht zu Boden. »Ich weiß nur noch, dass ich im Gitter wieder aufgewacht bin. Ich war in dem Moment wahrscheinlich wieder kurz bewusstlos. Und dann lag ich da und das Schädelbrummen war auch wieder da.«

Im Krankenhaus wird bei Martens und Nerz eine leichte Gehirnerschütterung festgestellt. Während Paul Martens zur Beobachtung eine Nacht in der Klinik verbringt, weigert sich Dominik Nerz, dort zu bleiben. Er schläft im Hotel und fährt am nächsten Tag die rund 600 Kilometer mit dem Auto zurück nach Wangen. Seit seinem schweren Sturz im Tunnel Mitte Juni, bei dem er mit dem Kopf gegen die Wand geschlagen ist, sind erst 46 Tage vergangen. Es ist das vierte Mal, dass er seitdem auf den Kopf gestürzt ist.

# XIII

# KOPFSACHE

»Put me back on my bike.« Der amerikanische Radprofi Chris Horner bemüht auf der siebten Etappe der Tour de France 2011 ein berühmtes Zitat. Horner gehört zu den Opfern eines schweren Sturzes etwa 40 Kilometer vor dem Ziel in Chateauroux, der auch einen der Favoriten auf das Gelbe Trikot zu Fall gebracht hat. Die TV-Kameras zeigen den Briten Bradley Wiggins, der das Rennen aufgeben muss. Sein linkes Schlüsselbein ist gebrochen. Die Sache ist klar: Die Tour ist für ihn gelaufen. Während Wiggins im Krankenwagen abtransportiert wird, setzt Chris Horner seine Fahrt fort. So wie Tom Simpson 1967 am Mont Ventoux, nachdem er seinem Teamchef befohlen hatte, ihn wieder aufs Rad zu setzen. Simpson fiel damals wenige Meter weiter erneut vom Rad und starb.

Ein solches Schicksal bleibt Chris Horner zum Glück erspart. Aber auf sein Rad hätte auch er nie und nimmer noch einmal steigen dürfen. Im Ziel fragt er den Betreuer seines Teams Radioshack mehrfach: »Wo bin ich? Bin ich im Ziel?« Der Amerikaner wird ins Krankenhaus gebracht, wo man neben diversen anderen Verletzungen eine Gehirnerschütterung diagnostiziert. Horner selbst schreibt wenige Wochen später in einem Blog für die Website des Magazins *Bicycling*: Das Erste, woran er sich nach seinem Sturz erinnern könne, sei ein Gespräch mit dem Teamarzt im Krankenhaus – am Morgen danach. Dass Horner die Etappe noch zu Ende fuhr, begründet das Team damals damit, dass es schwer sei, direkt nach dem Sturz eine Diagnose zu stellen. Erst im Ziel habe man die Situation richtig einschätzen können. Auch Rennarzt Pascal Rivat war offenbar nicht in der Lage, Horner aus dem Rennen zu nehmen. »Ich hab gesagt, was ich denke (dass er aufhören sollte). Ich habe ihn weiterfahren lassen, bin aber nicht mehr von seiner Seite gewichen«, wird Rivat tags drauf von der französischen Sportzeitung *L'Équipe* zitiert.

Der Umgang mit Gehirnerschütterungen ist im professionellen Radsport auch Jahre später oft immer noch fahrlässig. Im Juli 2018 beklagen die beiden britischen Sportwissenschaftler Stephen Atkins und Howard Hurst in einem Artikel für die Website *The Conversation*, einem Wissenschaftsmagazin, das komplexe Sachverhalte für eine breite Öffentlichkeit verständlich aufbereitet, dass im Radsport kein eindeutiges Regelwerk existiere, um gestürzte Fahrer bei Verdacht auf eine Gehirnerschütterung auszuschließen.

Als Beispiel nehmen die beiden Wissenschaftler den Sturz des Letten Tom Skujiņš bei der Tour of California 2017. Der befindet sich damals in einer Ausreißergruppe, als ihm auf einer Abfahrt in einer Linkskurve das Vorderrad wegrutscht. Es ist allerdings weniger der Sturz, der einen irritiert, wenn man sich das Video davon auf YouTube anschaut, sondern das, was danach passiert: Skujiņš schwankt beim Versuch aufzustehen und kommt nur mühsam auf die Beine. Er kann kaum stehen. Er greift nach seinem Rad, das der Mechaniker des neutralen Materialmotorrads eilfertig bereithält. Der Lette steigt auf, fällt aber sofort wieder hin. Mühsam rappelt er sich erneut auf und hebt dabei etwas von der Straße auf – seinen Radcomputer, der sich beim zweiten Fall offenbar vom Lenker gelöst hat. Inzwischen kommen die Verfolger angerast. Skujiņš torkelt wie ein Betrunkener über die Straße. Nur knapp können die in hohem Tempo vorbeifahrenden Fahrer einen Zusammenstoß vermeiden. Der benommene Radprofi steigt erneut auf sein Rad, auf dem er diesmal sitzen bleibt. In Schlangenlinien fährt er weiter und kann gerade so verhindern, dass er gegen den Bordstein am Straßenrand fährt und erneut stürzt. Seine Erinnerung an den Vorfall setze erst zehn Kilometer später wieder ein, hat Skujiņš im Sommer 2018 in einem Interview mit dem belgischen Fernsehen erklärt. Da sei ihm klar geworden, dass sein Schlüsselbein gebrochen sei. Deshalb habe er das Rennen dann beendet. »Du bist nicht du selbst in so einem Moment«, sagt Skujiņš angesichts der Bilder, die ihn über die Straße taumelnd zeigen. »Ich hoffe, dass weder mir noch irgendjemand anderem so etwas noch mal passiert.« Doch dafür gibt es keine Garantie. Denn die Sache ist nicht immer so eindeutig.

Kopfverletzungen sind im Radsport keine Seltenheit. Seit 2003 gilt im professionellen Radsport eine Helmpflicht. Die Helme verhindern gravierende Schädel- und Hirnverletzungen, aber vor Gehirnerschütterungen schützen sie Radsportler nicht. Eine im April 2018 im *Journal of Sports Medicine and Physical Fitness* veröffentlichte Studie der Deutschen Sporthochschule in Köln ermittelte mit Hilfe einer Online-Umfrage, dass 23,8 Prozent der befragten Radsportler schon mal eine Gehirnerschütterung erlitten hatten. Bei denjenigen Fahrern, die den Sport in einem Klub betreiben, mehr als 200 Kilometer in der Woche fahren und einen Helm tragen, war der Prozentsatz sogar noch höher. Radfahrer, die schon mal eine Gehirnerschütterung hatten, klagten signifikant häufiger über Kopfschmerzen, ein Druckgefühl im Kopf, Lichtempfindlichkeit, Verwirrung und Irritationen. Untersuchungen, die speziell den Profiradsport beleuchten, gibt es bislang nicht, aber angesichts der Zahlen der Kölner Studie, muss man davon ausgehen, dass Gehirnerschütterungen und die beschriebenen Nachwirkungen auch dort häufig vorkommen.

Der Radsport-Weltverband weiß um das Problem. Als einer der ersten internationalen Sportverbände hat die UCI schon 2011 die Vorschläge der Internationalen Konferenz zu Gehirnerschütterungen im Sport übernommen. Unter Paragraf fünf der Medizinischen Regeln der UCI heißt es: »Alle Personen im Umfeld eines Fahrers, insbesondere alle Ärzte und Sanitäter, sind aufgefordert darauf zu achten, ob Fahrer Symptome einer Gehirnerschütterung zeigen.« Und weiter: »Jeder Fahrer mit Verdacht auf eine Gehirnerschütterung muss unverzüglich aus dem Rennen oder Training genommen und dringend medizinisch untersucht werden.«

Doch das alles bleibt meist graue Theorie, wie die Beispiele Horner und Skujiņš zeigen. Im Fall des Letten hätte der Motorradmechaniker, der Skujiņš das Rad bereitwillig hinhielt, den Profi aufhalten müssen. »Aber aus welchem Grund auch immer werden die Regeln ignoriert«, klagt Sportwissenschaftler Howard Hurst am Telefon. Deshalb steigen Radsportler nach einem Aufprall mit dem Kopf meistens wieder auf ihr Rad, wenn sie es denn können. »Die UCI will nicht zugeben, dass dieses Problem existiert«, meint Hurst. Der Verband gebe drei Millionen Euro im Jahr aus, um nach eventuell versteckten Motoren in den Rädern der Profis zu fahnden, aber nur eine halbe Million für medizinische Forschung: »Das ist verrückt.«

Das Bewusstsein für die Gefahren einer Gehirnerschütterung wächst auch bei den Fahrern und den Verantwortlichen der Teams nur langsam. Einer, der sich zum Ziel gesetzt hat, dieses Bewusstsein zu schärfen, ist der ehemalige irische Radprofi Matt Brammeier, der seine Karriere im Juni 2018 beendet hat. Er hat am eigenen Leib erfahren, wie nachlässig der Umgang mit Kopfverletzungen in seinem Metier ist. Auf der sechsten Etappe der Tour of Utah 2015 kollidiert Brammeier bei hoher Geschwindigkeit kopfüber mit einem Begleitauto. Es ist ein grausamer Unfall. Brammeier ist bewusstlos und wird in ein Krankenhaus gebracht. Er hat mehrere schwerere Verletzungen: Sein Becken und mehrere Rippen sind gebrochen, seine Lunge hat ein Loch. Alles das erfährt er, als er wieder zu sich kommt. Sein Kopf aber sei niemals ein Thema gewesen, eine Gehirnerschütterung mit keinem Wort erwähnt worden, berichtet Brammeier 2017 in einem Beitrag für »Headways«, eine Kampagne, die auf die Gefahren von Gehirnerschütterungen hinweisen will. Er erklärt das mangelnde Problembewusstsein auch mit der speziellen Kultur des Radsports im Umgang mit Schmerz. »Wir sehen Verletzungen fast jeden Tag, an dem wir Rennen bestreiten. Leute stürzen, ihr Helm zerbricht und sie stehen einfach auf und fahren mit glasklaren Anzeichen für eine Gehirnerschütterung weiter. Danach werden sie als Helden gefeiert, weil sie in der Lage waren, das Rennen zu Ende zu fahren.«

Bei Brammeier ist es nicht der eigene Unfall, der ein Umdenken einleitet, sondern ein Sturz seiner Frau Nikki, die ebenfalls professionell Rad fährt. Bei den Cyclocross-Europameisterschaften 2016 stürzt sie schwer auf den Kopf und zieht sich Verletzungen im Gesicht zu. Sie klagt anschließend über Übelkeit, Schwindel und starke Kopfschmerzen. Ein Traumatologe stellt eine schwere Gehirnerschütterung fest und verordnet absolute Ruhe. Der Genesungsprozess dauert Wochen. »Vor Nikkis Sturz wusste ich nichts über die Langzeitwirkung einer Gehirnerschütterung«, erklärt Matt Brammeier. »Alles, was ich kannte, waren die unmittelbaren Symptome und dass man wahrscheinlich besser ärztlichen Rat einholen sollte, wenn man Kopfschmerzen, Schwindel oder Übelkeit hat.« Brammeier glaubt, dass es den meisten seiner Kollegen ähnlich geht und diese sich den Gefahren ebenso wenig bewusst sind. Doch wenn er das Thema angesprochen habe, sei er meist auf taube Ohren gestoßen. Viele Radprofis legen offenbar eine ähnliche Haltung an den Tag wie Dominik Nerz, der nach seinem Sturz im Tunnel bei der Dauphiné-Rundfahrt die kurzzeitige Bewusstlosigkeit verschwieg, um seinen Start bei der Tour de France nicht zu gefährden.

Gehirnerschütterungen im Spitzensport wurden erstmals in den neunziger Jahren zu einem größeren Thema. Vor allem in den so genannten Kontaktsportarten wie American Football, Eishockey, Rugby und Boxen rücken damals die Folgen von häufigen Schlägen gegen den Kopf in den Fokus. Eine neue Dynamik bekommt das Thema durch den Selbstmord des ehemaligen Football-Profis Junior Seau im Jahr 2012 im Alter von 41 Jahren. Bei der Untersuchung seines Gehirns stellen die Neuropathologen fest, dass Seau an Chronisch-traumatischer Enzephalopathie (CTE) erkrankt war. CTE, auch Boxer-Syndrom genannt, ist eine fortschreitende degenerative Erkrankung des Nervensystems, die durch wiederholte Schläge und Erschütterungen des Kopfes entstehen kann. Häufig geht die Krankheit einher mit Konzentrationsschwierigkeiten, Gedächtnisverlust und Depressionen.

Die Forschung zu CTE steckt noch in ihren Anfängen. Die amerikanische Football-Liga NFL hat inzwischen aber anerkannt, dass ein Zusammenhang besteht zwischen CTE und den Gehirnerschütterungen, die in dieser Sportart oft vorkommen, nachdem zahlreiche weitere Fälle ehemaliger NFL-Profis bekannt geworden sind, die an der bislang nur posthum zu diagnostizierenden Krankheit litten. Forscher in Boston wiesen bei 96 Prozent der untersuchten Gehirne verstorbener ehemaliger NFL-Spieler CTE nach. Dutzende hatten wegen Gedächtnisverlusts, Depressionen und Demenz Selbstmord begangen. Die NFL legte daraufhin einen Entschädigungsfonds auf. Die Zahl der Betroffenen geht in die Tausende. In der NFL ist seitdem der Umgang mit Gehirnerschütterungen detailliert geregelt. Erst im Dezember 2017 wurde das Verfahren noch einmal verschärft. Spieler, bei denen der Verdacht auf eine Gehirnerschütterung besteht, dürfen nicht weiterspielen. In anderen Kontakt-Sportarten wie etwa Rugby gibt es ähnliche Regeln.

Das macht deutlich, welch großes Risiko Dominik Nerz eingegangen ist, als er die Anzeichen für eine Gehirnerschütterung ignorierte und weder die Teamleitung noch die Ärzte darüber informierte. Alle Symptome, die er nach seinem Sturz im Tunnel während der Dauphiné-Rundfahrt 2015 beschreibt, deuten darauf hin, dass er damals eine Gehirnerschütterung erlitten hat: Schwindel, Übelkeit, Kopfschmerz. Abgeklärt worden ist das nie und das liegt vor allem daran, dass er seinen Tourstart nicht gefährden wollte. In seinem Umfeld hatte dieses Ziel ebenfalls oberste Priorität. Nerz' zweiter Sturz, am Ende des Zeitfahrens zum Auftakt der Tour de France in Utrecht, erfolgt nur 26 Tage später. Dadurch, dass er sich keine wirkliche Pause gegönnt hat nach der Dauphiné, ist es wahrscheinlich, dass sich sein Gehirn noch nicht wieder vollständig erholt hat, als er hinter der Ziellinie in Utrecht erneut auf den Kopf fällt. Dass er sofort wieder Kopfschmerzen hat und Übelkeit verspürt, spricht dafür, dass Dominik Nerz dort erneut eine Gehirnerschütterung erlitten hat. Dass er zwei Tage später noch einmal in einen schweren Sturz verwickelt ist, bei dem mit großer Wahrscheinlichkeit erneut der Kopf betroffen ist, macht die Sache endgültig zu einem fatalen Schlag für seine Gesundheit.

In der Medizin wird eine Gehirnerschütterung als leichteste Form eines Schädel-Hirn-Traumas betrachtet. Dazu kommt es, wenn eine äußere Kraft auf den Schädel einwirkt. Meist ist ein Schlag gegen den Kopf die Ursache, aber auch ein Schleudertrauma kann eine Gehirnerschütterung auslösen. Anders als früher angenommen, entsteht die Erschütterung nicht dadurch, dass das Gehirn gegen die Schädel-Innenwand prallt. Da das menschliche Gehirn keine homogene Masse ist, sondern verästelt, vergleichbar mit einem Baum, ist es eher so, als würde ein heftiger Windstoß durch dieses Geäst fegen.

»Die Folge ist ein diffuses Chaos und dieses Chaos betrifft den Energiestoffwechsel im Gehirn«, erklärt der Sportmediziner

Professor Claus Reinsberger von der Universität Paderborn am Telefon. Durch die rotierende Krafteinwirkung werden Hirnzellen gedehnt und verdreht, die Nervenstränge gestört oder verletzt. Dadurch gerät der Stoffwechsel im Hirn durcheinander. Verschiedene Elektrolyte werden stärker ausgeschüttet als sonst, vor allem Kalzium, dessen Gehalt in den Hirnzellen bei einer Gehirnerschütterung um das Vier- bis Fünffache ansteigt. Gleichzeitig verringert sich die Durchblutung im Gehirn. Beide Faktoren zusammen führen zu einer Energiekrise. »Das Kalzium verklumpt. Dadurch werden die Zellkraftwerke lahmgelegt. Die Zelle funktioniert nicht mehr richtig«, erläutert Reinsberger. Die diffusen Schäden und die mangelnde Energieversorgung der Zellen verursachen vielfältige und individuell unterschiedliche Symptome wie Kopfschmerzen, Übelkeit, Schwindel oder Schlafstörungen. »Es braucht zwei bis drei Tage, bis die zelluläre Energiekrise beseitigt ist«, so Reinsberger. »Damit die Zelle sich erholen kann, braucht sie absolute Ruhe. Wenn sie arbeiten muss, kriegt sie das nicht hin.«

Doch selbst nach dem Ende der Energiekrise ist noch nicht sichergestellt, dass schon wieder genügend Energie bereitgestellt werden kann, um die Zelle bei Belastung ausreichend zu versorgen. Deshalb müssen Sportler nach einer Gehirnerschütterung behutsam wieder ins Training einsteigen. Für Kontakt- und Mannschaftssportarten wie American Football oder Fußball gibt es heute ein so genanntes »Return-to-Play«-Protokoll, das aus sechs Stufen besteht. Stufe eins bedeutet absolute Ruhe in den ersten 24 bis 48 Stunden. Stufe sechs ist die Rückkehr in den Wettkampf. Die Schritte dazwischen reichen von einer lockeren Belastung bis hin zum Wiedereinstieg ins Mannschaftstraining. Zwischen jeder dieser Stufen sollen mindestens 24 Stunden liegen, in denen der Athlet keine Symptome mehr entwickeln darf. Erst dann kann er die nächste Stufe in Angriff nehmen. »Wenn man sich an das Protokoll hält, dauert es in 90 Prozent der Fälle sieben bis zehn Tage, bis ein Sportler wieder einsatzfähig ist«, sagt Professor Reinsberger. Kehrt ein Sportler schneller zurück, sei das medizinisch nicht vertretbar. Auch im Radsport sei es unabdingbar, dass sich ein Athlet langsam wieder an die Belastungen herantaste, die er im Wettkampf leisten muss, betont Reinsberger. Dominik Nerz hat dagegen 2015 keinerlei Pause gemacht nach seinen Stürzen auf den Kopf.

Inzwischen haben einige Radsport-Teams bereits ein solches »Return-to-Play«-Protokoll eingeführt. Es sind vor allem die US-Mannschaften, bei denen ein Bewusstsein für die Gefahren einer Gehirnerschütterung herrscht. Wohl auch, weil die öffentliche Diskussion über mögliche Folgeschäden aufgrund der Erfahrungen in der NFL dort mehr Raum einnimmt als in Europa. Nachdem Skujiņš in Kalifornien endlich vom Rad gestiegen ist, muss er sich auf Anraten des Teamarztes bei seinem Team Cannondale-Drapac vier Tage in einem abgedunkelten Hotelzimmer aufhalten und strikte Ruhe halten, ohne auf den Bildschirm seines Laptops oder Smartphones zu schauen, zu lesen oder Musik zu hören. Danach steigt er langsam wieder ins Training ein. Sein erstes Rennen bestreitet er erst einen Monat später.

Das größte Problem des Radsports bleibt allerdings, in der Hektik nach einem Sturz zu beurteilen, ob ein Fahrer eine Gehirnerschütterung erlitten hat oder nicht. Denn eine Gehirn-

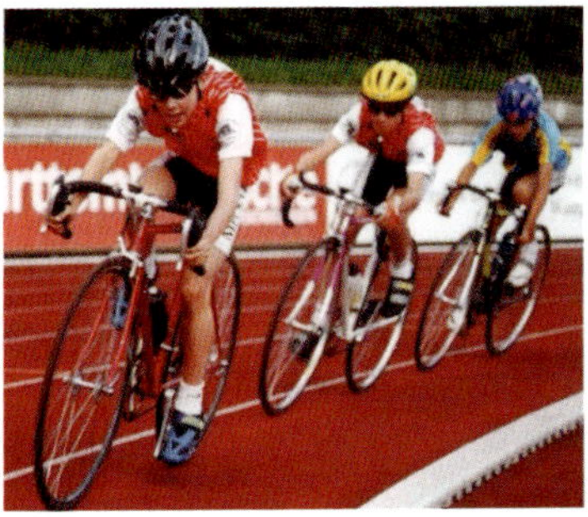

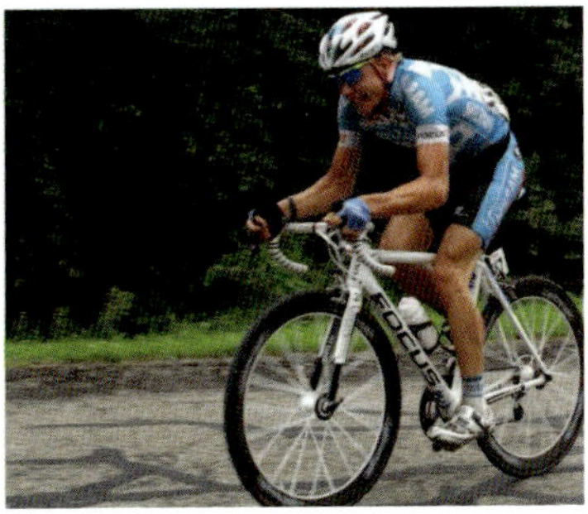

# DOMINIK NERZ

Eine Radsportkarriere in Bildern

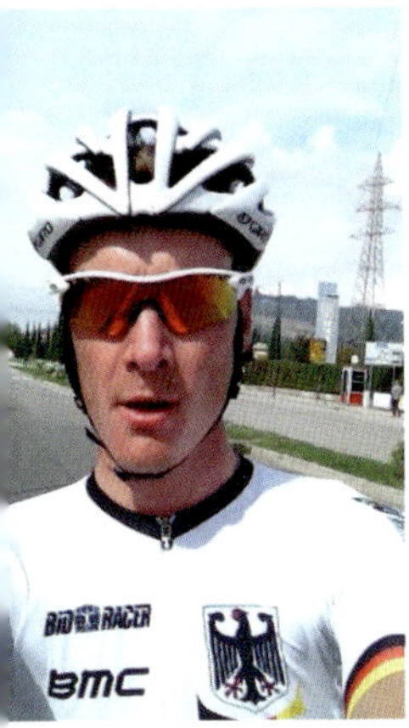


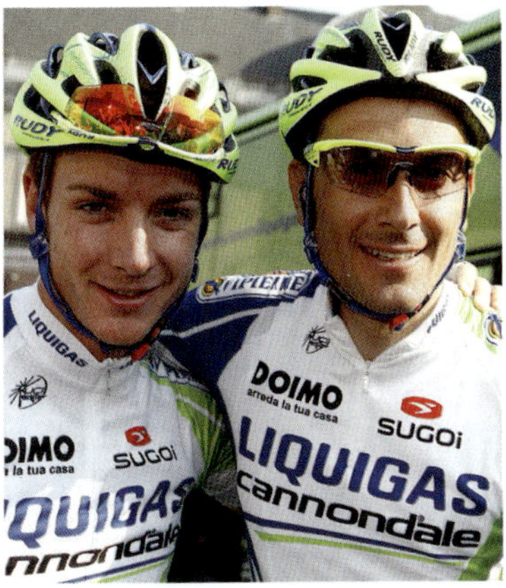


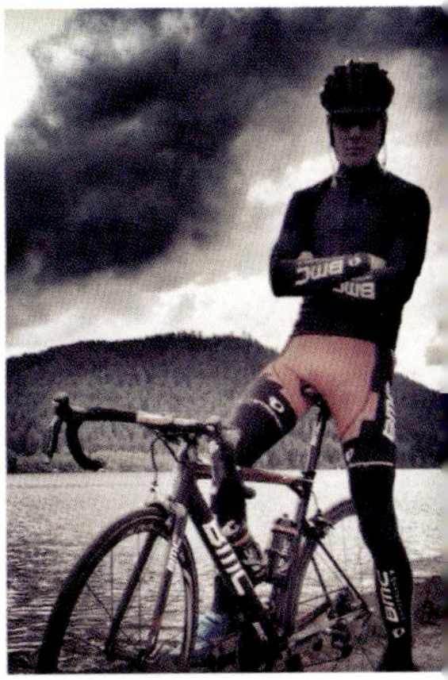

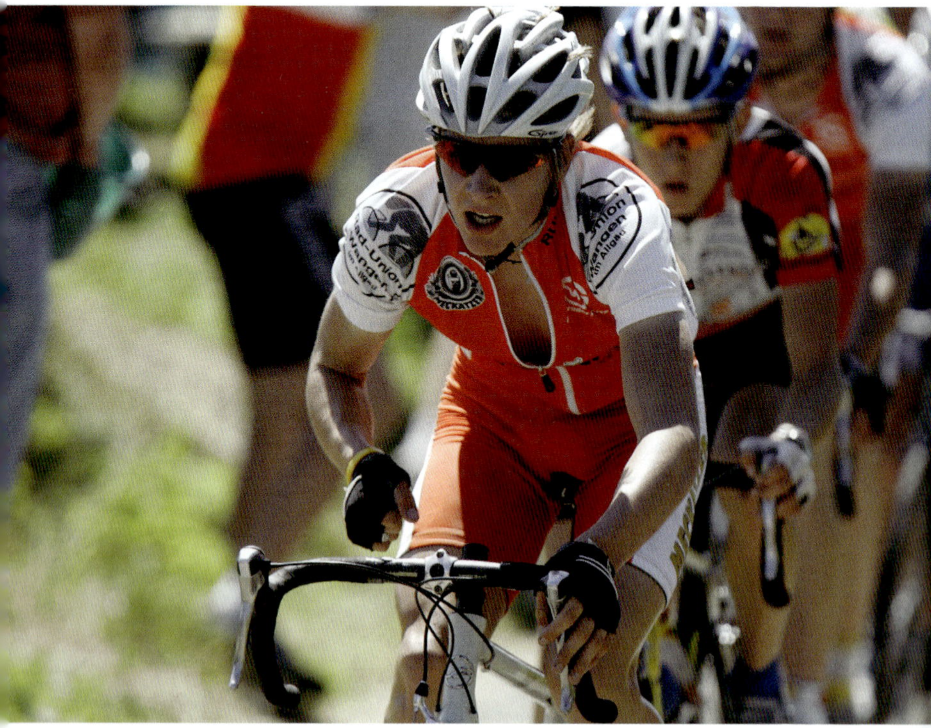

Dominik Nerz in der Saison 2006 im Trikot der Rad-Union Wangen bei der Deutschen Straßenmeisterschaft der Junioren in Hofweier (oben) und im Jahr darauf als frischgekürter Deutscher Juniorenmeister auf dem Podium nach der Berg-DM in Ramsau bei Berchtesgaden (rechte Seite).

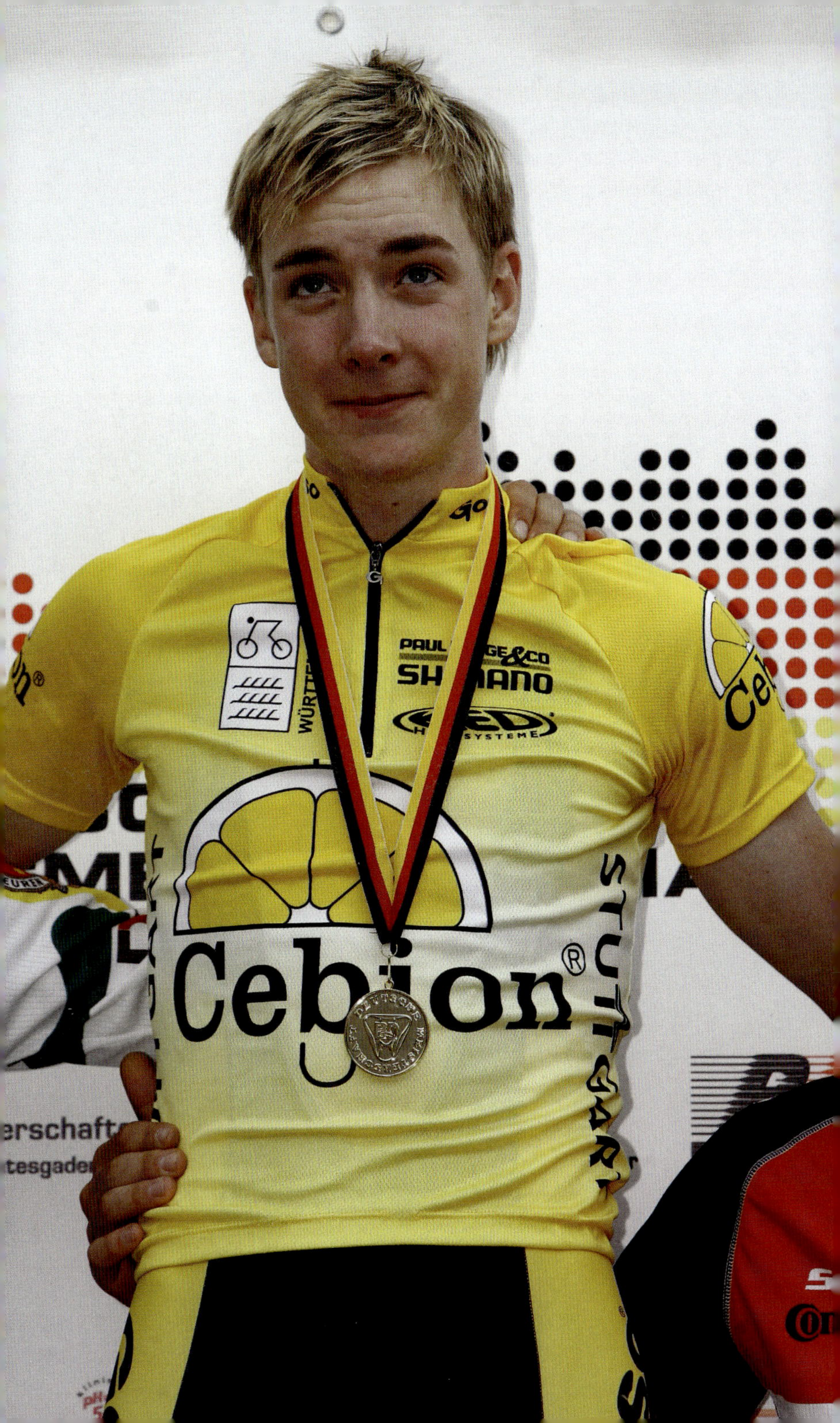
Cebion®

Unten: Das U23-Straßenrennen bei der Rad-Weltmeisterschaft 2008 in Varese. Im Finale ist Dominik Nerz der wichtigste Helfer an der Seite des angehenden Bronzemedaillengewinners John Degenkolb.

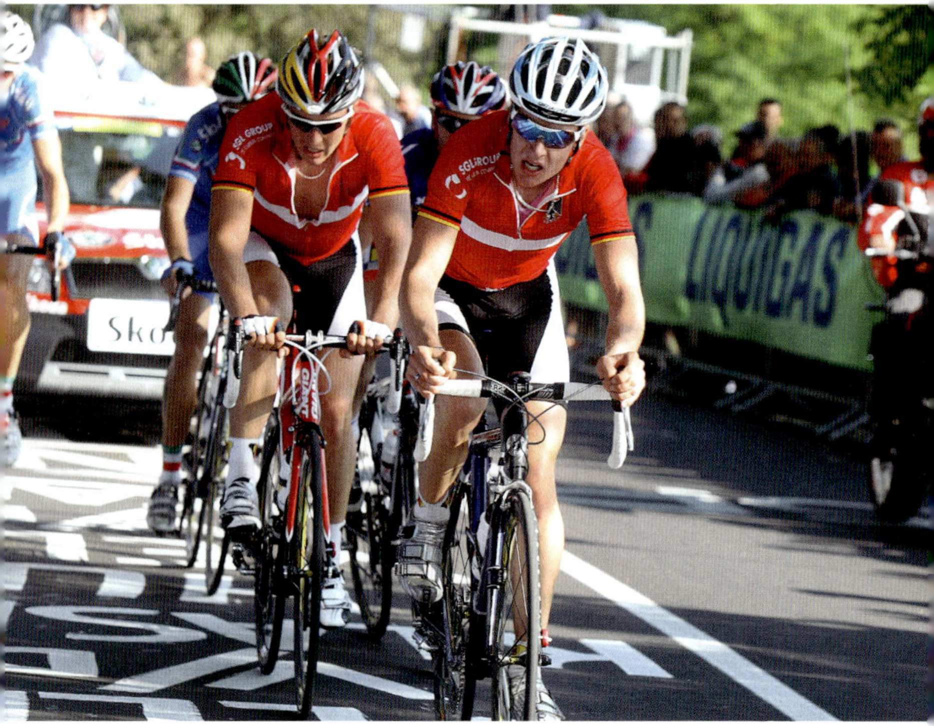


Rechte Seite oben: Bei der U23-DM 2009 setzt sich Dominik Nerz überraschend im Sprint der Spitzengruppe gegen Degenkolb durch. Rechte Seite unten: Profi mit zwanzig. Zur Saison 2010 wechselt er vom Continental-Team Milram zum ProTour-Team Milram.

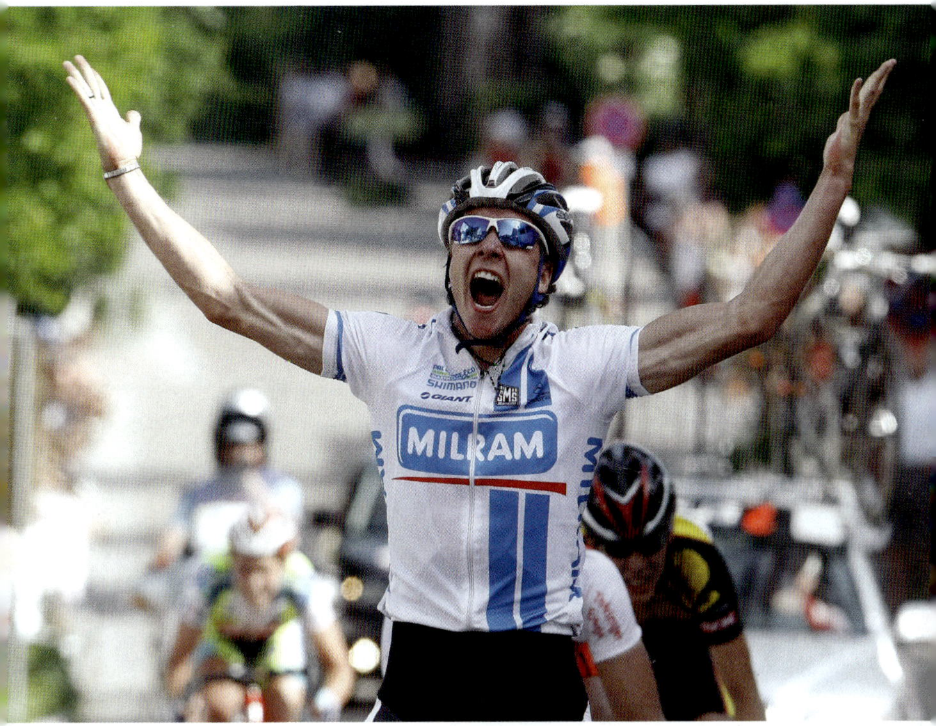
SHIMANO
GIANT
MILRAM

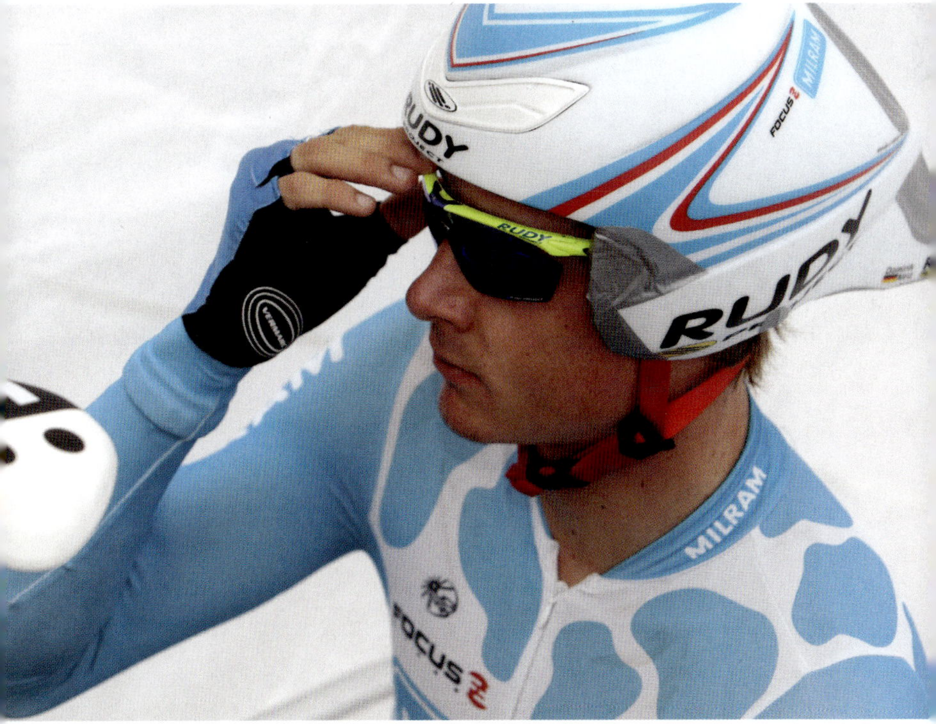
RUDY
MILRAM
RUDY
MILRAM
FOCUS

2011 – das erste Jahr als Profi in Italien. Dominik Nerz beim winterlichen Trainingslager am »tiefgekühlten« Passo San Pellegrino (unten) und bei seinem Grand-Tour-Debüt, das er im September bei der Vuelta in Spanien feiert (rechte Seite).

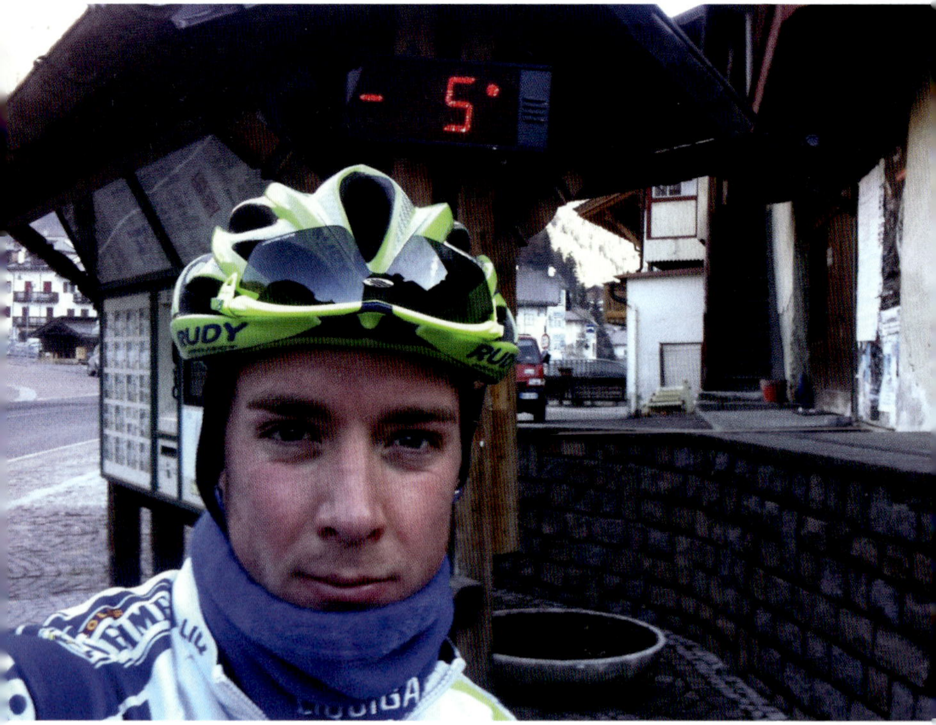

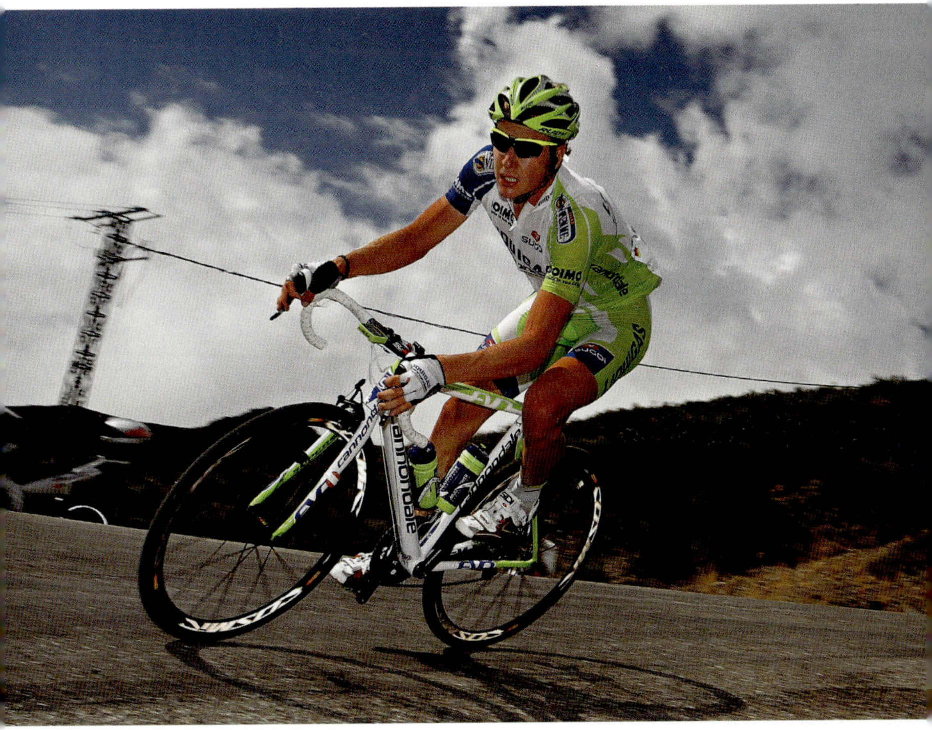
cannondale
DOIMO

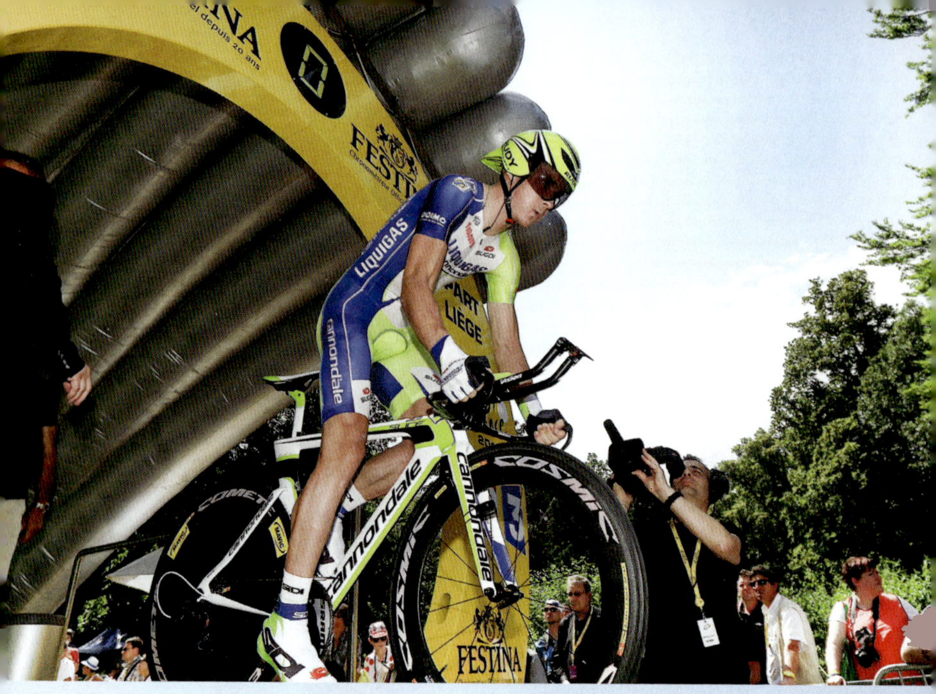
FESTINA
LIQUIGAS
cannondale
COSMIC
FESTINA

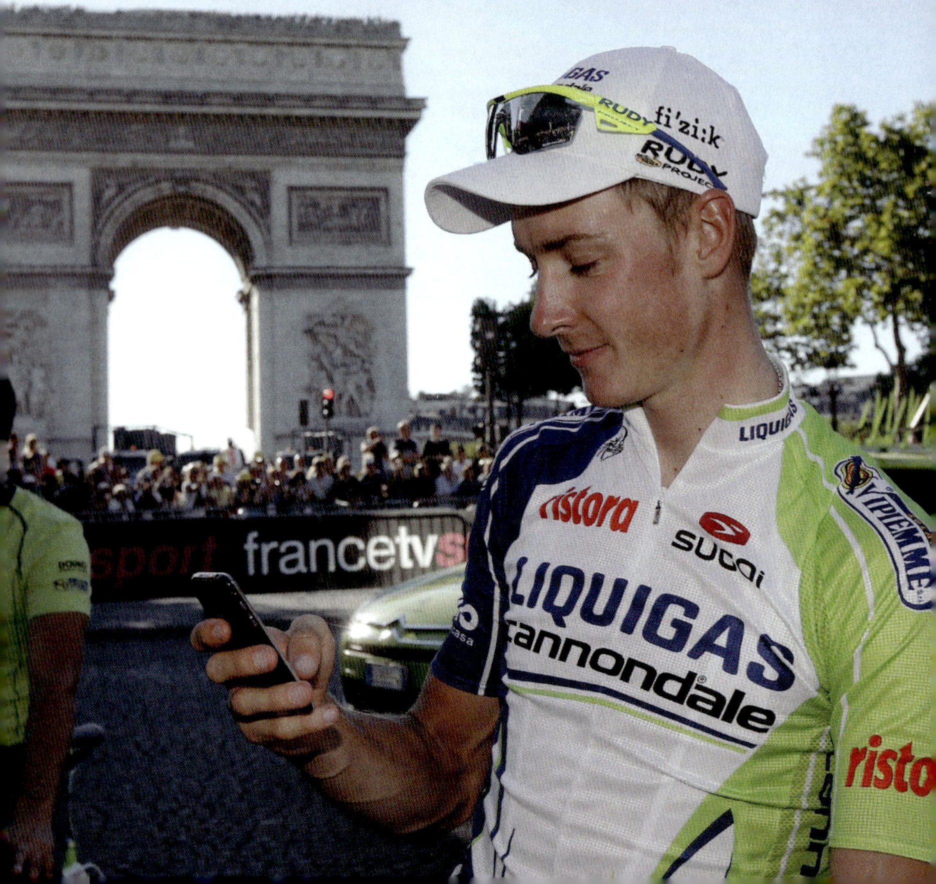
fi'zi:k
RUDY
LIQUIGAS
ristora
SUGOI
LIQUIGAS
cannondale
francetv

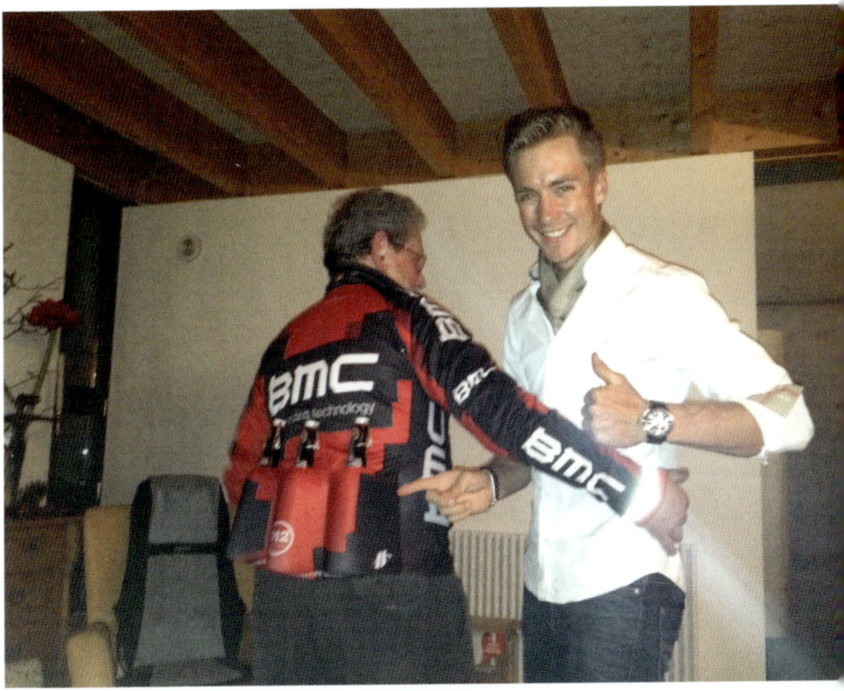


Oben: Weihnachten 2012. Dominik Nerz mit seinem Großvater, dem er das Trikot seines neuen Rennstalls geschenkt hat – ab der Saison 2013 fährt er für das »Superteam« BMC.

Linke Seite: Auftakt und Abschluss seiner ersten Tour de France, die Dominik Nerz im Juli 2012 als Helfer von Vincenzo Nibali auf Platz 47 beendet.

Rechte Seite: Auf Schlüsseletappen vorne dabei. Dominik Nerz – jeweils im rot-schwarzen BMC-Trikot – bei der Bergankunft am Angliru während der Vuelta 2013 in einer Gruppe mit den Ausnahme-Rundfahrern Valverde und Nibali (oben) und ein Jahr später, als er erneut im Gesamtklassement unter die Top 20 fährt (unten).

Unten: Dominik Nerz im Jahr 2014 im »Folterkeller« in Kreuzlingen, wo er und Patrick Gretsch häufig ihr Rollentraining absolvieren.

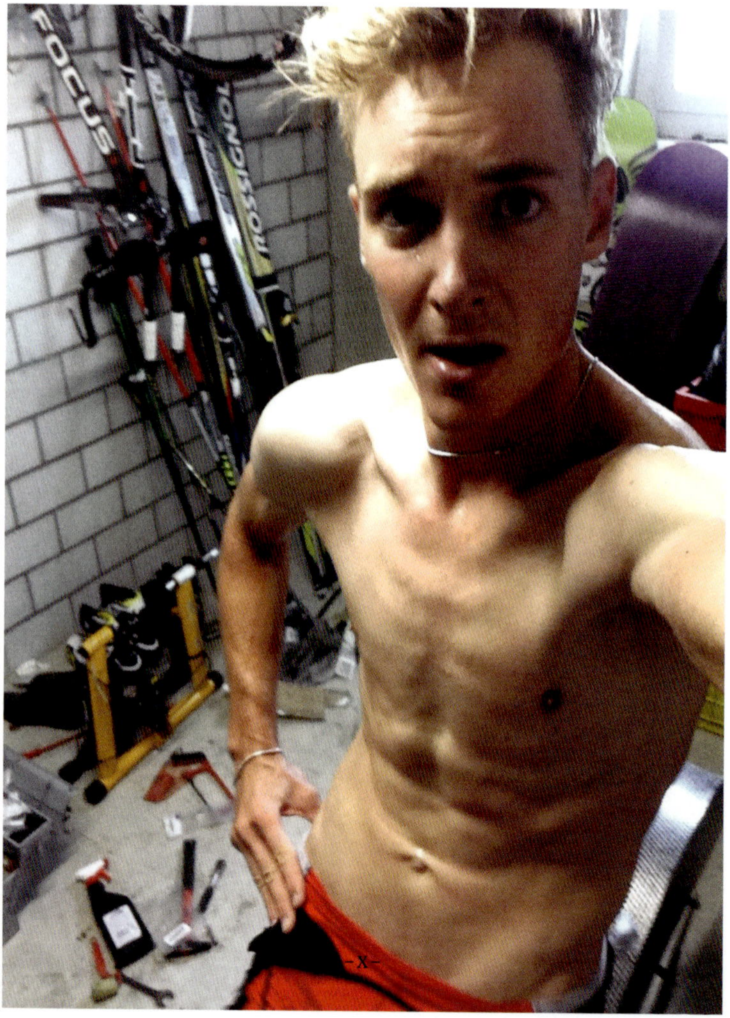

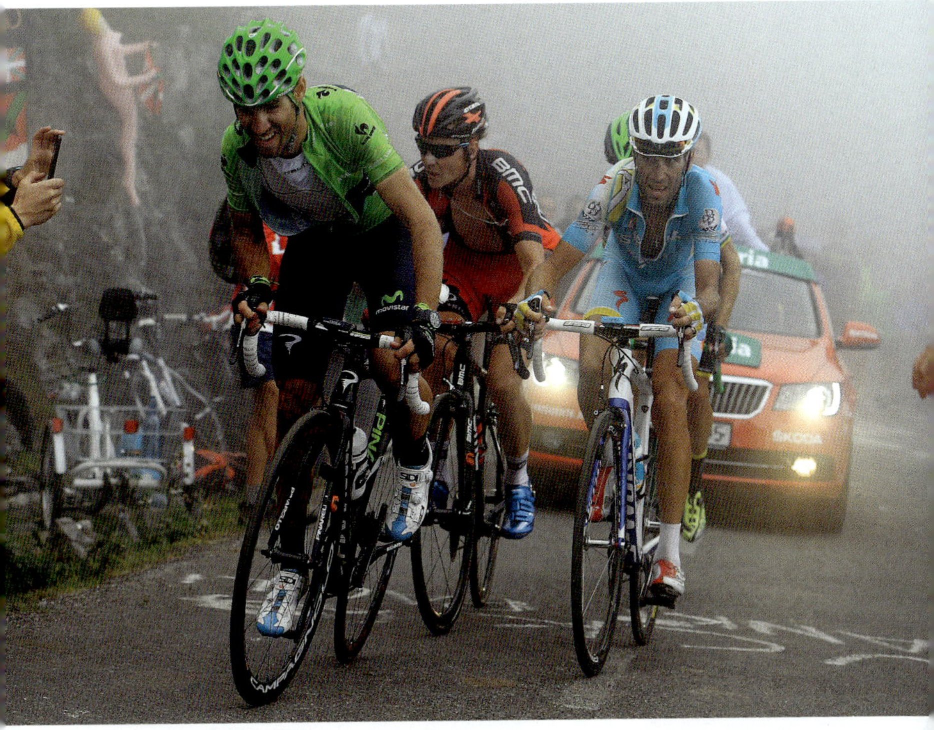
movistar
BMC
ŠKODA

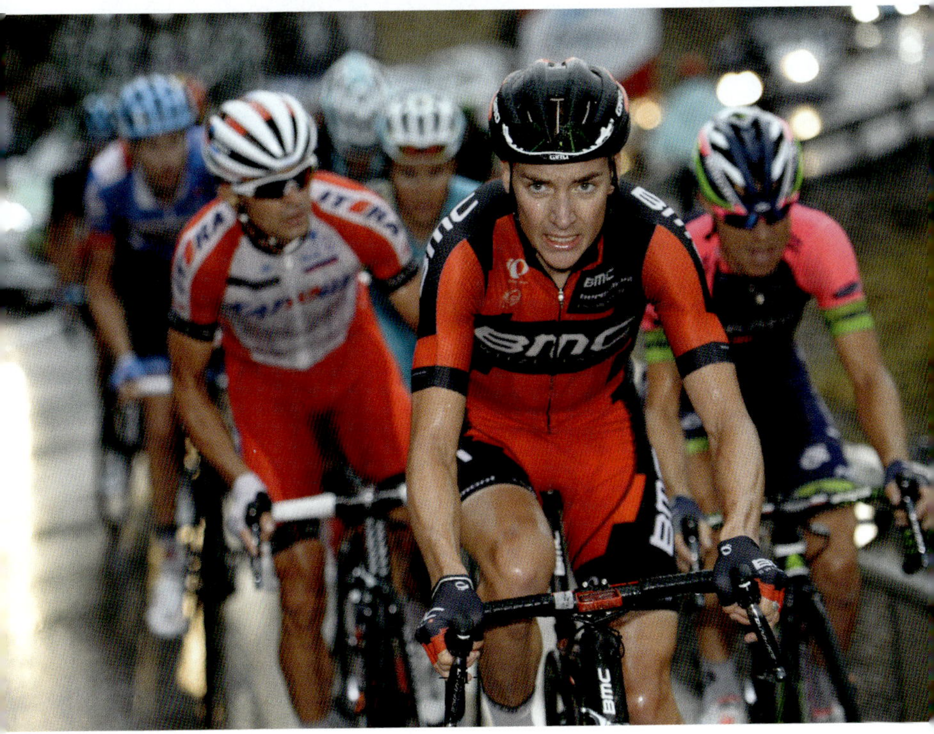
BMC

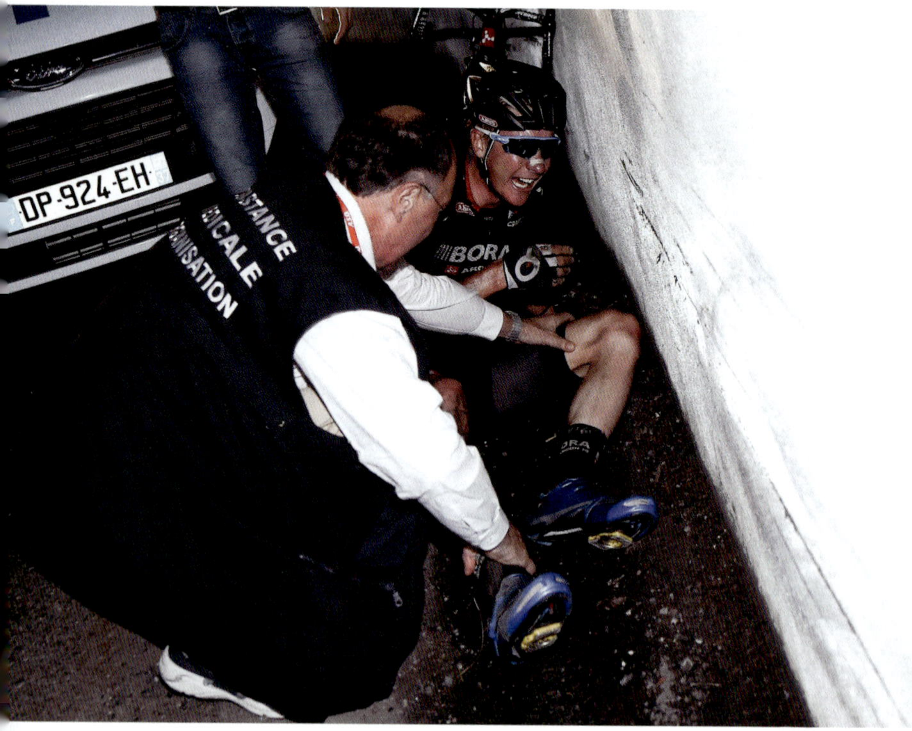


Oben: Critérium du Dauphiné 2015.
Der Tunnel, der Sturz, der Schrei.

Rechte Seite: Ungeachtet dessen geht Dominik Nerz wenige Wochen später als Kapitän des Teams Bora-Argon18 in die Tour de France.

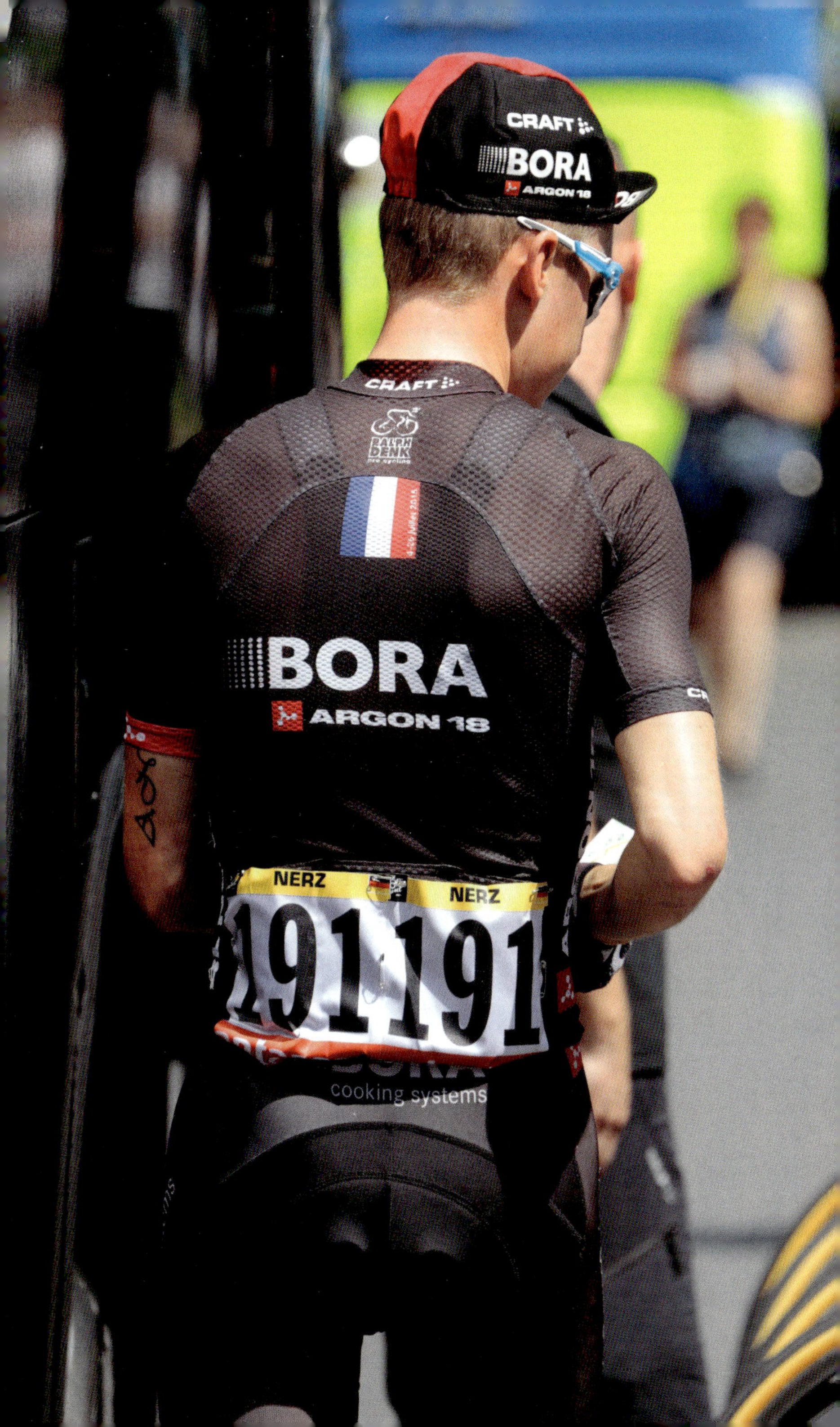
CRAFT
BORA
ARGON 18
CRAFT
BORA
ARGON 18
NERZ
NERZ
191
191
cooking systems

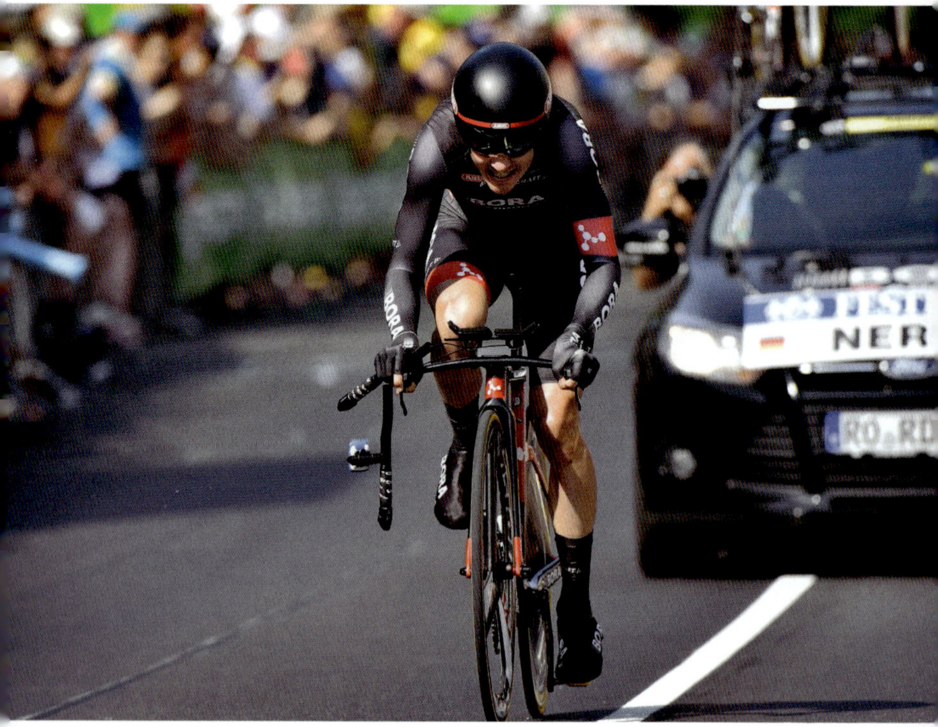


Juli 2015. Eine Tour de France zum Vergessen. Beim Auftaktzeitfahren in Utrecht lösen sich bei Dominik Nerz die Holme des Zeitfahrlenkers (oben). Auf der dritten Etappe von Antwerpen nach Huy ist er in einen Massensturz verwickelt (rechte Seite oben). Bei der Bergankunft in La Pierre-Saint-Martin bricht er mit einem Hungerast ein und wird von Freund und Teamkollege Emanuel Buchmann ins Etappenziel eskortiert (rechte Seite unten).

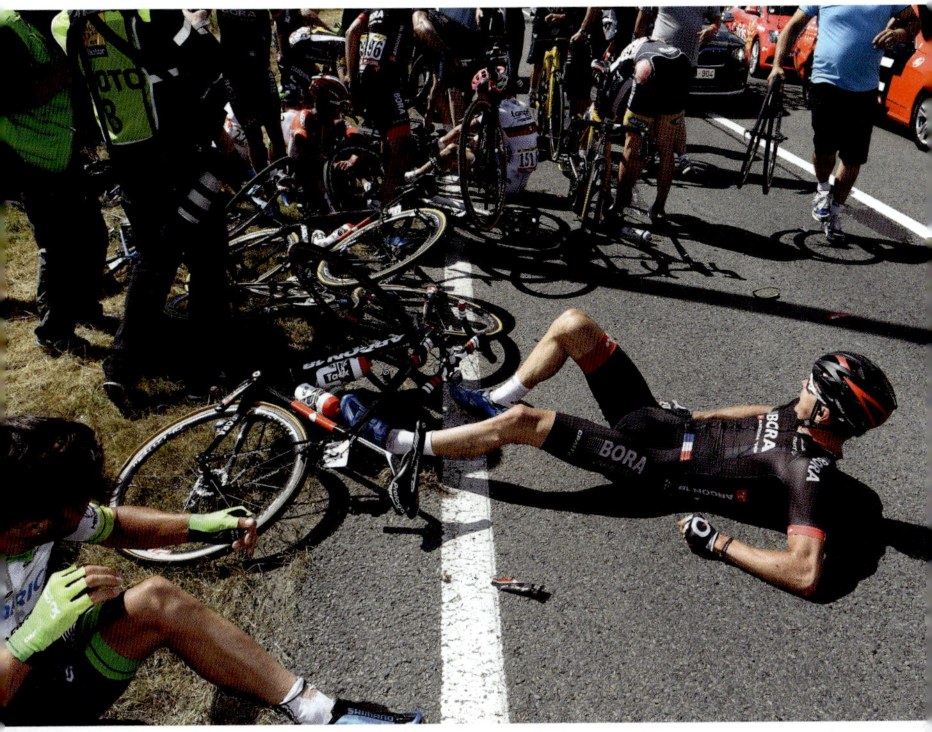
BORA
BORA
ARGON 18

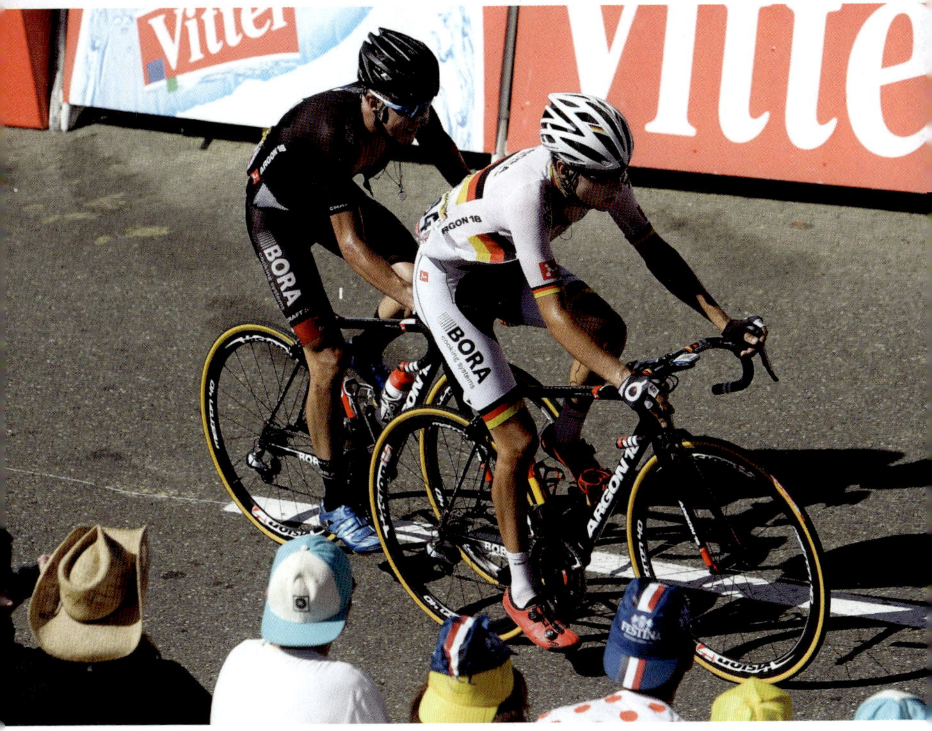
Vittel
BORA
ARGON 18
BORA
cooking systems
ARGON 18
FESTINA

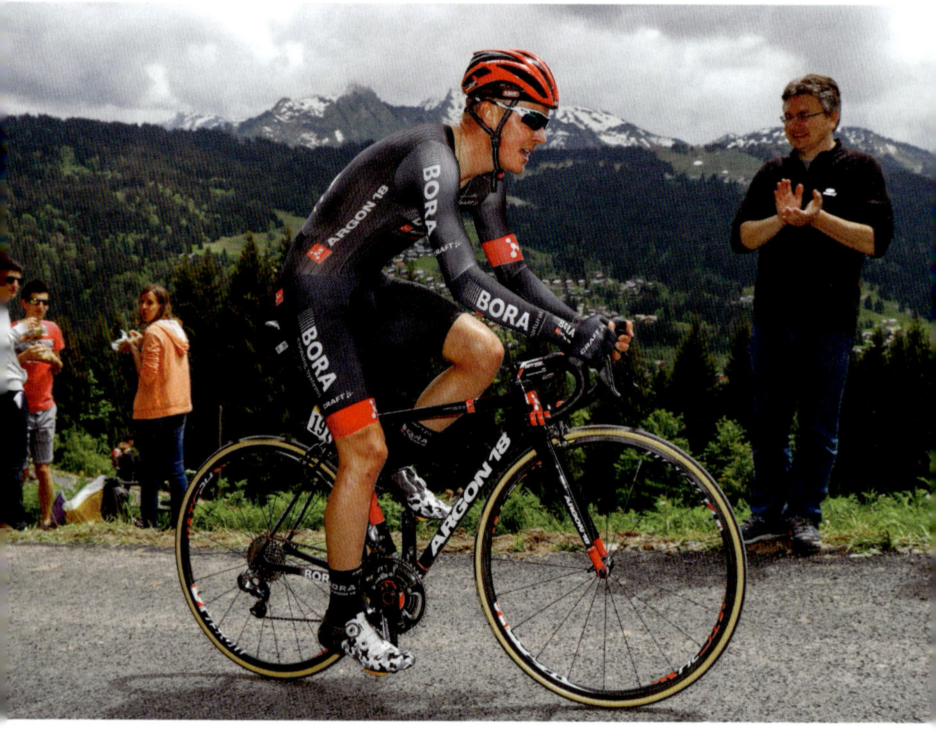


Oben: Noch besteht leise Hoffnung, sich doch für das Tour-Team 2016 von Bora-Argon18 zu qualifizieren. Dominik Nerz im Juni beim Prolog des Critérium du Dauphiné. Nach der fünften Etappe wird er das Rennen entkräftet aufgeben, ein Vierteljahr später seine Karriere als Radprofi im Alter von nur 27 Jahren beenden.

erschütterung ist nicht leicht und vor allem nicht schnell zu diagnostizieren. Das seit 2001 regelmäßig überarbeitete Konsenspapier der Internationalen Konferenz zu Gehirnerschütterungen im Sport stellt fest: »Die sportbedingte Gehirnerschütterung gehört hinsichtlich der Diagnose, Bewertung und Behandlung zu den komplexesten Verletzungen in der Sportmedizin.« Bei rund 90 Prozent aller Gehirnerschütterungen kommt es zu keiner Bewusstseinsstörung. Oft treten Symptome wie Kopf- oder Nackenschmerz, Schwindel oder Übelkeit erst nach einer Weile auf, in Einzelfällen sogar erst Stunden später. Auch Dominik Nerz bemerkt 2015 erst Tage nach seinem Sturz im Tunnel neben dem Kopfschmerz auch Übelkeit und Schwindel. Diese verzögerte Reaktion des Körpers macht es vor allem im Radsport schwierig, entsprechende Maßnahmen zu ergreifen.

»An der Strecke muss ich als Sportmediziner feststellen, hat der Fahrer einen Schlag abbekommen oder nicht. Es braucht Tools für ein Screening, mit denen ich sicher sagen kann, dass er keine Gehirnerschütterung hat«, sagt Professor Reinsberger. Ein solches Tool ist das Sport Concussion Assessment Tool (SCAT), das es inzwischen in seiner fünften Auflage gibt und das verschiedene motorische, visuelle, verbale und kognitive Fähigkeiten abfragt, die Rückschlüsse darauf zulassen, ob möglicherweise eine Gehirnerschütterung vorliegt. Doch dafür braucht es Zeit. Der Weltfußball-Verband FIFA hat nach der WM 2014 eine Drei-Minuten-Regel eingeführt, nachdem der Uruguayer Álvaro Pereira im Gruppenspiel gegen England von einem Gegenspieler mit dem Knie am Kopf getroffen wurde, bewusstlos liegen blieb und dann trotz Gehirnerschütterung weiterspielte – gegen den Rat des Mannschaftsarztes. Seitdem kann der Schiedsrichter das Spiel bis zu drei Minuten unterbrechen, damit ein Spieler, der einen Schlag gegen den Kopf bekommen hat, untersucht werden kann.

Doch Zeit ist im Radsport nicht verhandelbar und drei Minuten sind dort eine Ewigkeit. Je länger ein Radprofi zurückbleibt, umso schwieriger wird es für ihn, das davonrasende Feld wieder einzuholen. Und wer bei einer Rundfahrt aus dem Rennen genommen wird, ist für die folgenden Etappen ebenfalls raus. Einen Fahrer auszutauschen, ist im Radsport auch keine Option. »Das würde die Tür zum Betrug öffnen, denn dann könnte man unter Berufung auf eine Verletzung einfach einen frischen Fahrer bringen und sich so einen Vorteil verschaffen«, sagt Sportwissenschaftler Howard Hurst während des Telefonats.

Hinzu kommt, dass – wie das Beispiel Skujiņš zeigt – oft nicht einmal ein Arzt oder anderes medizinisches Fachpersonal in der Nähe ist, wenn ein Radprofi im Rennen stürzt und direkt wieder auf sein Rad steigen will. »Darum müssen alle am Rennen beteiligten Personen geschult werden, damit sie sachkundige Entscheidungen treffen können«, fordert Hurst. Wegen des Faktors Zeit müsse die Einschätzung einer Kopfverletzung im Radsport auch eher spontan und variabel erfolgen, als auf Grundlage eines festgelegten Protokolls wie dem SCAT-5-Test. Gemeinsam mit seinem Kollegen Stephen Atkins schlägt Hurst in *The Conversation* einen Ansatz vor, der verschiedene Perspektiven wie TV-Bilder des Sturzes und die Aussagen von Augenzeugen einbezieht. Das allerdings löse bei unterklassigen Rennen, die nicht live im Fernsehen übertragen werden, das Problem auch nicht, räumen die britischen Sportwissenschaftler ein. Im

Zweifel sei es aber immer besser, einen Fahrer aus dem Rennen zu nehmen. Eine Position, die auch Professor Claus Reinsberger von der Uni Paderborn teilt: »Es ist natürlich nicht auszuschließen, dass du dann auch mal einen Sportler rausholst, der keine Gehirnerschütterung hat. Aber das ist mir medizinisch lieber, als jemanden weiterfahren zu lassen und einen zweiten Schlag zu riskieren.« Denn ein solcher kann zu einem »Second-Impact-Syndrom« führen. Wird das Gehirn während der Energiekrise der Zellen ein zweites Mal erschüttert, besteht die Gefahr, dass es zu einer Hirnschwellung kommt, was eine schwere Behinderung oder gar den Tod zur Folge haben kann.

Allein deshalb findet Helge Riepenhof, Chefarzt für Sportmedizin am BG Krankenhaus in Hamburg, dass im Radsport nach kreativen Lösungen gesucht werden müsse. »Wir stellen immer den Sport in den Vordergrund, dabei ist das höchste Gut die Gesundheit der Athleten«, sagt er während eines Telefoninterviews. So könne man einen gestürzten Radprofi mit Verdacht auf eine Gehirnerschütterung zum Beispiel im Krankenwagen, der hinter dem Feld herfährt, untersuchen. Stellt sich heraus, dass keine Gehirnerschütterung vorliegt, könne er ins Rennen zurückkehren. Riepenhof hat selbst mehrere Jahre als Teamarzt im Radsport gearbeitet und hat öfter entschieden, Fahrer im Zweifel aus dem Rennen zu nehmen. »Wenn der Helm gebrochen war, haben wir immer gegen das Weiterfahren entschieden«, sagt er. »Ich war da immer sehr rigoros, aber ich hatte Glück, dass meine Teams ein Bewusstsein für das Problem hatten.« Das ist auch heute noch nicht überall so. Auf jeden Fall solle man einen Radsportler, bei dem zu befürchten ist, dass sein Kopf in Mitleidenschaft gezogen wurde, nach der Etappe noch einmal gründlich untersuchen, meint deshalb auch Professor Reinsberger.

Einige Radsport-Teams nutzen dafür inzwischen sogenannte Baseline-Tests. Dazu zählt auch das Team von Ralph Denk. Erstmals mussten die Profis seiner Equipe vor dem Beginn der Saison 2018 diesen Test absolvieren. Mit Hilfe einer VR-Brille werden verschiedene Testmodule durchlaufen, die zwischen zwei und zwölf Minuten dauern. Dabei werden die Augenbewegungen aufgezeichnet, um so für jeden Sportler einen Ausgangswert zu ermitteln, den man nach einem Sturz auf den Kopf als Vergleich heranziehen kann. Man habe den Test eingeführt, nachdem der Star des Teams, Peter Sagan, bei der Flandern-Rundfahrt 2017 auf den Kopf gestürzt sei, erklärt Denk. »Heute ist es einfach für uns«, sagt er. Bei einer Gehirnerschütterung sei klar: »Den kannst du nicht fahren lassen.«

Doch ganz so einfach ist die Sache nicht. »Diese Tests sind alle noch mit Defiziten behaftet«, stellt Jan-Niklas Droste klar, der seit 2017 als Teamarzt bei Denks Mannschaft tätig ist. Es sei schwierig, die Abweichung von der Norm zu bewerten. »Besteht ein Trauma oder sind die Unterschiede in der Reaktionszeit anders zu erklären? Die Diagnose ist schwierig zu treffen«, erläutert Droste. Um den Entscheidungen eine breitere Basis zu geben, braucht es mehr Daten. Darum lässt Droste den Test auch während der Saison immer wieder durchführen. So will er herausfinden, welche normalen Veränderungen es etwa im Verlauf einer Drei-Wochen-Rundfahrt gibt. »Dann kann man sagen, was bei einer Ausbelastung bei einer Grand Tour passiert, um so präzisere Messwerte zu erhalten, die man in Relation setzen kann.« Dennoch bleibt auch dann nur ein schmaler

Grat zwischen Leistungsdruck und der Gesundheit des einzelnen Sportlers. Auch Ralph Denk relativiert im Laufe des Gesprächs sein Postulat, wonach ein Fahrer mit einer Gehirnerschütterung keine Rennen fahren dürfe. Ausgehend vom Anfangswert der Tests sieht er einen gewissen Spielraum. »Wenn der Nullwert gesund ist, dann kann man vielleicht bei eins oder zwei diskutieren, ob man das Risiko eingeht oder nicht.«

Das Risiko ist allerdings auch bei einer leichten Gehirnerschütterung nicht kalkulierbar. »Man kann keine Kompromisse machen«, betont Sportmediziner Claus Reinsberger. Wie die Sportwissenschaftler Atkins und Hurst setzt auch er auf Aufklärung. »Athleten sind mündige Leute, die ich besser aufklären muss«, sagt er. Ansätze dafür gibt es im Radsport schon. So hat Cycling Canada als einer der ersten nationalen Radsportverbände ein Informationspaket zusammengestellt, das Radsportler und Teamverantwortliche über Anzeichen für eine Gehirnerschütterung, die Gefahren und den Umgang damit aufklären soll. Die wichtigste Aufgabe aber, da sind sich alle Experten einig, wird es sein, den Reflex der Fahrer zu durchbrechen, in jedem Fall so schnell wie möglich wieder aufs Rad steigen zu müssen, auch wenn sie einen Schlag auf den Kopf bekommen haben. »Diese Kultur zu überwinden, ist eine der größten Herausforderungen«, glaubt Howard Hurst.

Ein solcher Kulturwandel kann nur gelingen, wenn alle Beteiligten, aber vor allem die Profis selbst, um die Gefahren wissen. »Wenn ich einem Athleten sage, dass er seine Karriere aufs Spiel setzt, hört der mir anders zu«, sagt Professor Reinsberger. »Es gibt Sportler, die aufgrund mehrerer Gehirnerschütterungen ihre Karriere beendet haben. Das Gehirn steuert alles und wenn die Schäden chronisch werden, kann sich das so auswirken, dass ich meinen Sport nicht mehr auf hohem Niveau ausüben kann.«

Genauso ist es Dominik Nerz ergangen. Wenige Wochen nachdem er im Herbst 2016 das Ende seiner Karriere als Radprofi bekanntgegeben hat, sagt Nerz der *Süddeutschen Zeitung*: »Bis ich wieder vollständig genesen bin, wird mehr als ein Jahr vergehen. Im Moment bringt mich schon zügiges Spazieren außer Atem.« Die physischen Probleme sind vermutlich eine Folge dieser Stürze, aber auch des Raubbaus an seinem Körper, dem er mit seinem gestörten Essverhalten über lange Zeit die nötige Energiezufuhr verweigert hat. In der Saison 2016 ist er ein Athlet, dem sein wichtigstes Instrument, der eigene Körper, immer wieder den Dienst versagt. »Mir ist mein komplettes Leben weggebrochen«, muss Nerz feststellen.

# XIV

# DAS ENDE – EIN ANFANG

Anfang Mai 2017 steht Dominik Nerz in der Küche seiner Eltern in Wangen. Akribisch misst er Zutaten ab, verschiedene Pulver, etwas Butter, Wasser, Magerquark. Er rührt einen Teig zusammen, füllt Muffin-Formen und schiebt sie in den Backofen. Er ist auf der Suche nach der idealen Abstimmung und den besten Geschmacksrichtungen für seine Geschäftsidee: eine Backmischung für Low-Carb-Muffins. Die Idee, die er gemeinsam mit zwei Freunden entwickelt hat, ist weit gediehen. Es gibt einen Businessplan, ein Logo, Kontakte zu einer Firma, die die Produktion übernehmen soll, und auch einen Namen: »Bake my Body!«

In dem Entwurf für eine Pressemitteilung heißt es: »Während meiner Karriere musste ich sehr auf die Ernährung achten und habe etliche Ernährungs-Konzepte ausprobiert. Letztendlich bin ich bei der Low-Carb-Ernährung gelandet, was für mich selbst auch heute noch sehr gut funktioniert. Nichtsdestotrotz fehlten mir einfach Backwaren – irgendwas mit Teig und am besten süß.« Diese Marktlücke will er mit seiner Backmischung besetzen. Das ist der Plan, aber am Ende verläuft die ganze Sache im Sande. Eine Finanzierung kommt nicht zustande, Nerz verliert das Interesse.

Auch die Idee, eine T-Shirt-Kollektion auf den Weg zu bringen, kommt nicht über Ansätze hinaus. Fast ein Jahr nach der Episode mit den Muffins in der elterlichen Küche ist Nerz noch immer ein Suchender. Klare Konturen eines neuen Lebens zeichnen sich noch nicht ab. Aber den Radsport vermisse er nicht, versichert er. Nur das Drumherum, die Reisen, das Gefühl, einer Gruppe anzugehören, die ständigen Herausforderungen, das fehle ihm manchmal schon. Der Sport an sich jedoch nicht. Den hat er hinter sich gelassen. Es hat eine Weile gedauert: Der Abschied vom Profi-Radsport war ein schmerzhafter Prozess.

Etwa zwei Wochen nach der Tour de France 2015 trifft sich Dominik Nerz mit Teammanager Ralph Denk, dem Sportlichen Leiter Enrico Poitschke und seinem Trainer Hartmut Täumler in einem Gasthof in Allershausen zwischen München und Rosenheim. Die Beteiligten haben unterschiedliche Erinnerungen daran, was der Inhalt dieses Gesprächs gewesen ist. Laut Denk habe man dort eigentlich nur die Zielsetzung für die zweite Saisonhälfte besprochen. »Wir haben da nach vorne geschaut, wie wir die Zusammenarbeit noch mehr intensivieren können«, sagt er. »Dominik war da auch offen, er wollte sich nicht als Schwächling präsentieren.« Auch Täumler erinnert sich, dass es vor allem darum gegangen sei, wie es weitergeht. »Man hatte die Tour abgehakt und eigentlich haben beide, Denk und Poitschke, versucht ihn aufzubauen.«

Poitschke dagegen meint, dass man auch versucht habe zu analysieren, was alles schiefgelaufen sei und wie man das in Zukunft vermeiden und was man verbessern könne. »Natürlich war es so, dass er auf die Leute hören musste und sollte, die ihm Ratschläge geben. Das ist ihm extrem schwergefallen.« Das deckt sich mit dem, was Nerz selbst von diesem Treffen hängen geblieben ist. »Ich bin aus dem Gespräch wirklich enttäuscht rausgegangen, weil alle drei mehr oder minder mir die Schuld an allem gegeben haben«, sagt er. Enrico Poitschke habe ihm vorgeworfen, immer nur seinen eigenen Kopf durchsetzen zu wollen. »Danach war ich wirklich fertig, weil ich mich gefragt habe: ›Was geht hier eigentlich vor?‹ Sie haben sich quasi komplett aus der Verantwortung gezogen«, behauptet Nerz. »Was mich schwer getroffen hat, war, dass Täumler mir auch nicht wirklich Rückendeckung gegeben hat.«

Der Trainer sagt, im Nachhinein könne er verstehen, dass Nerz sich im Stich gelassen gefühlt habe. »Als Rennfahrer muss man das sicherlich so sehen«, findet er. Auch wenn er sich nicht daran erinnern kann, dass Poitschke und Denk Vorwürfe an Nerz gerichtet hätten. Etwas, was auch Ralph Denk bestreitet. Hartmut Täumler wiederum erklärt, er habe sich nicht in der Position gesehen, das Team oder dessen taktische Ausrichtung bei der Tour zu kritisieren, die er aus der Ferne auch als falsch empfunden habe. Aber er selbst habe ja auch zum Kreis derer gehört, die Fehler gemacht hätten. Ihm sei darum wichtiger gewesen, dass Denk und Poitschke weiter an seinem Schützling festhalten wollten. »Ihr großer Einkauf ist nach hinten losgegangen. Sie haben viel Geld investiert, aber es hat nichts gebracht. Sind sie nach dieser Enttäuschung bereit, ihn noch mal in diese Verantwortung zu nehmen? Das war mir in diesem Moment wichtiger«, erklärt Täumler. »Ich dachte, das ist auch für Dominik wichtig. Damit er merkt, er wird nicht fallengelassen wie eine heiße Kartoffel.«

Wie auch immer dieses Gespräch in Allershausen im Detail verlaufen sein mag, das Treffen markiert einen weiteren Punkt in der schleichenden Entfremdung zwischen Nerz und den Verantwortlichen des Teams. Nerz' Vater Michael sagt, in der Folgezeit habe die Sportliche Leitung, namentlich Enrico Poitschke, seinem Sohn gegenüber »Psychoterror« ausgeübt, weil Dominik die Erwartungen nicht erfüllen konnte. Ein Vorwurf, den Poitschke weit von sich weist. »Mir lag es komplett fern, da irgendwelchen Druck aufzubauen«, beteuert er. »Ich wollte immer, dass er gesund Rad fahren kann, weil er dann besondere Leistungen abrufen kann.«

Beide Seiten versuchen, die Zusammenarbeit irgendwie noch zum Erfolg zu führen. Schließlich existiert zwischen ihnen ein gültiger Vertrag für die Saison 2016. Denk und Poitschke ziehen ihre Hoffnungen dabei aus Nerz' guter Form bei der Dauphiné-Rundfahrt vor dem fatalen Sturz im Tunnel und dem Kampfgeist, mit dem Nerz den Schmerzen in der ersten Woche bei der Tour de France getrotzt hat. Hartmut Täumler sagt, er habe das Gefühl gehabt, dass Dominik Nerz sich nach dem Zusammenbruch 2015 habe rehabilitieren wollen. »Das war der einzige Beweggrund, warum er nicht gleich gesagt hat: ›Ich höre auf.‹ Er wollte zeigen, dass es besser geht.« Also kommt man überein, die Saison noch ordentlich zu Ende zu bringen und dann einen behutsamen Aufbau für das neue Jahr zu beginnen.

Anfang September fliegt Nerz mit dem Team für drei Rennen nach Kanada, aber eigentlich ist er auch da körperlich noch nicht wieder in der Lage, an seine Leistungsgrenze zu gehen. Er hat auch nach seinem Sturz in Neuss keine Pause gemacht, hat weiter trainiert, obwohl der Kopfschmerz inzwischen zum ständigen Begleiter geworden ist. »Das Brummen ist nie richtig weggegangen«, sagt Nerz. »Immer wenn ich an einen Punkt gekommen bin, an dem ich psychisch und physisch überlastet war, kam es zurück.« Dennoch, findet Dominik Nerz, habe er die Saison damals ordentlich beendet. Neben Rennen, in denen er sich schwach fühlt und schwertut, gibt es andere, bei denen er meint, es geht wieder. Die Lombardei-Rundfahrt Anfang Oktober, eines der schwersten Eintagesrennen im Kalender, gehört dazu. Auch wenn er dort am Ende 7:30 Minuten Rückstand auf den Sieger Vincenzo Nibali hat. Seinen letzten Einsatz in der Saison 2015 hat Nerz anschließend bei der Abu Dhabi Tour, die er als 14. der Gesamtwertung beendet.

Dominik Nerz gönnt sich diesmal eine längere Pause als in den beiden Jahren zuvor. Aber er hat wieder nicht das Gefühl, dass das reicht, um sich richtig zu erholen. Er steckt immer noch fest in seinem Teufelskreis. Nach wie vor ernährt er sich nicht ausreichend, er leidet weiter unter ständigen Stimmungsschwankungen, die er mit Radfahren auszugleichen versucht. Er habe das Thema Ernährung halbwegs im Griff gehabt, sagt Nerz. Tatsächlich aber macht er sich immer noch ständig Gedanken um sein Gewicht. Wieder glaubt er, schon im Winter abnehmen zu müssen. Im Dezember organisiert er auch wieder ein Trainingslager. Diesmal nicht alleine, sondern mit seinen Teamkollegen Gregor Mühlberger und Lukas Pöstlberger. Das sichert eine gewisse soziale Kontrolle, weil er keine Mahlzeiten auslassen kann. Allerdings sind seine Portionen kleiner als die der anderen und manchmal trainiert er schon vor dem Frühstück. »Ich war frustriert, dass ich nicht mehr Gewicht verloren habe«, erinnert sich Nerz. Sein Trainingsaufbau funktioniert trotz allem diesmal deutlich besser als noch in der Saison zuvor. »Er hat vernünftig trainiert«, sagt Täumler. »Ich war 2016 optimistischer als 2015.«

Im Trainingslager auf Mallorca organisiert das Team eine Presserunde. Journalisten, die nicht vor Ort sein können, dürfen Telefoninterviews führen. Nerz ist sehr zurückhaltend. Er wolle sich nicht unter Druck setzen, erklärt er. Sein Ziel sei es in erster Linie, diesmal gesund zu bleiben. Das Team nimmt ihm die Last der Kapitänsrolle. Man werde mit einer Dreierspitze in die Rundfahrten gehen, kündigt Teammanager Ralph Denk an. Neben Nerz seien auch Emanuel Buchmann und Patrick Konrad für die Führungsrollen vorgesehen. »Wir haben ihm gesagt, dass eine Kapitänsrolle für uns gar nicht mehr wichtig ist. Er sollte einfach nur gesund Rennen fahren. Wir haben wirklich versucht, den Druck komplett wegzunehmen«, sagt Enrico Poitschke.

Der Plan scheint aufzugehen. Täumlers Optimismus ist jedenfalls nicht unbegründet. Dominik Nerz startet ordentlich in die Saison. Und Ende März hat er erstmals seit langem auch wieder ein Erfolgserlebnis. Beim Critérium International auf Korsika belegt er auf der dritten und letzten Etappe, die mit einer Bergankunft auf dem Col de l'Ospedale endet, Rang sieben. Den gleichen Platz belegt er auch in der Gesamtwertung. Er ist damit bester Fahrer seines Teams, besser als die beiden anderen Rundfahrer Buchmann und Konrad, die dort ebenfalls starten. »Ich dachte: ›Wenn er jetzt auf dem Level weitermacht, dann sind wir eigentlich wieder dort, wo wir hinwollten‹«, erzählt Poitschke. Auf den Sportlichen Leiter macht Nerz in dieser Phase einen stabilen Eindruck. Er sei körperlich in einem guten

Zustand gewesen, selbstbewusst. Auch Hartmut Täumler glaubt, es geht aufwärts. »Wir waren ganz guter Dinge«, erinnert sich der Trainer.

Doch der Optimismus hält nicht lange vor. Schon drei Wochen später erlebt Dominik Nerz das erste Mal einen jener unerklärlichen Leistungseinbrüche. Beim Giro del Trentino in Italien fühlt er sich auf einmal leer, kann kaum mithalten, verliert sehr viel Zeit in den Anstiegen, während seine Teamkollegen vorne mitfahren. Der Einbruch verunsichert ihn, zumal er auf Korsika doch zu alter Stärke zurückgefunden zu haben schien. »Da hat er angefangen, an sich zu zweifeln. Es gab keine objektive Begründung, warum es da nicht so lief, wie wir es eigentlich geplant haben«, sagt Hartmut Täumler. »Das sind Sachen, die ihn immer nervös und unzufrieden machen. Er ist seinem Anspruch nicht gerecht geworden und da wird er immer fuchtig. Dann will er es beim nächsten Rennen umso besser machen und ist dann fernab von jeglicher taktischer Disziplin. Da geht der Ehrgeiz mit ihm durch.«

In diese Mischung aus Frust, Ehrgeiz und Zweifel mischt sich aber noch ein anderes Gefühl: Angst. Seine Stürze aus dem Jahr 2015 hängen ihm noch nach. Auf der dritten Etappe der Belgien-Rundfahrt verursacht der Zusammenstoß zweier Begleitmotorräder einen fürchterlichen und folgenschweren Sturz, in den 20 Fahrer verwickelt sind. Am schlimmsten erwischt es den belgischen Radprofi Stig Broeckx, der schwere Hirnverletzungen erleidet und danach mehrere Monate im Koma liegt. Dominik Nerz ist in den Sturz nicht verwickelt, aber danach arbeitet es in ihm. Am Abend ruft er zu Hause an, weil er weiß, dass sich seine Eltern Sorgen machen. »Ich habe gemerkt, bei ihm rattert es jetzt auch im Kopf, dass immer Gefahr dabei ist«, erzählt Michael Nerz.

Angst ist ein schlechter Begleiter für Radprofis. Sie müssen die Risiken ausblenden, wenn sie sich auf schmalen Reifen in eine Abfahrt stürzen oder im Pulk Richtung Ziellinie rasen. Wer darüber nachdenkt, welche Folgen ein Sturz bei Tempo 60, 70 oder 80 haben könnte, kann seinen Job kaum mehr richtig ausführen. Einen Tag nach dem schweren Unfall ist Nerz in Belgien selbst wieder in einen Sturz im Finale verwickelt, der zwar glimpflich ausgeht, ihm aber psychisch zusetzt. »Das kannst du mit der Zeit nicht mehr ertragen«, sagt sein Vater, der auch diesen Crash am Bildschirm mit ansehen muss. »Er hat viel Pech gehabt. Und dieses Pech hat ihn dann durch seine mentale Schwäche immer wieder eingeholt, weil er verunsichert war.«

Das Saisonziel ist für Dominik Nerz auch 2016 wieder die Tour de France. Das sei von Anfang an der Plan gewesen, sagt Teammanager Ralph Denk. Den Kader will das Team, das zum dritten Mal in Folge eine Wild Card für das größte Radrennen der Welt erhalten hat, nach der Dauphiné-Rundfahrt im Juni bekanntgeben. Nerz muss sich dort beweisen. Im Vorfeld legen Hartmut Täumler und die Sportliche Leitung zwei Etappen fest, bei denen er etwas versuchen soll. Da haben wir gesagt: ›Dort volles Ballett, da musst du auf Ergebnis fahren.‹ Ganz klar«, erzählt Täumler.

Eine dieser Etappen ist die fünfte Etappe von La Ravoire nach Vaujany, eine mittelschwere Bergetappe über 140 Kilometer. Dominik Nerz springt in eine größere Gruppe, die sich zu Beginn der Etappe absetzen kann. Doch nach knapp 40 Kilometern, am Col du Barioz, bricht er wieder ein. Der Einbruch kommt plötzlich, wie ein K.-o.-Treffer. »Es war ein Gefühl wie ein Hungerast, wo auf einen Schlag nichts mehr geht«, beschreibt Nerz diesen Moment. »Aber ich hatte definitiv genug gegessen. Daran lag es also nicht.« Er fällt aus der Spitzengruppe zurück. Als das Feld ihn überholt, kann er auch da nicht mithalten und landet schließlich bei den Sprintern im Gruppetto. Mit Ach und Krach erreicht er das Ziel. »Das war schon krass«, meint er. Noch am Abend führt Enrico Poitschke ein Gespräch mit seinem Fahrer. »Dominik, du siehst nicht gut aus, das passt einfach nicht«, habe der Sportliche Leiter ihm gesagt, erinnert sich Nerz. Poitschke behauptet, ihm sei damals schon klar gewesen, dass Nerz körperlich ein größeres Problem habe. »Irgendwelche Abläufe im Körper haben nicht mehr funktioniert. Ich glaube einfach, dass er durch diese lange Krankheit, dadurch dass er jahrelang wenig gegessen hat, seinen kompletten Körper mehr oder weniger zerstört hat.«

Am nächsten Morgen kommt Dominik Nerz nur mit Mühe aus dem Bett, er kann sich kaum bewegen, schleppt sich zum Frühstück. Er hat keinen Appetit. Wie er in seinem Zustand die anstehende Bergetappe überstehen soll, weiß er selbst nicht. Noch eimal unterhält er sich mit Enrico Poitschke, der kein gutes Gefühl hat, ihn bei der anstehenden Etappe starten zu lassen. Stattdessen solle sich Nerz lieber gründlich untersuchen lassen. »Ich wollte ihm bewusst machen, dass er ein großes Gesundheitsrisiko eingeht, dass er ein Problem hat und wir gar nicht über Radfahren nachdenken sollten, sondern einfach darüber, dass er gesund wird«, sagt Poitschke. Dominik Nerz weiß, dass er, wenn er aus der Dauphiné aussteigt, keine Chance auf einen Platz im Tour-Kader hat. Während er mit Poitschke zusammensitzt, hat er das Gefühl, die Wände des Zimmers kommen auf ihn zu, er fühlt sich eingeengt. Gemeinsam entscheiden sie, dass er nicht weiterfahren wird.

Nerz schickt seinem Trainer Hartmut Täumler an diesem Tag noch ein Foto. Er fühle sich, als ob er voller Wasser wäre, schreibt er dazu. »Er war ganz aufgedunsen. Da gab es auch objektiv keine Möglichkeit mehr weiterzufahren«, erklärt Täumler. Nerz sieht zu dieser Zeit öfter so aus. Auch seine Hände sind oft geschwollen, so dass seine Ringe nicht mehr auf die Finger passen. »Da hatte ich die Nase voll«, sagt Täumler. »Wir konnten nicht so weitermachen. Wir mussten ihn durchchecken lassen, es musste ja eine Ursache dafür geben.« Er vereinbart einen Termin bei Professor Bernd Wolfahrt, dem leitenden Olympiaarzt des DOSB an der Berliner Charité.

Kurz nach der Dauphiné präsentiert das Team Bora-Argon18 in Düsseldorf die neun Fahrer, die für die Mannschaft die Tour de France bestreiten sollen. Emanuel Buchmann und Patrick Konrad stehen im Aufgebot, Dominik Nerz fehlt. »Er hat gesundheitliche Probleme und wird in den kommenden Tagen an der Charité in Berlin untersucht«, erklärt Teammanager Denk. Was er nicht sagt: Nerz hat unabhängig davon keine Zukunft mehr in seiner Mannschaft. Die Equipe wird im kommenden Jahr in die WorldTour aufsteigen, das steht bereits fest. Zugleich steht Ralph Denk vor seinem bislang größten Coup. Erstmals machen Gerüchte die Runde, dass Weltmeister Peter Sagan in die deutsche Mannschaft wechseln wird.

Zudem hat Denk eine neue deutsche Rundfahrt-Hoffnung in seinen eigenen Reihen ausgemacht: Emanuel Buchmann. Jetzt soll der damals 23 Jahre alte Ravensburger bei der Tour unter die ersten 20 der Gesamtwertung fahren. Ihm gehört die Zukunft, die Nerz nicht mehr hat. »Ich habe zu Poitschke gesagt: ›Wenn er (Nerz) uns jetzt nicht noch übelst überrascht dieses Jahr, ist es, glaube ich, für beide Seiten besser, getrennte Wege zu gehen‹«, erzählt Denk. »Und die Überraschung ist ausgeblieben.«

Auch Enrico Poitschke gibt zu, Dominik Nerz in dieser Zeit aufgegeben zu haben. »Wenn man den nächsten Schritt machen will, braucht man Fahrer, die ihre Leistung so gut wie möglich abrufen können, die gesund, die topfit sind«, erklärt Poitschke. Was die Untersuchungen in der Charité ergeben haben, wissen weder Denk noch Poitschke im Detail. »Das Thema Nerz war für uns intern durch. Das hat uns nicht mehr so interessiert, ganz ehrlich. Ich glaube, er hat erst mal Erholung gebraucht«, sagt Ralph Denk und tippt sich wieder an den Kopf: »Hier und komplett.«

Während sich die Mannschaft auf die Tour de France vorbereitet, lässt sich Dominik Nerz in Berlin untersuchen. Er kommt bei seinem Trainer Hartmut Täumler unter. Beide spüren, dass ein Punkt erreicht ist, an dem sich Nerz' Zukunft als Radprofi entscheiden wird. Dass es mit dem Radsport vorbei sein könnte, ahnt Nerz schon länger. »Zu der Zeit hat sich immer wieder eine ganz, ganz leise Stimme gemeldet: ›Auch wenn du das nicht möchtest, ich glaube, es ist rum das Ding.‹ Diese Stimme ist aber nie richtig zu Wort gekommen, weil ich es nicht wollte. Das war doch mein Leben«, sagt Nerz. »Es war ein innerer Konflikt. Der Körper hat ständig Signale gesendet und geschrien: ›Bitte hör auf, lass es jetzt einfach sein. Ich kann nicht mehr.‹ Auf der anderen Seite gab es dann noch eine zweite Stimme, die gesagt hat: ›Nein, das kann nicht sein. Junge, du hast so hart trainiert, du hast Talent, du hast gute Unterstützung. Lass dich nicht hängen, gib nicht auf!‹« Nun hofft er, dass die Mediziner eine Antwort darauf finden, warum sein Körper immer wieder streikt. Er braucht eine Lösung, etwas Greifbares, etwas, das sich behandeln lässt. Aber eine solche Diagnose wird es nicht geben.

Einen Tag lang verbringt Dominik Nerz in der Charité, sein Blut wird untersucht, Herz und Lunge werden überprüft, die Organe per Ultraschall betrachtet. Nur auf einen Ergometer-Test, ein Belastungs-EKG, verzichtet er. Dazu fühlt er sich körperlich nicht in der Lage. Nerz unterhält sich auch lange mit einem Psychologen. Die medizinischen Befunde sind jedoch weitgehend unauffällig. »Aus kardiovaskulärer Sicht sehen wir keinen Anhalt für eine zugrundeliegende Herz-Kreislauf-Erkrankung als Ursache der Beschwerden«, heißt es im Abschlussbericht der Charité. Bei der Blutuntersuchung wird lediglich ein deutlich erhöhter Wert der sogenannten ANA-Titer festgestellt, was auf eine rheumatische Erkrankung hinweisen kann. Das könnte eine Ursache für die Leistungseinbrüche sein. Aber sicher ist auch das nicht. Eine weitere Abklärung sei nötig, heißt es. Klar ist nur, eine schnelle Lösung der Probleme wird es nicht geben.

Beim abschließenden Gespräch mit dem Olympiaarzt Wolfahrt ist auch Hartmut Täumler dabei. »Ich kann mich noch genau an die Situation erinnern«, erzählt Täumler. »Er hat langsam angefangen und erst durch die Blume gesprochen, aber dann war klar zu entnehmen, dass er ihm rät aufzuhören.« Dominik Nerz habe so viel Schindluder mit seinem Körper getrieben, dass der das nicht so schnell vergessen werde, führt Wolfahrt aus. Es werde viel Zeit brauchen, bis sich sein Körper erholt habe. Zeit, die der Leistungssport ihm nicht geben kann.

Nach dem Gespräch mit Professor Wolfahrt sitzen Täumler und Nerz gemeinsam in der Caféteria der Charité und besprechen, wie es nun weitergehen soll. Sie setzen sich die Vuelta als Ziel. Es ist ein Beschluss, der eher aus Hilflosigkeit denn aus Überzeugung entsteht. Anders wissen sie sich in ihrer Verzweiflung nicht zu helfen. »Wir konnten beide nicht mit der Situation umgehen, das war einfach ein Schock«, erzählt Nerz. »Dass man außer Ruhe nicht groß was dagegen tun kann, das hat uns überfordert. Ich bin ein Mensch, der dazu tendiert, sich in die Arbeit zu stürzen, um den Ist-Zustand zu vergessen. Und Hartmut ist auch ein sehr zielstrebiger Mensch. Deswegen haben wir gesagt: ›Okay, das packen wir jetzt noch mal an.‹ Das war der Grundplan. Wir haben das dann aber gar nicht mehr groß ausgearbeitet, sondern haben nur pro forma drüber gesprochen. Wir wussten nicht, was wir sonst reden sollten.«

Hartmut Täumler sagt, er habe Wolfahrts Worte damals gar nicht als so eindeutig empfunden: »Er hat noch ein bisschen Licht am Horizont gelassen.« Im Nachhinein findet Täumler jedoch, es sei ein Fehler gewesen, die Vuelta als Ziel zu setzen. Aber der Trainer hat in diesem Moment Angst, dass Nerz einen Ausstieg später bereuen wird, wenn er keine Chance hat, sein Dasein als Radprofi mit einem positiven Erlebnis abzuschließen. »Das hat mich getrieben, ihn zu unterstützen, vielleicht wider besseren Wissens«, erklärt Täumler. »Da war ich Fan von ihm.«

Im Grunde zögern Dominik Nerz und Hartmut Täumler das Ende nur heraus. Es ist ein Epilog, mehr nicht. Sein Team glaubt eh nicht mehr, dass Nerz es noch einmal zurückschaffen wird. Zur Vuelta werden sie ihn nicht mitnehmen, das wird schon bald klar. Und so richtig glaubt auch Nerz nicht, dass er noch eine Zukunft als Radprofi hat. Schon auf der Rückfahrt von Berlin nach Wangen, nachdem er den ersten Schock überwunden hat und sich am Bahnhof die Frage gestellt hat, wie er es hat so weit kommen lassen können, beginnt er, sich mit einer Zukunft ohne Radsport zu beschäftigen. Vom Zug aus ruft er seine Schwester an, die seine wichtigste Vertraute ist. Er sagt ihr, dass er glaubt, dass das mit dem Radfahren nicht mehr so weitergehen wird wie bisher.

Kurzzeitig packt ihn danach sogar ein wenig Euphorie. Er überlegt, welches Studium, welche Jobs ihm Spaß machen könnten. »Das war ein Moment, der mich mit Energie erfüllt hat«, erinnert er sich. Doch dieses Gefühl dauert nicht lange an. Daheim in Wangen überkommt ihn wieder Ratlosigkeit und dann Trotz. Er will weitermachen. »Ich habe mich zusammengerissen und gearbeitet. Ich wollte alles dafür tun, um zur Vuelta zu kommen«, sagt Nerz. »Wenn mir die Gelenke wehtun, werde ich nicht darüber nachdenken, dass ich wegen dieser Antikörper vielleicht Rheuma habe. Wenn ich einen Anflug von Müdigkeit verspüre, werde ich nicht darüber nachdenken, dass es vielleicht wieder einen Knock-out-Tag geben könnte. Ich habe beschlossen, ich blende das alles aus und mache weiter.«

Er ist in dieser Zeit in ständigem Kontakt mit Teammanager Ralph Denk, der ihm aber nicht viele Hoffnungen macht auf eine Teilnahme bei der Vuelta. Und Dominik Nerz selbst merkt, dass er sich im Training schwertut. Drei Wochen Pause hat er nach seinem Einbruch bei der Dauphiné eingelegt. Seinem Körper aber hat das nicht gereicht. Solange er nicht über die anaerobe Schwelle geht, scheint alles normal zu sein. Doch sobald er die Belastung steigert, intensive Intervalle fährt, in denen er den Körper in den roten Bereich führt, fühlt er sich unwohl. »Ich konnte von der Luft her die Kapazität nicht voll ausschöpfen«, erzählt Nerz. Manchmal muss er sich zum Training prügeln. Er habe keine Freude mehr verspürt am Radfahren, sagt er. Dennoch gibt er sich weiter der Illusion hin, er kann es schaffen. Er will wieder der alte Dominik Nerz werden: ein Radprofi, der mit seinem Leben zufrieden und glücklich ist. »Aber das hat nicht hingehauen.«

Die Entscheidung, ob er bei der Vuelta dabei sein wird oder nicht, fällt Mitte August nach der Arctic Tour of Norway, einem Rennen über vier Etappen. Seine Leistung ist solide. Bei drei Etappen erreicht er das Ziel mit der ersten Gruppe. Die Gesamtwertung wird auf der dritten Etappe am Schlussanstieg zum Korgfjellet gemacht. Dort verliert Nerz 1:24 Minute auf den späteren Gesamtsieger Gianni Moscon, auch das ist kein Desaster. Ins Vuelta-Team schafft er es dennoch nicht. Die Gründe, die Ralph Denk ihm dafür nennt, kann Dominik Nerz nicht richtig nachvollziehen. Er findet die Aussagen des Teammanagers »Wischiwaschi«. Was ihn aber wirklich trifft, ist, dass er erneut ein selbst gestecktes Ziel nicht erreicht hat. Wieder ist all der Aufwand vergeblich gewesen. »Das hat mich ziemlich zerschlagen«, sagt Nerz. Aber er ist immer noch nicht bereit, sich in das Unvermeidliche zu fügen. Er trainiert weiter, noch härter. Setzt sich das nächste Ziel: die anstehenden Rennen in Kanada. Wieder überhört er die Signale seines Körpers, der aus dem permanenten Erschöpfungszustand nicht mehr herauskommt.

Genauso, wie Olympiaarzt Bernd Wolfahrt es ihm in Berlin prophezeit hat.

Bei einem kleinen Rennen in Belgien muss er bereits nach 30 Kilometern vom Rad steigen, weil er wieder einen körperlichen Einbruch erleidet. Danach führt er ein langes Gespräch mit seinem Vater. Dominik Nerz hat das Gefühl, er packt es nicht mehr. »Ich hatte panische Angst vor dieser Reise nach Kanada«, erinnert er sich. Sein Vater rät ihm, durchzuhalten, nicht aufzugeben, weil das sonst gleichbedeutend sei mit dem Karriereende. Nerz hat auch selbst immer noch das Gefühl, dass er so nicht aufhören will.

Bei den beiden WorldTour-Rennen in Kanada erlebt er dann zwar keinen Einbruch, aber richtig gut sind seine Leistungen auch nicht. Das Rennen in Montreal beendet er vorzeitig. Nach seiner Rückkehr geht er noch einmal zum Arzt. Er fühlt sich ausgebrannt und leer. Sein Hausarzt in Wangen kennt die Befunde aus Berlin und er kennt seinen Patienten schon lange. Auch er kommt zu dem Ergebnis, dass Dominik Nerz keinen Leistungssport mehr betreiben kann. Doch auch er dringt nicht richtig durch. »Ich habe das auch wieder zur Kenntnis genommen«, sagt Nerz. »Und was habe ich gemacht? Ich habe gesagt: ›Okay, ich habe Rennen in Italien, so schlecht war die Form in Kanada nicht. Wenn ich versuche, die ein bisschen zu konservieren und aufzubauen, vielleicht kann ich dann in Italien noch mal was reißen.‹« Doch das bleibt eine Illusion. Beim Giro della Toscana kommt er endlich zu der Einsicht, dass sein Weg im Profi-Radsport beendet ist.

Die Einsicht ist das eine, die Umsetzung in die Tat das andere. Wie beendet man etwas, auf dem seit der Jugend die eigene

Identität beruht? Man steigt nicht einfach vom Rad und ist kein Radsportler mehr. Auch deswegen hat Nerz dagegen angekämpft, sich nicht einfach gefügt in das, was die Ärzte ihm geraten haben. Er hat insgeheim gehofft, doch noch das bleiben zu können, was er ist, was ihn seit Jahren ausmacht – Dominik Nerz, der Radprofi. Er teilt seinem Team nach dem Ausstieg in der Toskana auch nicht mit, dass er den Entschluss gefasst hat aufzuhören. Obwohl er ahnt, dass er ohnehin keine Chance hat auf einen neuen Vertrag bei Denks Mannschaft, die Anfang August den sensationellen Transfer von Peter Sagan verkündet hat.

Neben dem Weltmeister wechselt auch Marcus Burghardt, sein ehemaliger Teamkollege bei BMC, in die neue deutsche Top-Mannschaft. Er ist nicht nur mit Nerz befreundet, sondern auch der Nachbar von Teamchef Denk. Burghardt versucht, ein gutes Wort für Dominik Nerz einzulegen. Vergeblich. »Wir haben da einfach auch auf unsere Verpflichtungen mit den Sponsoren achten müssen«, sagt Ralph Denk. Ende September teilt er seinem Fahrer mit, dass es keine weitere Zusammenarbeit geben wird. Burghardt, Denk und auch der Sportliche Leiter des Teams, Enrico Poitschke, haben das Gefühl, dass Nerz enttäuscht ist. Das mag stimmen, obwohl Nerz behauptet: Er selbst habe entschieden, nicht mehr weiterzumachen. Aber das muss kein Widerspruch sein. Es ist seine jüngere Schwester Annika, die den passenden Vergleich zu einem Paar zieht, das nach einer langen gemeinsamen Zeit feststellt, dass die Liebe erloschen ist. »Man kämpft noch drum, man hängt an der Sache und man kann es einfach noch nicht akzeptieren, dass da jetzt Schluss sein soll«, beschreibt sie das Ringen ihres Bruders mit dem Karriereende, das eben weit mehr ist als nur ein Berufswechsel. Ein Wechsel, der dringend geboten ist. »Ich war auf der einen Seite erleichtert, weil ich wusste, das ist definitiv das Richtige für ihn«, sagt Annika Nerz. »Auf der anderen Seite konnte ich mir das überhaupt nicht vorstellen. Seit ich denken kann, macht mein Bruder das und es ist das, was ihn ausmacht. Radsport ist das Erste, woran ich denke, wenn ich an ihn denke.«

Leistungssportler tun sich grundsätzlich schwer damit aufzuhören. Die Zeit an der Spitze ist endlich, das wissen sie alle. Aber es ist nicht leicht, den richtigen Zeitpunkt für den Ausstieg zu erwischen, wenn es einen solchen überhaupt gibt. Es gilt als perfekter Zeitpunkt, die Karriere auf dem Höhepunkt zu beenden, mit einem letzten großen Erfolg. Doch woher weiß man, wann der Zenit erreicht ist? Hat man nicht vielleicht doch noch einen weiteren großen Sieg in sich? Und warum nicht einfach weitermachen, solange es noch Spaß macht und man nicht komplett abgehängt wird? Aber vor allem: Was kommt danach?

Alle diese Fragen sind nicht einfach zu beantworten. Aber irgendwann werden sie so drängend, dass eine Entscheidung her muss. Doch was passiert, wenn man den Zenit gar nicht erreicht? So wie Nerz, der 27 Jahre alt ist, als eine Pressemitteilung seines Teams sein Dasein als Radprofi für beendet erklärt. In einem Alter, ab dem Radsportler häufig erst die besten Jahre erleben. Sein Trainer Hartmut Täumler spricht von einer »unvollendeten Karriere«. Dabei hätte der Schlussstrich schon früher gezogen werden können. »Das ist das Einzige, worüber ich enttäuscht bin«, sagt Dominik Nerz im Rückblick. »Dass nicht einfach mal jemand auf den Tisch gehauen und gesagt hat: ›So, es reicht. Wir nehmen dir jetzt dein Rad weg, zersägen es, sperren es ein oder keine Ahnung was. Du fährst kein Rad mehr, bis du gesund bist. Und was das dann für Konsequenzen hat, wird man sehen.‹ Aber in dem Moment, bist du im Leistungssport nur Handelsware.«

Vielleicht war er nicht hart genug für dieses System, in dem man permanent liefern muss. Nicht im physischen Sinne, sonst hätte er gar nicht erst Radprofi werden können. Aber Dominik Nerz ist sensibel, er hat ein feines Gespür für seine Mitmenschen. Er ist freundlich, aufmerksam. »Er ist einer der ganz wenigen Sportler, die sich immer bedankt haben für alles«, sagt Enrico Poitschke. »Er ist ein Mensch, den man einfach nur mögen kann, dem man nur Gutes wünscht. Dass er seine Ziele nicht erreichen konnte, ist auch für mich als Sportlicher Leiter eine Niederlage.« Der ehemalige Teamkollege Marcus Burghardt betont, Nerz sei einer der »liebsten Rennfahrer«, die er kennengelernt habe. Besonders schätze er dessen Ehrlichkeit. »Was mich wahnsinnig überrascht und mir imponiert hat: Dominik hat mehrere Jahre lang für meine Kinder, für meine Frau und für mich immer etwas zu Weihnachten geschickt. Das ist schon was Besonderes. Das hat noch nie ein Rennfahrer gemacht. Er ist sehr menschlich, extrem gutmütig.«

Das klingt ein bisschen so, als würden sich Menschlichkeit und Spitzensport ausschließen. Aber muss das so sein? Fragt man den Teammanager Ralph Denk, was er aus der Erfahrung mit Dominik Nerz gelernt hat, dann spricht auch er über dieses Spannungsfeld. »Es ist unglaublich, dass ein Mensch so schnell Rad fahren kann, dass er 14. bei der Vuelta werden kann, dass er bei Wind und Wetter, bei Hitze und bei Regen, drei Wochen diesen Knochenjob machen und auf der anderen Seite so sensibel sein kann. Das habe ich nicht verstanden«, gibt Denk zu.

»Ich mache mir keinen Vorwurf, aber wenn einer unserer Rennfahrer noch einmal in so einer Situation wäre, würden wir uns jetzt noch intensiver um ihn kümmern. Menschlich und medizinisch.«

Am Ende ist Dominik Nerz vom System Leistungssport als untauglich ausgespuckt worden, physisch und psychisch kaputt. »Er hat körperliche Ausfallerscheinungen, er war mental komplett leer«, sagt sein Vater Michael. »Er hat keine Ambitionen, keine Motivation für nichts gehabt.« Nerz ist verloren, er muss abtrainieren, er braucht Hilfe. Hilfe, die er selbst gemeinsam mit seiner Familie suchen muss. Denn für das System Radsport ist er ganz schnell nur noch der Ex-Profi. Ende 2016 verbringt Dominik Nerz sechs Wochen in einer psychosomatischen Klinik, um sich behandeln zu lassen. Das ist ein enormer Schritt für jemanden, dessen Selbstbild seit seiner Jugend immer davon geprägt war, fit und leistungsfähig zu sein. Seine Schwester, die ihn damals in die Klinik bringt, sagt, das sei für ihren Bruder noch einmal eine ganz schwierige Phase gewesen.

Fast ein Jahr dauert es, bis die körperlichen Symptome, die Kopfschmerzen, der Schwindel, die Konzentrationsprobleme, das Gefühl der Zerschlagenheit nicht mehr regelmäßig auftreten. Ganz weg sind sie aber auch mehr als zwei Jahre nach dem Karriereende noch nicht, vor allem, wenn er sich stark anstrengen muss. Aber er braucht die Bewegung. Im Winter macht er Skitouren, er joggt. Eine Zeit lang trainiert er seine Muskeln im Fitnessstudio. Doch wenn er zu viel will, wenn er es übertreibt, signalisiert ihm sein Körper, dass er sich immer noch nicht richtig erholt hat von den Jahren des Raubbaus. Dazu kommt, dass er »jetzt noch diesen Riesenhaufen an emotionalen Sachen abarbeiten« muss, wie es seine Schwester formuliert. Dazu gehört auch das Thema Ernährung. Michael Nerz empfindet die Essgewohnheiten seines Sohnes auch fast zwei Jahre nach dem Karriereende immer noch als »Katastrophe«.

Michael Nerz hätte gerne, dass sich sein Sohn noch etwas mehr Hilfe holt, um die Orientierung wiederzufinden. Es ist die verständliche Sorge eines Vaters, der möchte, dass sein Sohn mit beiden Beinen fest im Leben steht, seinen Weg geht und glücklich wird. Das ist es auch, was Hartmut Täumler sich für seinen Schützling wünscht. »Am Ende ist wichtig, dass der Kerl gesund und mit Spaß am Leben weiterleben kann«, sagt er. Täumler hat das Gefühl, dass Dominik Nerz die Kurve gekriegt hat, auch wenn er noch nicht fest in einem neuen beruflichen Leben angekommen ist. Nerz hat sich zwischendurch auch als Immobilienmakler versucht, aber da sei es nur um Profit gegangen und nicht darum, dass die Leute das passende Haus oder die passende Wohnung finden, sagt er. Das fand er abstoßend.

Seit dem Sommer 2018 arbeitet er in einem Restaurant in Österreich, gemeinsam mit seiner Mutter, die das Lokal führt. Er arbeitet in der Küche, wo traditionelle, kohlenhydratreiche Kost auf gehobenem Niveau zubereitet wird. Inzwischen isst er die Gerichte, die dort zubereitet werden, ohne zu überlegen. »Die Küche war Heilung für mich«, stellt er fest. Die Arbeit macht ihm Spaß. Man merkt das, wenn man ihn danach fragt. Ob das sein Weg ist? Vielleicht. Vielleicht nicht. Aber das mag am Ende gar nicht so entscheidend sein. »Glück«, sagt Dominik Nerz, »bedeutet für mich, frei zu sein.«

# DANKSAGUNG

Ein Buch über Dominik Nerz? Diese Frage habe ich oft gehört, in den vergangenen zweieinhalb Jahren, in denen ich dieses Projekt verfolgt habe. Hinter der Frage steckt die Annahme, dass Sportbücher vor allem die Geschichten von großen Siegern oder tragischen Verlierern erzählen sollten. Dominik Nerz ist weder das eine noch das andere. Aber ich hoffe, es ist deutlich geworden, dass seine Geschichte es dennoch wert ist, erzählt worden zu sein.

Im Oktober 2016, kurz nachdem er seine Karriere beendet hatte, habe ich Dominik in Wangen im Allgäu für das Magazin *Roadbike* interviewt. In dem Gespräch sollte es um Schmerz gehen. Den Schmerz, den es verursacht, Abschied zu nehmen von einer Sportlerkarriere, und den Schmerz, der dem Radsport immanent ist. Eingeplant waren zwei Stunden für dieses Interview. Nach drei Stunden mussten wir unser Gespräch beenden, weil ich einen Zug zu erreichen hatte. Obwohl längst noch nicht alles gesagt war.

Danach haben wir vereinbart, dass ich die Geschichte seiner Karriere als Radprofi ausführlich erzählen würde. Das wäre ohne Dominiks Bereitschaft, seine Erfahrungen mit mir zu teilen, nicht möglich gewesen. Dafür bin ich ihm zu großem Dank verpflichtet. Während der über einen längeren Zeitraum verteilten, insgesamt mehrere Tage dauernden Gespräche für dieses Buch musste er viele schmerzhafte Momente noch einmal durchleben. Das war nicht immer leicht für ihn, aber er hat es mit bewundernswerter Ausdauer getan. Gleiches gilt für Dominiks Familie Michael, Ulrike und Annika Nerz, die mich nicht nur herzlich in ihrem Haus willkommen geheißen haben, sondern ebenfalls sehr offen über jene, auch für sie sehr schwierigen emotionalen Erlebnisse gesprochen haben. Ein großer Dank gilt auch allen anderen Gesprächspartnern, die bereit waren, für dieses Buch mit mir zu sprechen. Besonders erwähnt sei an dieser Stelle noch Dominiks langjähriger Trainer Hartmut Täumler für viele interessante, selbstkritische Einblicke.

Ein Buch zu schreiben, ist so, wie wenn man sich auf eine Reise begibt, hat mir mein hochgeschätzter Kollege und Freund Christof Gertsch aus der Schweiz prophezeit. Er hat recht behalten. Und wie bei jeder Reise, braucht es auf dem Weg Menschen, die einen begleiten und unterstützen. Ich hatte das Glück, viele wertvolle Begleiter auf dieser Reise zu haben. Christof selbst, der mich darin bestärkt hat, mich auf den Weg zu machen, und mir unterwegs wichtige Hinweise gegeben hat, war einer davon. Mein geschätzter britischer Kollege Daniel Friebe hat mir mit seinen glänzenden Kontakten nach Italien und seinen Italienischkenntnissen wertvolle Hilfe bei der Recherche zu Dominiks Zeit bei Liquigas geleistet. Einen besonderen Dank schulde ich meinem Bruder Tom Schreiber, der mir mit seinem filmischen Blick geholfen hat, dem Text eine dramaturgische Form zu geben, die Schnitte an der richtigen Stelle zu setzen, und der manch unnötigen Satz entdeckt hat. Stephan Klemm vom *Kölner Stadt-Anzeiger* hat sich die Mühe gemacht, den Text kritisch gegenzulesen, dabei den einen oder anderen sprachlichen Irrweg korrigiert und wichtige inhaltliche Anmerkungen gemacht. Sehr dankbar bin ich auch Rainer Sprehe vom Covadonga Verlag, der die Frage, warum ein Buch über Dominik Nerz, nicht gestellt hat, und bereit war, das Wagnis mit einem ihm unbekannten Autoren einzugehen. Zudem hat er das Manuskript akribisch gelesen und mit seinen Anmerkungen sehr viel dazu beigetragen, dieses Buch besser zu machen.

Der größte Dank aber gilt meiner Frau Sabine und meiner Tochter Finja. Sie haben in Kauf genommen, dass ich in der Zeit der Recherche und des Schreibens nicht nur oft unterwegs, sondern auch dann häufig abwesend war, wenn ich mich nicht auf Reisen befand. Beide haben mich unterstützt, wo sie nur konnten. Ohne eure Liebe wäre alles nichts.

Köln, im Januar 2019

# BILDNACHWEIS

Dominik Nerz / Familie Nerz privat: Fotostrecke 1a (bei einem Rennen der Schülerklasse circa 2000/2001), 1b (als Neo-Profi im Milram-Trikot beim GP Montreal 2010 in Kanada), 1c (im BDR-Trikot beim ersten Training während der Rad-WM 2013 in Florenz), 1d (mit Ivan Basso bei der Tour de France 2012), 6, 9, 10. // Hennes Roth: Umschlag, 2, 3, 4, 5a, 5b, 7, 8a, 8b, 11a, 11b, 12, 13, 14, 15a, 15b, 16. // Michi Schär: 1e (das erste Instagram-Foto im Trikot des neuen Teams BMC, aufgenommen vom Teamkollegen).

Es wurde jede Anstrengung unternommen, die Inhaber aller Bildrechte ausfindig zu machen; sollte dennoch unbeabsichtigt eine Nennung fehlen oder fehlerhaft sein, bitten wir die betreffenden Personen, Kontakt mit uns aufzunehmen, so dass die Angaben in folgenden Ausgaben oder Druckauflagen ergänzt werden können.

# DER AUTOR

Michael Ostermann arbeitet seit Mitte der neunziger Jahre als Sportjournalist mit Schwerpunkt Radsport. In der Hamburger Lokalredaktion der Tageszeitung *Die Welt* erlebte er den Aufstieg von Jan Ullrich bei der RG Hamburg. Inzwischen lebt er als Freier Autor in Köln und arbeitet u.a. für *sportschau.de*, *RoadBIKE*, dpa und *Neue Zürcher Zeitung*. Inzwischen hat er 14 Mal von der Tour de France berichtet sowie viele Male von den Klassikern Mailand-Sanremo, Flandern-Rundfahrt und Paris-Roubaix.